U0957736

肥城桃发展史

李武刚 著

山东大学出版社
SHANDONG UNIVERSITY PRESS

图书在版编目（CIP）数据

肥城桃发展史 / 李武刚著. --济南 : 山东大学出版社，2023.3
ISBN 978-7-5607-7806-8

Ⅰ. ①肥… Ⅱ. ①李… Ⅲ. ①桃-产业发展-研究-肥城 Ⅳ. ①F326.13

中国国家版本馆CIP数据核字（2023）第037629号

责任编辑 肖淑辉
封面设计 刘学友

肥城桃发展史
FEICHENG TAO FAZHAN SHI

出版发行 山东大学出版社
社　　址 山东省济南市山大南路20号
邮政编码 250100
发行热线 (0531)88363008
经　　销 新华书店
印　　刷 肥城市新兴印务有限责任公司
规　　格 720毫米×1000毫米 1/16
18.5印张 240千字
版　　次 2023年3月第1版
印　　次 2023年3月第1次印刷
定　　价 128.00元

《肥城桃发展史》
编委会

序

肇始人类感悟自然之大美的，桃花应该是较早的物象之一。所谓目迷五色，最亮眼的莫过于桃花。及至《诗经》中的“桃之夭夭，灼灼其华。之子于归，宜其室家”，孔夫子就已经把桃花人格化了。再到陶渊明的《桃花源记》，把自己的政治理想与审美情趣完美结合起来，创意出一个和乐安宁、自由平等的乌托邦，成了人们对朴实理想及和谐社会的追求。而在那桃花盛开的地方——肥城，就有“世上桃源”之美誉。

肥城是一方神奇的沃土，山辉水媚，物产丰饶。盛产于肥城中部山区的肥桃，果实硕大、形状优美、清芬馥郁、口感怡人，被誉为“群桃之冠”，享誉海内外，广为世人称道。以肥桃为代表的嘉木珍果，彰显着肥城大地的无穷魅力，成为一道靓丽的风景。

桃是原生于中国最古老的果树之一，位列“五果”（桃、李、杏、枣、栗）之首，为世人喜爱。肥桃栽培历史悠久。据考证，早在汉代之前，人们就开始了桃树的栽培，经过数千年的栽植培优，至明清时期，肥城桃就以水果名品闻名于世，定名为“肥桃”，列为宫廷贡品。新中国成立以后，尤其是八十年代初实行家庭联产承包责任制以后，肥城各级党委政府高度重视肥桃的发展，设立专门的管理研究机构，不断鼓励引导果农扩大栽培面积，加强科学研究和管理，注重品质培优和品牌提升，把肥桃作为振兴农业农村的特色产业和支柱产品进行培育提升，有力地推动了广大农民群众致富奔小康的进程。肥桃“春花、夏荫、秋果、冬枝”，四时美景，目不暇给。尤其是在金秋采摘时节，红男绿女，车马水龙，采之者欣然，食之者抃舞，蔚为大观，邑人谓之“桃行市”。由肥桃衍生出的各种文化现象，如民间传说故事、文学作品、桃制品、民间桃型手工制品、桃木工艺品、民间习俗等，极大地渗透到人们的日常生活中去，潜移默化地影响和规范着人们的道德修为、言语行动，凝成了一种独具意义的肥桃文化。

实施乡村振兴战略，是“两个一百年”奋斗目标的重要内容，文化振兴是其中的应有之义。文化作为人类在社会实践过程中的精神创造，塑造、引领着人们的人生观、价值观和世界观，是强基固本、健魄铸魂的巨大力量。肥桃文化是农耕文化、乡村文化的重要组成部分，是一宗宝贵的精神财富，应当认真挖掘、系统整理和大力弘扬，赋予其新的时代精神，使其在乡村振兴中发挥出更大的作用。比如，肥桃栽植过程中践行的选优培强、优胜劣汰、精耕细作、科学管理理念，“肥城寿桃”所涵养的福寿绵长、尊老敬老情怀，桃花所展示的青年男女两情相悦、恋爱婚姻观念，桃木制品所包含的扶正祛邪、驱鬼降魔作用，以及大量关于桃的诗词歌赋、成语典故、风土人情、习俗传说，都应该下大气力进行研究，把传统文化更为深刻地融入现代文明之中，为乡村文化振兴提供有力支撑。当然，这绝非一日之功，需要大批有识之士持久不懈的努力，才能有所收获、有所成就。

李武刚先生长期致力于地方传统文化的整理研究，是一位有成就的文史学者。这部《肥城桃发展史》是他在不长的时间内，对大量的历史资料爬梳整理、审核校勘的基础上编写而成的。该书对肥桃的发展源流、栽培技术、科学实验、生产现状、加工运销以及由此所衍生的各种文化产品、文化现象，作了详细的叙写，有很强的系统性、学术性、权威性，是肥桃发展历史和肥桃文化研究的最新成果。相信读者诸君从中能够得到新的知识和启迪。为一种经济作物、一种名优特产写志立传，毕竟是个尝试，本书的不足之处，在所难免，也恳请各位专家学者批评指导、绳愆纠谬。亦希望武刚虚心接受各种臧否评骘，为下一步编好《肥桃志》打下坚实基础。

与桃花相映衬的是肥城秀美的广袤河山，与肥桃相伴生的是肥城人民的甜蜜生活。《肥城桃发展史》可以作证。

李玉洋

2022 年 3 月

目　　录

第一章

古代肥城桃与桃文化形成

桃，落叶乔木，属于蔷薇科、李属、桃亚属植物，桃现今遍布全球，雄居核果类果树之首。桃作为“五果”（桃、李、杏、枣、栗）之首，受到世人的喜爱。

桃，原产中国，是中国最古老的果树之一，中国西部是桃的起源中心。早在公元前 1 世纪甚至更早的时候，桃就经丝绸之路传至波斯帝国，然后传遍欧洲与世界其他地区。桃源于中国这一事实，直到 19 世纪中叶才被世界各国确认。[①] 中国悠久的桃发展历史，孕育形成了丰富的桃文化，从物质到精神，别具一格，影响深远。

肥城植桃历史久远，春秋时期就有桃的种植，隋唐时候已有名气，明代中叶形成了肥城桃品牌，至清代则蜚声海内外，内供于廷，“实为环球一妙品”[②]。

肥城作为中国四大桃产区之一，有“中国桃乡”之称。肥城桃文化伴随着肥城桃的历史而生，是中华桃文化的重要组成部分。肥城桃文化以其悠久的历史、丰富的内涵、通俗的表述、广泛的传播，深刻影响着人们的日常生产和生活。古老的肥城桃文化，在历史的发展中不断注入新的时代元素和精神力量，已成为厚重的肥城文化的重要组成部分，充满了朝气和活力。

① 参见汪祖华、庄恩及主编：《中国果树志·桃卷》，中国林业出版社 2001 年版，第 9 页。

② 《外省新闻 · 山东》，《大公报》1905 年 5 月 1 日。

第一节 肥城桃历史探源

据《中国果树志·桃卷》记载：4000多年前，桃就被我们的祖先认识和驯化，栽培发展历史悠久。《诗经》《山海经》《管子·地员篇》《尔雅·释木》《初学记》《本草衍义》《齐民要术》《农书》《马可·波罗游记》《救荒本草》《永乐大典》《本草纲目》《群芳谱》《古今图书集成》等古籍，从不同的角度记述了桃的品系、栽培、加工与医学价值。

中国作为桃的起源中心，其显著的特点是野生种的存在和种类的多样性。早在3000多年前，中国曾记载野生种的山桃，在华北地区现仍有野生山桃存在。经过长期的演化，桃呈现出丰富多样的种质资源。据统计，目前中国各地的桃栽培品种逾1000个，并随着有目的地开展杂交育种，品种类型将更加丰富。

作为中国四大传统名桃产区的山东肥城、河北深州、江苏无锡和浙江奉化，各有其传统主栽品种，以“肥城桃”“深州蜜桃”“白花水蜜桃”“奉化玉露桃”为著。[①] 在栽培实践中，各产区又呈现出类型多样的品种系列。其中，“肥城桃”和“深州蜜桃”有红里、白里等类型；“白花水蜜桃”果顶有平和凹，花芽有疏、密等类型；“奉化玉露

① 参见汪祖华、庄恩及主编：《中国果树志·桃卷》，中国林业出版社2001年版，第11页。

桃”成熟期有早有晚，果实有大有小，花瓣有单瓣、重瓣等类型。

当前世界上最早记载桃的书籍为《诗经》，距今已有近3000年的历史，较古罗马称欧洲有桃存在要早1000多年。在《诗经》时代之前的远古时期，黄河流域广大地区都已遍植桃树，并广泛传至中国的大江南北。据出土文物考证，河南郑州二里岗、江苏海安青墩、浙江吴兴钱山漾、杭州水田坂、余姚河姆渡及广西钦州独料等地均出土了6000多年前新石器时代的桃核。尤其是在河北藁城的商代遗址中出土的桃核，与现代桃的桃核极为相似。桃的广泛分布，显然是古人类活动的结果。在原始农业形成之前，采集野生果实仍是古人类最主要的食物来源之一，桃随着古人类的迁移而传播。

《山海经》是一部记录中国上古时代山川地理的奇书，成书约在战国时代。书中关于桃的记载有6处。其中有“不周之山爰有佳果，其实如桃”;“边春之山多桃、李”。不周、边春两山即昆仑山，位于甘肃、新疆、青海之间，产桃的位置可具体到西宁、酒泉、敦煌一带。《东山经》中有“岐山其木多桃、李”。岐山位于今陕西岐山，在扶风、凤翔中间。《中山经》中有“灵山其木多桃、李、杏”。灵山，位于今河南宜阳。又有“卑山其上多桃、李”之句。卑山，在今河南泌阳。可知，《山海经》中的桃多出现在黄河中上游的甘肃、陕西、河南等地。桃水、桃山分别见于《西荒经》和《大荒北经》。《中山经》《中次六经》中有“夸父之山，其碑有林焉，名曰桃林，是广员三百里，其中多马”。《尚书正义》中有“归马于华山之阳，放牛于桃林之野”。可知，桃林是大量野生桃生长的地方，也是我国桃树大面积原始林的最早历史文献记载。

《诗经·魏风》有“园有桃，其实之殽”的句子。《魏风》所指系今日黄河以北以及山西广大地区，园中种桃，自然是人工栽培，植桃为园，则表明已有一定的种植规模。在《管子·地员篇》中最早记载了桃栽培与土壤的关系，主张用好的土壤如“息土、位土与沃土”栽培桃树。《周礼·天官》《礼记》等书则详细记述了桃及桃的干藏与食用方法。这时，桃就由野生状态转入人工驯化栽培。

早在汉代之初，中国桃就经过丝绸之路向外输出，最早传入波斯帝国，对世界桃的贡献与影响极大。汉武帝时，初建了类似国家植物园林的上林苑，收集保存了 7 个桃品种。在南方，西汉长沙马王堆汉墓出土的《帛书五十二方》有桃的记载。江苏多地出土的汉代墓穴，时有桃核的出土发现。《史记》《汉书》《后汉书》《尔雅·释木》等汉代文献，多处记载了桃，包括以桃命名的地名、人名、山名、水名、城市名以及官职名等。

东晋葛洪的《西京杂记》、北魏贾思勰的《齐民要术》等记载了前代与当时桃的品种、产地以及栽植方法。晋时，华林园中出现了不同成熟期的品种多达 17 个，如这时的冬桃“既甘且脆，入口消流”。

至唐贞观年间，西域康居（今新疆北部）入贡金桃，这种黄肉桃“大如鹅卵，其色如金”，显然是西北地区的桃资源在汉武帝时代传至中亚后经改良而成的。唐时，还出现了重瓣碧桃。段成式的《酉阳杂俎》描述了王母桃：“洛阳华林苑内有之，十月始熟，形如栝楼大小。”其形已经相当于今日桃之大小。这说明北方红肉、晚熟品系桃的产生，至此已在中原地区生长。唐末冯贽的《云仙杂记》则记载了龙月城的蟠桃。另外，《通典》《旧唐书》《新唐书》《唐会要》《册府元龟》《封氏闻见录》《初学记》中都有当朝桃的大量记载。

宋元时代，桃品更加繁多，栽培技术较前大有发展。寇宗奭的《本草衍义》记载：“京畿有白桃，尖小于众桃，有赤点斑而光如油。”“太原有金桃，西京有昆仑桃，内深紫红色，此二种尤甘。”“饼子桃，如今香饼子。”其中，白桃光如油，当为今日之油桃，饼子桃应为今之蟠桃。北宋周师厚的《洛阳花木记》则结合自己在洛阳的见闻，参考李德裕的《平泉山居草木记》等，记载当时有30余个桃品种，有小桃、十月桃、冬桃、蟠桃、千叶桃、缠桃、二色桃、合欢二色桃、千叶绯桃、大御桃、金桃、银桃、白桃、昆仑桃、憨利核桃、胭脂桃、白御桃、早桃、油桃、人桃、蜜桃、平顶桃、胖桃、紫叶大桃、礼桃、方桃、邠州桃、圃园桃、红穰利核桃、光桃等。元代王祯的《农书》则在引用前人记述的桃轶事及桃品种外，增加了早熟的洛丝白和晚熟的过雁红两个桃品种。

到了明清，除金桃、银桃、水蜜桃等佳品外，出现了人面桃等观赏桃类型。寿星桃，矮而花，能结大桃，奇而可食。16世纪中叶，出现肥城桃。稍后，水蜜桃问世，独上海有之。清代南方水蜜桃已广泛栽培，并出现了水蜜型蟠桃。① 明代李时珍的《本草纲目》按照色泽、果型、成熟期分类，对部分桃品种加以注释说明，并对桃及桃仁、桃花等的药性与入药做了阐述。成书于明代的《永乐大典》及《群芳谱》《广群芳谱》《花镜》《水蜜桃谱》《清稗类钞》《古今图书集成》等从不同的角度，比较完整、系统地考证和记录了不同品系桃的来源、性状、繁殖与栽培要点等。至于以产地命名而闻名于世的桃品系，如肥城桃，则在县志、省志中作为地方特产做了详细的记述，为今人研究其发展史，提供了重要的文献参考依据。

桃在中国先后出现的次序为野生桃—山桃、冬桃（硬肉桃）—硬肉桃—黄桃—蟠桃—油桃、蜜桃—寿星桃、肥城桃、水蜜桃—水蜜型蟠桃。从桃的这一发展体系来看，中国作为桃的原产地区，具有悠久的栽培历史。“桃之栽培，在吾国竟无处无之。”②

进入民国，山东肥城、河北深州、浙江奉化、江苏无锡，成为中国最有名的四大桃产区，蜚声海内外。

① 参见汪祖华、庄恩及主编：《中国果树志·桃卷》，中国林业出版社2001年版，第11页。
② 江苏省农矿厅编.《江苏省十八年度农业状况》，1931年。

肥城桃，作为中国桃栽培发展历程中的重要一员，具有双重含义：一是指肥城区域内栽植的桃，二是作为桃品系中的肥城桃。两者之间是一种包含与被包含的关系。

一、肥城植桃历史

肥城位于泰山西麓，地处北纬 35°53′～36°19′，东经 116°28′～116°59′。东靠泰安，北临长清，西接平阴县，西南与东平搭界，南面与宁阳接壤。南北长约 48 公里，东西宽 37.5 公里，总面积 1277 平方公里。①

肥城地处鲁中南低山丘岭区，地形东北西南倾斜，自然形成低山、丘陵、平原、涝洼四种地形，18 个地貌单元，最高点海拔 600 米，最低点海拔 57.7 米。北部以康王河流域为主，该河发源于泰山西麓黄巢山，构成康汇平原；南部有汶河为界，构成汶河平原。全境中部

肥城市桃园镇“世上桃园”航拍图

① 参见李淑英、仲崇福、季英宗编著：《肥桃栽培》，山东省出版总社泰安分社 1987 年版，第 5 页。

隆起，山脉相连，沟壑纵横，青石山、砂石山约各占一半，构成了各自不同的地形。属于暖温带大陆性气候，四季分明。

肥城土壤共分两大类，即褐土性土类和砂疆黑土土类，其中褐土土类所占面积较大。从土壤性质看，成土母质多为石灰岩以及黄土状母质及其沉积物，呈土棕色或褐色，有耕作层、淀积粘化层、钙积层。土壤质地分山区薄层土、石渣土、粗砂土、壤质土、平原厚层土，包括砂壤土、轻壤土、中壤土。土壤中性或微碱性。物理性质：容重平均为 1.2 克 / 立方厘米，总孔隙度 49.6%，通气孔隙度 13%，毛管孔隙度为 36.5%。田间持水量 26.3%，pH 值 7.0 左右，有机质含量平均 0.08%，含氮 0.063%，速效钾 72.5PPm，速效磷 5.98PPm。历史实践证明，这种中性或微碱性土壤，最适宜桃的生长发育。砂疆黑土类，成土母质为静水沉淀积物，由长期的成土过程，气候与水文、地质的变化而形成。其表层有壤质土覆盖，土壤呈中性或微碱性，此类土亦适宜栽培桃。

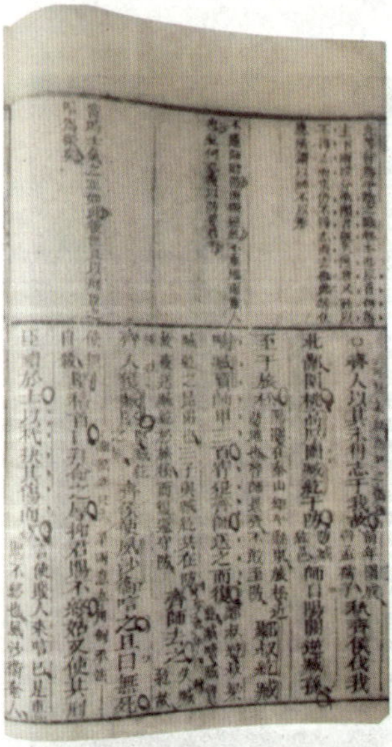

康熙版《春秋左氏传》

春秋时汶水上有地曰“桃”，《春秋·襄公十七年》云：“围桃。”《汉书·地理志》载泰山郡有桃山、桃乡。居延汉简载有新桃。肥城之山曰桃山，其水曰桃水，其城曰桃邑，其乡曰桃乡，可见肥城自古就与“桃”结下了不解之缘。①

由此可以推断，早在 6000 多年前的大汶口文化时期，肥城一带就有大面积的原始野生桃林，为生活在这里的原始先民提供果腹之物，并孕育了古老的桃文化。

① 参见刘宗迪：《众神的山川——〈山海经〉与上古地理、历史及神话的重建》，商务印书馆 2022 年版，第 385 页。

肥城晒书城

春秋战国时期，肥城地处齐、鲁交界，是两国争夺之地。《春秋左氏传》记载，鲁襄公十七年（前556），齐、鲁两国交战，齐国兵分两路围困鲁国北部边境的“桃”（今肥城孙伯一带）。“桃”地之名，即源于这里大量种植的桃树，这也符合农耕文化背景下地名命名的特点和规律。

史家鼻祖左丘明是肥城石横衡鱼人，其《左传》中记载：鲁襄公到楚国去，遇楚康王病逝，便让巫师用桃荆作法祛除灾邪。孔子携弟子探访左丘明，路过白云山南麓时，书被大雨淋湿了。雨过天晴，孔子向四下一望，见山路边的田野里满是桃树，就吩咐弟子们把淋湿的书挂在桃树枝上晾晒。后人为纪念圣人在此晒书，遂盖了一座庙宇，名曰“晒书城”。《孔子家语》也有鲁国君子以雪桃招待孔子的故事。这就说明在春秋之时，今天的肥城地域便有了被先民驯化的桃。肥城栽植桃的历史，距今已有2700多年。这一时期，桃在当时肥城人的生活中已有相当地位，桃等果蔬栽培是仅次于粮食生产和畜牧养殖的一项重要生产活动。

肥城先民从实践中探索桃的栽培技术，注重桃树的管理、桃品质的提高，有的区域诸如泰山西脉今剪云山、牛山、陶山等地作为桃的集中产地，成为当地重要的商品交换物类之一。

两汉、魏晋时期，肥城植桃开创了品系、质量和栽培技术的发展与繁荣局面。“肥城桃盖因其品质超群、果大无朋且原始最早，在我国汉时已有之，是以享盛名亦独久也。然肥城桃一总名耳，其种类则夥甚。”[①]从《中国历史地图集》来看，两汉时期今肥城一带“桃”“桃山”等以桃命名的地名[②]，说明当时肥城一地植桃面积之大，也说明历史久远的集中产地与后来产生的桃的优良品种有一定的内在关系。桃的品系已经有冬桃、夏白桃、秋白桃、襄桃之分，有的“既甘且脆”，有的“入口消流”，即有硬肉桃和溶质桃之别。据南朝陶弘景的《名医别录》记载，“桃生于泰山川谷”而“今处处有之”。此时，2200多年前，肥城栽植的桃已经有了规模与名气。

隋唐宋金元时期，是肥城植桃的黄金发展期。不论是桃的品种还是栽培技术都有大的发展。黄桃、蟠桃、油桃、蜜桃等已出现在肥城。唐代邹平人段成式在《酉阳杂俎》中记述时任御史中丞的史论在齐州（今济南市）出猎至一县界时，碰到一僧人正在吃桃，其桃大如碗，鲜美异常。中丞随其访寻桃林，翻山越岭，见有桃树数百株，枝干扫地，高二三尺，芳香扑鼻。文中的仙桃林即以肥城牛山之桃林为原型。[③]可见，早在1400多年前的隋唐之始，肥城的桃树栽培规模之大与桃子的美誉度之高已经名声在外。

元末明初的战乱与灾异，致使肥城一地十室九空。经过明初的大移民与休养生息政策，至明代中叶，肥城的人口与生产超过了前朝。肥城人民面对壤地偏小、川原燥湿的实情，继续大力发展经济价值高的桃树种植，这种因地制宜的生产模式，既能解决温饱问题，又能创收。随着植桃规模日渐扩大，加上对栽培技术与桃品质的追求，肥城桃成为地方名产。明《泰安州志·物产》记载，果有“梨、栗、枣、

① 《中央农场之特产二：山东肥城桃》，《中央农场特刊》1936年第1期。

② 参见《中国历史地图集》编辑组编：《中国历史地图集》第2册，1975年。另参见汪祖华、庄恩及主编：《中国果树志·桃卷》，中国林业出版社2001年版，第19页。

③ 参见安作璋主编：《济南通史》第2册，齐鲁书社2008年版，第395页。

柿、梅、杏、桃、李……无花果诸品”[1]。清《泰安府志·方域志·物产》记载，花属“桃、碧桃”，果属“梅、桃有数种”[2]。康熙十一年（1672），《肥城县志 · 物产》记载“今取大而显著者类志之”，桃居肥城县果类第一。[3] 明清时期，肥城桃便以水果名品为世人所周知。

民国期刊中的山东肥城桃图

二、肥城桃品牌发端

肥城桃，又名“大桃”“佛桃”，因产于肥城而得名，简称“肥桃”，因其味美香甜可口，又称“蜜桃”。其果实硕大，香气馥郁，外形美观，营养丰富，被誉为“群桃之冠”。

栽植源于春秋、名声噪于隋唐、品牌发端于明清的肥城桃，是依靠得天独厚的自然地理条件，经过桃农千百年的不断实践与探索，用智慧和勤劳的双手培育出的优质大桃品种。

明代中叶，肥城桃发展为肥城特产和果品品牌，历经 200 余年，肥城桃逐渐为世人关注。清雍正四年（1726）《山东通志》记载：“桃产肥城者佳，临清次之，分销各处。”说明此时肥城桃已经成为全省名产果品。嘉庆二十年（1815）《肥城县新志 · 物产志》载：“今别物分类，其与邻邑同者，一概从略，其独出自县境，非他境所不可及者，特详注之，俾览者知有所辨云，作物产志。”“桃，味美，他境莫能及，惟吕店、凤山、固留诸社出者尤佳。”[4] 至光绪十七年（1891），《肥城

① （明）任弘烈编辑：《泰安州志》，民国二十五年（1936）铅印本。
② （清）颜希深修，（清）成城等纂：《泰安府志》，线装书局 2017 年版，第 131、132 页。
③ 参见肥城市市志编纂委员会办公室整理：《肥城县志》上册，1995 年，第 23 页。
④ 肥城市市志编纂委员会办公室整理：《肥城县志》上册，1995 年，第 221 ～ 222 页。

县志·物产》记载肥城县“果品亦多，惟桃最著名，远近千里外莫不知有肥桃者，而吕店、凤山、固留诸社所植尤佳”[①]。这时的肥城桃，已从省内走向省外，成为全国的知名品牌。光绪三十四年（1908），《肥城县乡土志·物产·植物天然产》称：“惟桃最著名，近来东西洋诸国亦莫不知有肥桃者。”[②]也就是说，清末肥城桃已蜚声海外，名噪世界，成为国际品牌。

清中期无锡人钱泳的《登楼杂记》称：“果品：桃之属北地最佳。京师出者，董四墓为上品；山东出者，肥城、临清为上品。食之甘鲜，他产者难与比伦也。”陈文述为友人所作的《水蜜桃谱序》中，在历述各地佳桃时提到肥城之品：“水蜜一种，志乘未详，然冀北有肃宁之产，山左有肥城之沃。仆车辙所至，城芳用飨。江南之美，沪城为最。”[③]书中将肥城桃与肃宁桃、水蜜桃并推为国内三大名桃。麟庆《鸿雪因缘图记》之《董墓尝桃》云：“余性嗜果，宦游所到，曾食肥桃、壶枣、波罗蜜、甜枳椇、新会香橙、黄岩金橘、五色杨梅、独核枇杷、枕头、羊角等瓜。”[④]王贤仪《家言随记》卷三《辙环杂录》载：“山东肥城产肥桃，皮薄香甜。桃花山尤多。”又有谢堃《花木小志》中云：“桃：尝访肥城令某，入境，闻某贪婪不堪，诛求无厌，乃主李掌书（李廷桂）家。晚食一桃，重二十余两，汁贮盘匕，香甜异常。较之上海水蜜桃，肥而多肉；较之北地王母桃，香而无滓。始知素所食肥桃者，非真肥城之所出也。”这些相关记载都对肥桃评价甚高。

清道光年间，肥城南邻的宁阳黄恩彤[⑤]，曾有诗《肥桃（以产于

① 肥城市市志编纂委员会办公室整理：《肥城县志》上册，1996年，第122页。

② 肥城市市志编纂委员会办公室整理：《肥城县志》上册，1996年，第698页。

③（清）褚华撰：《水蜜桃谱》卷首，《续修四库全书》第1161册，第259页。

④ 麟庆：《鸿雪因缘图记》，北京古籍出版社1984年版。

⑤ 黄恩彤（1801～1883），原名丕范，字绮江，号石琴，别号南雪。宁阳县蒋集镇添福庄人，清末大臣。

肥城得名)》:

> 桓桓齐三士，各有力如虎。所争仅二桃，性命轻一羽。初闻不相信，谓为齐东语。壮岁赋远游，佳果堪指数。董墓所首推，深州亦可取。（京都名桃首推董四墓，次则深州）枇杷黄金丸，荔枝白玉乳。塞梨尤殊绝，羊桃入别谱。此皆南北隽，旅食恣含咀。每忆园有桃，馋梦思东鲁。归田恰仲秋，蕡实罗筐莒。素英带纷披，妍姿相媚妩。琼浆溢硕肤，雪肌劈香缕。甘芳妃沆瀣，滑腻奴修脯。弱不胜齿牙，清足凉肺腑。老佛心槁木，抬手思摩抚。（桃之上品名佛抬手）矧兹豪士豪，重以武夫武。望树涎久垂，撤柈目先努。口腹甘身殉，延颈赴轻吕。噬嗑兆讼师，异味等妖蛊。不见郑子公，解鼋初登俎。染指愧虚尝，枭镜逞一怒。羊羹几亡宋，熊膰难待楚。尤物足移人，兹桃堪为伍。莫但笑老饕，公孙田与古。吾将刬其根，匝野种禾黍。

作者乡里与肥城毗邻，故早稔肥城之名，先尝馐之味。该诗除了艺术上较可称道外，还具有一定史料价值。据诗可知，道光时肥城桃已被称作“肥桃”，又知当时桃之上品被命名为“佛抬手”。“佛抬手”之名原指禹城桃，明嘉靖《山东通志》卷八《物产·济南府》记有“佛抬手桃，其大盈掬，出禹城者为佳”[①]。后其名移于肥城桃，今肥桃又称“佛桃”，或即由此而来。

刘鹗《老残游记》第二十四章《求其友声订交倾盖，巧譬物理垂钓深潭》写主人翁老残漫游泰山，邂逅以营逆旅为业的高士叶老人。在二人对话中，高翁对肥城桃有一番极为生动的描述：“此桃未熟之先，坚硬如木。已经八九分熟，即宜速摘，不然至夜就自己坠落。成熟之桃，大似钵盂，皮薄如纸，食时必先将桃放于盘内，用筷子在桃上戳一小孔，以口就孔吸之，液汁甘芳，直透胸臆，吸尽时只余指顶大桃核一枚，绵纸厚一张桃皮而已，真仙果也！”几句闲聊，便把肥桃

① 《天一阁藏明代方志选刊续编》第51册，上海书店1990年版，第498页。

之美描摹得淋漓尽致，让人垂涎。①

肥城桃历经培育，至清末名气大振，遂贡于内廷。《申报》刊文称："肥城桃，在前帝制时代为进贡之御用品，光绪帝封为桃树王，可见当时名贵之至。"② 无锡《人报》称："肥城桃是前清三大贡品之一，浆足味甜，果实巨大，色香味俱佳，久已驰名。"③《农业进步》亦刊文："肥城桃名重世界，昔为帝王贡品，现在远销济南、南京一带，赠送阔官大佬，亦称为无上珍品。"④

《山东的三宝》一文载：莱阳梨、肥城桃、德州瓜，山东人素来自称"山东三宝"，并素有山歌来称赞它："莱阳梨，嫩如雪，到口无渣又无核。肥城桃，甜如蜜，人儿闻香便想吃。德州瓜，圆又长，只因味美称瓜王。"⑤

① 参见周郢：《中国文学中的肥城桃》，《左丘明文化》2021年第1期。

②《广告·本埠增刊》，《申报》第19781期，1928年4月12日。

③《工商服务：肥城桃》，《人报（无锡）》1947年8月1日。

④ 王中学：《华北园艺：肥城桃》，《农业进步》1941年第1期。

⑤《山东的三宝》，《清乡新报》1942年10月3日。

第二节 古代肥城桃栽培技术

桃，树势强健，结果早，性喜温和气候，忌低湿之地，以砂质土最佳，排水便利。若在肥沃之地栽植，则结果延迟。桃叶呈披针形，长约四五寸，边缘锯齿，春日开花，花梗极短，着生枝上，叶子同时萌出。果实外有茸毛，内有坚硬的果核，果实浆多味甘，有特殊的香气。桃树树龄短，三年成大株，一二十年便衰老。

桃，最初由野生到因其适于人类生活所需取来种植，施以人工，得到护理，这便是栽培技术的探索与初步形成。[①]

2000多年来，肥城桃农对桃的认识和栽培技术方面积累了丰富的经验。在汉代，就已采用了桃长方形密植栽培法。早在1500多年前，人们已经掌握了种子层积后熟的实生育苗经验和防治落果、促进丰产、延长果实年限的栽培技术。宋代，开始了桃多种嫁接组合的探索，出现了桃、李、杏、梅的属间嫁接和正反嫁接技术。

一、繁殖

在古代，桃树多为实生繁殖，这是因为自花结实率高，后代变异较小，繁殖容易。肥城作为我国北方桃的著名产区，至今仍然保留着

① 参见辛树帜编著，伊钦恒增订：《中国果树史研究》，农业出版社1983年版，第5、147页。

实生繁殖的方式。但是，嫁接繁殖，是宋代以来肥城桃树的主要繁殖方法。

1. 实生繁殖

实生繁殖的一种方法是将成熟的桃子连同桃肉合埋于粪地中，到了春天长成桃苗，然后用锹连土掘出移栽。另一种方法是在南墙朝阳的暖和地，挖一道深宽的壕沟，铺上牛粪，选取好桃，擘取桃核，头向上置，以烂粪和土覆盖一尺多厚，到了春天桃核即将发芽，轻轻拨去粪土，便会得到桃苗，然后移栽，并以熟粪为肥。到了宋元时期，出现了嫁接桃树与实生桃树并行发展的情况。

2. 嫁接繁殖

宋代，桃树繁殖普遍采用嫁接技术，出现了属间远缘嫁接、正反嫁接等多种嫁接组合。例如，桃接李时则红而甘，或仅有颜色变化而没有风味的变化；李接桃时则有桃、桃李、李桃，本强者果实有毛，亲和性好，长寿耐肥，或者仅有延长结果期的作用。再如，桃接杏时，果实增大，并可促进果实着色。桃树的嫁接技术，还借鉴桑树、梨、柿子嫁接法，采取幼苗搭、压接技术（即今日的合接），并加以改进，采用密植，后进行长接穗坐地嫁接的搭接方法，这样就避免了幼树移栽缓苗，又有迅速成型、提早结果的优点。

二、栽培

肥城桃栽培技术发端于春秋，这时初建园林，形成规模种植与集中管理。汉代，则更加注重季节时令、土壤与栽植密度。至北魏时，桃参照李的栽植密度改为正方形栽植，并一直延续至元代。在桃树的合理密植方面注意到“枝叶不相碍”，已经认识到过密不利于产量与品质的提高。同时，桃农还在实践中采取根部培土、灌溉保泽等保护果树、增加产量、提高品质的栽培管理技术。

桃树有喜光、耐旱、抗寒等特点。古代肥城桃农注重满足桃子的肥水要求，以增产提质，尤其重视生长后期对桃树的施肥。

桃树寿命较短，一般为 20 ～ 30 年。[①] 肥城桃农自古就采取了初果期纵伤与衰老期平茬更新两项措施。纵伤可以防止树皮紧而致死，亦可令其出胶，纵伤一般在树龄四年以上，长度则以七寸以上为宜。平茬既有利于根深盘固，又可有效防治病虫害。这两项措施，对延长树龄，都有重要的作用。

肥城桃农结合桃的结果习性，还采取杖击分杈和树枝间加压砖石的方法，以刀杂砍其枝，持石压树枝，使桃树角度张开。这些栽培技术合称“律桃”，成为桃树管理的一项专门技术。为防止桃树大小年，肥城桃农还采取“息果法”，凡桃树结果一年，次年必歇枝。有的还采取“轮换结果”的“双枝更新”技术。多数桃农在桃树大年之时采取撑枝的办法，以竹木扶持桃枝，避免负重日繁和风雨飘摇，从而确保桃果产量。

桃得病虫害，或因施肥过多，或因空气不通，或因地形低湿等。由于时代的局限性，肥城桃农对于病虫害防治，往往带有祈求神灵保佑的迷信色彩。对于一些虫害，当时虽有察觉，但尚未认识。在防治措施上，多采取一些土办法，如熏硫磺、硫磺塞孔、烟精水扑杀，或用桐油纸燃后塞孔熏杀，或者直接砍掉病害枝蔓，以绝后害。桃蠹，是古代的一种食桃害虫，桃农逐渐认识到以芫花塞杀或以杉木小钉塞孔的防治办法。对于病害所致树上的僵果，与桃单性结实、成熟晚、风味甘甜、不干缩的“桃奴”小果显然不同，桃农对于这种病果，往往采取的是早发现早摘除。

月培在《产肥桃的肥城》一文中，记述了古代肥城桃的培植与管理技术。“把种桃的核播种畦中生长一年或二年，在发芽前掘出移

① 参见汪祖华、庄恩及主编：《中国果树志·桃卷》，中国林业出版社2001年版，第57页。

肥城桃园

植于桃园，每株距离约一丈二尺内外，行间距约一丈五尺内外。定株后再过一年或二年，其苗约大如拇指。在清明节前即行土接法，于一砧木接二穗或四穗，成活后全数留之。树干多由地面分枝，长成灌木型，树势发育纯任自然。肥料多用豚厩肥，通常于每年春分后清明前施行一次，每株约二百斤，于树下周围治成圆畦，畦旁距树根约三四尺，肥料平施于畦内，深耕搅拌。每圆畦连通水沟，以便于灌溉。天旱时须早晚灌溉一次。害虫仅有桃虫与毛虫两种，驱除用人工外别无他法。小桃如橡子大时，详细观察摘去过密者，叫拣桃。至桃大至鸡卵时结果的小枝用麻线系于大枝或树干上，并用高粱秸四五枚束为一把，支于大枝梢端，以免动摇与坠折。嫁接后第三年即能结桃，但为养树起见，常摘去，不令其熟。至第四年结桃后量树势每株酌留十余枚或二十余枚。至第五年每株可得桃百余枚。以后五六年为极盛期，每株每年可得百余枚收量。自此以后再四五年即衰弱，收量渐减，形亦渐小，约至十五年则树势全衰，须伐去另植新树。”①

古代，肥城桃的栽培技术多源于植桃的实践活动，是某种程度上对种植经验与教训的总结。同时，肥城桃农还借鉴其他果树的管理经验。尽管培植方法粗放②，却为以后的肥城桃产业发展与兴盛积累了宝贵的经验。

---

① 月培：《产肥桃的肥城》，《民众周刊》1932 年第 22 期。

② 参见徐謇百：《肥城桃调查报告》，《山东实业学会会志》1917 年第 1 期。

第三节 肥城桃的经济价值

一、品牌品系

肥城桃栽植历史悠久，素负盛名。“肥城桃果实之巨大为全世界第一，气色香润，浆足味甘，在前清时素称三大贡品之一，其名贵可想而知。”①

肥城桃大体分为四类，即肥桃、接种、扁子、毛桃。②肥桃树势强健丰产，接后至第四五年每株能产二百余颗。但颗数愈多则发育不佳。一般果实圆大，一颗有重至斤余者，普通则为八九两至十二三两。柄洼大而稍深，顶点短，两旁皆凹入，与顶端齐，缝合线稍深。未熟时为青绿色，秋分后上色（俗称“上浆”），成熟之际呈米黄色而微带白色，亦有半面及顶点微呈红色者（西里村之桃多带红色）。据土人言，红色者品质较劣，然取而尝之，风味亦无甚分别。届白露节完全成熟，必须采摘，否则自落。亦有一种至白露节后始成熟者，此

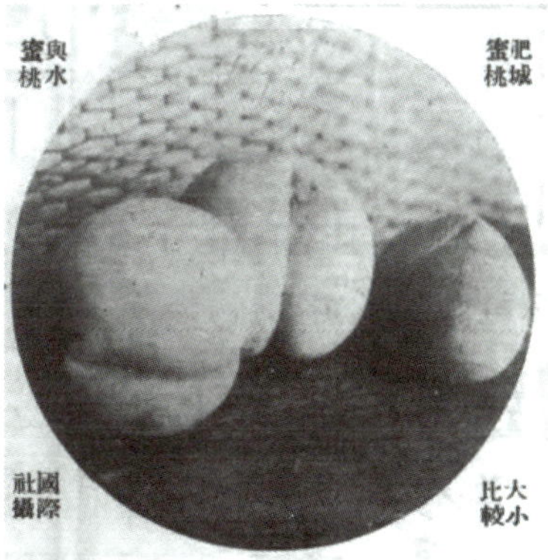

1936年《天津商报每日画刊》载肥城桃照片

① 《山东肥城桃，邑试植成功》，《无锡日报》1945年7月30日。

② 张恺：《山东肥桃之调查》，《申报星期增刊》1923年9月30日。

种形状稍小，栽培者不甚多。肥桃皮厚浆浓，果肉黄白，浓汁多，甘如蜜，有香味，核之附近肉质带红色。若完全成熟者，于皮上穿穴，用口吸之，果肉即可立尽，品质之佳良恐为各国所皆无。唯以粘核之故，肉质过软，完全成熟之后不能搬运，是其缺点。近来所运销于各地者，大半系半熟，肉质尚硬，浆液未充，致他省不得饱尝完熟肥桃之风味。

接种是肥桃核种植不行嫁接之桃，树势强健，结实多，重量多在半斤左右，形状与肥桃稍异，顶端两侧不凹入，且较顶端高出，柄洼小，皮薄，浆液浓厚度与风味稍逊于肥桃。扁子树势强健丰产，每株可产四五百枚，果实形扁如柿饼，肉质柔软皮薄，米黄色，浆液多，风味佳美，与上海蟠桃相同，成熟期早肥桃二十余天。毛桃为肥桃砧木所用，利用其结果实者不多。此外，还有五月白、谷里混两种，也称为肥城桃。

1931 年，《津浦铁路月刊》通过多桃之比对，特别介绍了肥城桃的价值之高。“肥桃一名佛桃，产肥城、平阴两县，至秋始熟，其大如碗，皮至鲜艳，肉白如脂，入口如醍醐甘露，沁人心脾，核极小，近核之色赤，不赤者非真肥桃，色香味三者均绝，向非蟠桃、水蜜桃及玉露桃所可同日而语也。”① 雨公撰《山东肥桃之调查》，也是大赞肥桃品牌之佳：“山东省之果实素负盛名，如乐陵及博平之枣，曹州之苹果及柿子，博山及泰安之山楂等，皆为山东所产果实中之主要者，而其名声最盛者恐当推肥城之桃。”② 张恺也说：“其桃光洁如玉，味甘如蜜，浆液如醴泉，而莹然无滓，表里照澈如水晶，食之沁人心脾，耐人寻味，诚异种也。往者君主时代，每岁入贡京师，荐明堂享清庙，供上方之馔，擅华林之春，次则为达官贵属所共尝，文人学士所争赏，

① 《肥城桃》，《津浦铁路月刊》1931 年第 7 期。

② 雨公：《山东肥桃之调查》，《上海总商会月报》1925 年第 3 期。

其价值之宝贵可知矣。”①

1935年，天津《益世报》刊发鲁西旅行通讯：鲁西尽多特产，对肥城桃品牌价值有如下描述：“驰名中外之肥桃因为肥城产故曰肥桃，甘甜醇美，每枚大者如碗，可足斤，诚一大特产。该县农民多种之，以此为特种副业，每年收入颇巨。距县城周围十里内之土质均宜种植，开花时一望无际，人行其中殆类图画，结实累累然，柔枝几垂及地。桃树面积约占二十六里（华里），合官亩一万零八百亩，每亩可种四十株，平均每株可得桃百个左右，每百个售洋十二元至二十元不等。种桃一亩约可收入七八十元，统计约收入不下百万元，诚该县农村一大补助也。”②由此可见，肥城桃的品牌价值与经济价值之高，渊源有自，历史悠久。

二、经济价值

自古以来，人们就认识到桃的经济价值和营养价值，传统医学宝库中也多处记载了桃叶、桃仁、桃根和桃的美容及药用价值。桃的综合利用价值越来越被人们重视，并逐步开发出一系列的深加工产品。

我们的祖先很早就知道桃的营养价值，并将其称为“寿桃”。1936年，山东大学化学系曾分析肥桃成分，得出以下结论：水分88.12%，粗蛋白0.92%，总酸量1.42%，总糖量9.23%，粗纤维1.20%，灰分0.95%。③中国医

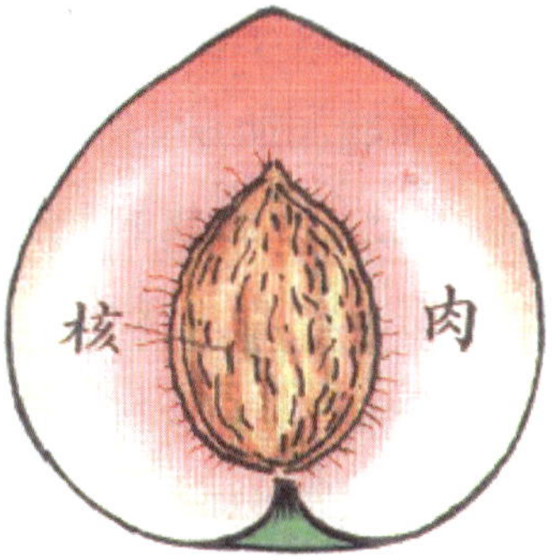

1937年《小朋友画报》所绘肥城桃

① 张恺：《山东肥桃之调查》，《申报星期增刊》1923年9月30日。

② 鲁西旅游通讯：《鲁西尽多特产：肥桃阿胶玫瑰酒，古迹名胜随处惹人流连》，《益世报（天津版）》1935年3月11日。

③ 参见德安：《肥城桃》，《新闻报》1936年9月4日。

学科学院《食物成分表》(1989)记载，桃每100g鲜果肉含水分87.5g，蛋白质0.8g，脂肪0.1g，碳水化合物10.7g，钙8mg，磷20.0mg，铁1.2mg，胡萝卜素0.06mg，硫胺素0.0lmg，核黄素0.02mg，尼克酸0.7mg，抗坏血酸6.0mg。此外，桃果肉还含有人体不能合成的多种氨基酸。这些营养成分对人体都具有良好的营养保健价值。

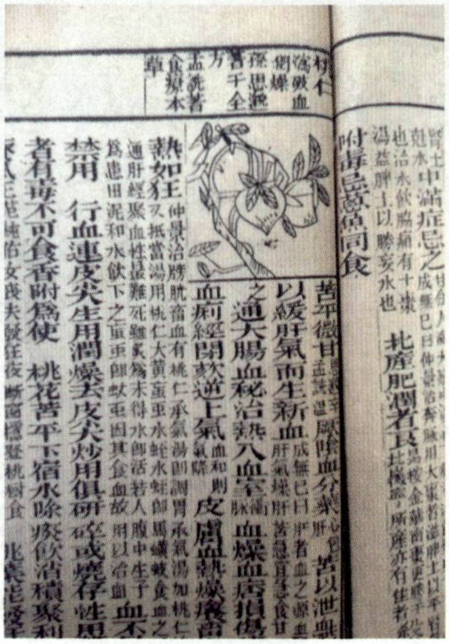

《增订图注本草备要》
记载桃仁药用价值

肥城桃果肉柔软，鲜食易于消化吸收，是老少皆宜食用的水果。桃果除鲜食外，还可加工成蜜饯、果脯、果干、果汁等，可极大丰富人们的食品种类。桃仁可榨油，桃壳可制活性炭。

此外，桃核还可雕刻成工艺品。更新换代后的桃木，是制作桃木工艺品如桃木剑、桃木如意、桃木算盘、桃木梳等桃木摆件或辟邪吉祥寓意的法器原料。废弃的木材加上文化的元素，其附加值倍增。

桃具有医疗保健作用。古代众多医书都说桃有健身益气之功效，经常食桃能润肌肤，养颜色，有益健美。李时珍有用桃仁作治血滞、风痹、寒热、产后热等处方。桃枭(经冬不落的干桃)主治小儿虚汗、妇女妊娠下血及儿童头疮。桃花有祛痰、消积等作用，还是润肤凝脂的美容佳品。《太清诸卉木方》说，桃花泡酒喝有美容功效。桃叶有治疗伤害、通大便、发汗等效果。桃根皮还能治黄疸病。桃胶可调和血气，治下痢、止痛等，可谓桃之全身均可为药。

第四节　古代桃文化

从文化发生学的角度讲，人们对桃的植物特性的认识即是桃文化的发生。史前时代遥远而漫长，原始人对桃的认识即是桃文化的发端。自古以来，桃因其花艳春色、果称佳品，在中华大地广为栽培。在中国古代文化中，桃文化源远流长，成为中华文化的一朵奇葩。

桃文化是物质和精神兼具的广义文化，有多维性，具体表现在种植、服食、医疗、民俗（信仰、宗教等）、文艺等诸多方面。最初，人类本能地发现了桃作为一种食物能果腹充饥，渐渐认识到它的保健医疗功效。后来，桃发展为可以交换和馈赠的物品，桃树栽培发展为人类的生产活动的一部分。伴随着这些关于桃的种种实践活动，产生了桃文化。

远古时代，人们对自然界的事物和现象认识不足，桃被神化，产生了许多与桃有关的神话故事。如夸父追日的手杖化为桃林；羿死于桃棓；度索山有屈蟠三千里大桃木，上有神荼、郁垒二神人，阅领万鬼；西王母瑶池有三千年一熟的仙桃；等等。由此而对桃产生了崇拜，各种关于桃的民俗如辟邪、祈福文化随之而产生。①

刘宗迪《昆仑何在？——〈山海经〉昆仑地理考》写道：《山海

① 参见王焕欣、戈春源编著：《桃文化精萃及研究》，中国文联出版社2011年版，第1页。

经》有“玉山”，其山为西王母所居。其地当在肥城。神话传说中，西王母有仙桃，食之可以长生不老，西王母之山既然在肥城，则西王母之桃，概即肥城桃。①

“仙女采桃筹备蟠桃会”宣传画

肥城桃文化伴随着肥城桃的历史而生，是中华桃文化的重要发源地和传播地。肥城作为中国有名的四大产桃区之一，肥城桃文化历史悠久，内涵丰富，表现通俗，传播广泛，深刻影响着人们的日常生活。

一、桃的种植文化

桃由生于旷野到种植于田间，作为谷肉果蔬之一供人们享用，有一个漫长的过程。桃的种植文化，属于农耕文化的组成部分，也是广义的桃文化的重要内容之一。

古人在认识到桃的价值后，便开始引种、栽培，再发展到嫁接，从而改变和发展了桃的品种和品质，并逐渐形成了从育苗、嫁接、定植、整枝、疏果、施肥及田间管理等一套完整的种植技术。在种植的实践中，人们不仅认识到土壤、环境、气候对桃的成长和品质有重要决定作用，还不断地研究桃的种植栽培新技术，发明嫁接的方法来保持种性、提高果实的品质、增加产量，以满足人们对桃的更高需求。

春秋时期，桃被人工栽培于果园，为人类解决果腹问题。汉代的上林苑不仅是皇家果品产地，更是皇家园林景观。到了东晋末年，陶

① 参见刘宗迪：《众神的山川——〈山海经〉与上古地理、历史及神话的重建》，商务印书馆2022年版，第385页。

渊明更是巧妙地构思出一片世外桃源的景象："忽逢桃花林，夹岸数百步，中无杂树，芳草鲜美，落英缤纷。"在陶渊明的笔下，桃成为世外乐土的标志。所以说，桃的种植关系着百姓的安居乐业与国家的兴衰，彰显了人间乐园的和平景象，代表了农耕文化背景下的和平盛景。由此可以得知，桃的种植文化，是从物质认知到技术革新再到精神层面的文化体系，并由此衍生到服食、医疗、民俗（信仰、宗教等）、文艺等各个方面。

二、桃的服食文化

人类发现桃果是一种可以食用的果品，并进行加工，于是产生了桃的服食文化，即食用文化。据考古发现，在浙江余姚县河姆渡遗址发掘有野生桃核，说明在距今六七千年的新石器时代人类就已食用桃。古时候食桃，有孔子"以黍雪桃"故事的记载，就是用黍来揩擦桃子表面的桃毛。《夏小正》有煮桃而食的记载。早在春秋战国时期，人们还把桃子腌渍晾晒，储藏至冬日食用，称为"桃诸"。在古代，桃除了鲜食外，还被加工成桃酱、桃脯、桃花酒等。北朝《齐民要术》有以桃做酱作为佐餐食品的记载，其法："桃烂自零者，收取，内之于瓮中，以物盖口。七日之后，既烂，漉去皮核，密封闭之。三七日酢成，香美可食。"明《本草纲目》也有记载："桃酢（即酱）法，取烂熟桃纳瓮中，盖口七日，漉去皮核，密封二七日酢成，香美可食。"又载："生桃切片瀹过，暴干为脯，可充果食。"桃花浸渍于酒，称桃花酒，《太清诸卉木方》："酒渍桃花而饮之，除百病，好颜色。"

1960年版《桃园诗选》中的"桃仙图"

古时，有服桃汤和桃花粥的习俗，以压伏邪气。桃汤是用桃枝煮成汤汁，多在元日服用；桃花粥是在粥中放桃花，多在寒食节服用。唐冯贽的《云仙杂记》有“洛阳人家，寒食节，装万花舆，煮桃花粥”。宋《金城岁节录》有“洛阳人家，寒食，食花粥”。《太平御览》引《荆楚岁时记》：“元日服桃汤。桃者，五行之精，厌伏邪气，制百鬼。令人进屠苏酒，胶牙饧，盖其遗事也。”《荆楚岁时记》也有记载：“正月一日，长幼悉正衣冠，以次拜贺。进椒柏酒，饮桃汤。”《抱朴子》有桃胶辟谷的说法：“桃胶以桑木灰渍服之，百病愈，久服身有光，在晦夜之地，如月出也。多服之则可断谷矣。”这是古代道家的“辟谷”（不食五谷而长生不老）之说，肯定了桃的营养价值。此外，《韩非子》《韩诗外传》《新序》等都有关于桃食用价值的记载。

桃有食用禁忌。《本草纲目》有“多食令人有热”的记载：“孟诜曰能发丹毒，生者尤损人；思邈曰黄帝书云食桃饱，入水浴，令人成淋及寒热病。时珍曰令人膨胀及生痈疖，有损无益，桃与鳖同食，患心痛，服术（中药白术）人忌食之。”说明桃虽好，但不能多食。因此，平时内热偏盛、易生疮疖、多病体虚以及胃肠功能不好的人群以及婴幼儿与孕妇等应少吃桃。

三、中医药中的桃文化

在生产生活中，人们逐渐发现桃对疾病有治疗作用。民间疗法中，把桃叶加入浴盆中洗浴可治疗汗疹湿疹，煎服桃叶水可镇咳去痰。干燥后的花蕾称“白桃花”，煎服有利尿之功效，也可用于治疗脚气、水肿、便秘等症。煎服干燥后的桃仁可解热、镇咳，也可用于一些妇科疾病。[①]汉代《神农本草经》有将桃仁作为药物的记载。张仲景的《伤寒杂病论》有“桃核承气汤”治疗伤寒蓄血症的记载。明代李时珍

① 参见王焰安：《桃文化研究》，中国档案出版社2003年版，第190页。

《本草纲目》，对桃的药用（分为果实、核仁、桃毛、桃枭、花、叶、茎及白皮、桃胶，以及桃木制品和桃的附属物如桃符、桃橛、桃蠹虫等）都有论述，应用最广的首推桃仁，在内、外、伤、妇等各科普遍应用，尤其在破血行瘀、润燥滑肠方面效用显著。

桃花，其色红而浅淡。张仲景《伤寒论》一书有治腹泻的桃花汤，后世有治小儿哮喘的桃花散，另有外科药也叫“桃花散”，均因其汤汁或药沫色如桃花而命名。另外，一些病症也以桃花命名，如有一种皮肤病称为“桃花癣”，因其面部、眼部出现红斑。桃花又是性的代名词，对涉及性方面的疾病称为“花柳病”。“花柳病”即寻花问柳而发生的疾病，“花”指的就是桃花。春天桃花开放时发作的一种情感型精神病，称为“桃花痴”。民间更有一种称为“桃花煞”的病名，它大多指在结婚现场发作的高热、惊厥等急性病。

有些治疗性病的药方也以桃花命名，如治疗下疳疮（梅毒）的桃花散，其成分为青蛤粉、黄丹；治疗少精症的桃花葚精汤，由赞育丹、五子衍宗丸、桃红四物汤化裁而成。在中医医案中，一些症状以桃花来形容，如“两颧如桃花”“桃花面”等，这些都是桃在中医药文化中的反映。[①]

四、桃被神化与桃民俗文化起源

桃被神化发生于桃图腾崇拜，并依图腾法则而生成了桃的“生人、佑人、成仙和禁忌”的文化内涵，并且揭示了桃文化既指民众对桃的生物特性的认识、归纳、总结，也指民众借助桃的生物特性表现某种愿望、某种情感、某种精神。这种文化内涵经历了一个累积与增衍的过程，这一方面是因为人们对事物的认识有一个逐步深入的过程，另一方面是因为特定的时代风尚赋予了其特定的文化内涵。[②]

① 参见王焕欣、戈春源编著：《桃文化精萃及研究》，中国文联出版社2011年版，第13页。
② 参见王焰安：《桃文化研究》，中国档案出版社2003年版，“魏中林序”第4页。

根据图腾文化法则，图腾一般具有四个显著的特征：第一，原始氏族社会的集团，采用某种动植物之名称，相信其为集团之祖先，或与之有血缘关系。第二，作为图腾祖先的动植物，集团中的成员都加以崇敬，不敢损害、毁伤或生杀，违反者接受一定的处罚。第三，同一图腾集团的成员，概可视为一完整的群体，他们以图腾为共同的信仰。身体装饰、日常用具、住所墓地之装饰，也采取同一的样式，表示同一的图腾信仰。第四，男女达到规定的年龄，举行图腾入社式。又同一图腾集团内的男女，禁止结婚，绝对的行外婚制。正是依据这些特征，生成了不同内涵的桃文化：忌砍伐或以桃木作柴火，向桃祈求生育的文化观，由桃的医治功能和养生功能衍生出的仙寿观念，以及桃能驱邪除恶、消灾除鬼的文化观，这表现在人们生活的方方面面，主要体现在生产生活、住所与礼仪中，并通过神话传说和民俗活动进行传承，从而影响人们的行为和意识。

桃被神化的起源主要有夸父化生桃林、羿死于桃棓、神荼郁垒御凶魅、东方朔盗桃的神话传说故事。这些神话传说故事，一直流传于肥城大地。

最早把桃神化的是《山海经》，它认为桃是由夸父的手杖所化：“夸父与日逐走，入日，渴，欲得饮，饮于河渭。河渭不足，北饮大泽。未至，道渴而死。弃其杖，化为邓林。”据毕沅注，邓林即桃林。《列子·汤问》说：“（夸父）弃其杖，尸骨肉所浸，生邓林，邓林弥广，数百里焉。”说明夸父之杖所以化为桃林，是夸父的尸骨肉体所浸润而致，亦即桃林由夸父精灵所化生。血肉化桃反映了夸父救人于火而牺牲自己的无私，福泽于民的奉献精神，这应是桃被神化的典型事例。《淮南子》有“羿死于桃棓”的记载。许慎注：“棓，大杖，以桃木为之，以击杀羿，由是以来鬼畏桃也。”传说羿是古时一位力大无比的善射者，他射落了九个太阳，为人们做了很多好事，他死后被民间尊为统辖天下鬼魂的“宗布神”。他使恶鬼不敢妄为害人，却死于徒弟之手。他的徒弟逢蒙因嫉妒老师技艺高强，在一次打猎时趁羿不备，用早已准备好的“桃棓”将羿砸死。既然桃棓能击杀万鬼首领的羿，那么其他大小鬼就更应惧怕桃木了。这是桃木具有辟邪作用的最初依据。汉代王充《论衡·订鬼》引《山海经》：“沧海之中有度索山，上有大桃木，其屈蟠三千里，其枝间东北曰鬼门，万鬼所出入也。上有二神人，一曰神荼，一曰郁垒，主阅领万鬼。恶害之鬼执以苇索，而以食虎。于是黄帝乃作礼，以时驱之。立大桃人，门户画神荼、郁垒与虎，悬苇索，以御凶魅。”《山海经》记述了黄帝作礼：立大桃人，门户画神荼、郁垒驱邪除鬼，是“桃人”“门神”的由来。以上，桃木被神化成“神木”，各种桃木辟邪品如桃茢、桃橛、桃弧、桃符、桃印等应运而生。

桃是长寿的吉祥物。史传食桃而长寿的故事，《神异经》有“东方有树名桃，其子径三尺二寸，和核羹食之，令人益寿”。《齐民要术》有“仙玉桃，服之长生不死”。《神农经》则更有“玉桃服之，长生不死。若不得早服，临死服之，其尸毕天地不朽”。传说西王母蟠桃会，是西王母邀群仙会集瑶池品尝三千年一熟的仙桃的故事。张华的《博物志》也载有西王母携桃赴汉武帝九华殿而遇东方朔盗桃的故事。东方朔以食桃而长命，活一万八千岁以上而被奉为寿星。由此，桃作为能使人长寿的果品，也逐渐具有了长寿的象征意义。

“桃献千年寿，花开万世香”明信片

五、文学艺术中的桃文化

早在远古时代，人们因桃形独特，味美甘甜，把它作为礼品赠送，并以桃为题材加以咏唱。《诗经 · 卫风 · 木瓜》：“投我以木桃，报之以琼瑶。匪报也，永以为好也！”这是人们以桃向恋人示受遗赠，抒发真挚的感情。《诗经·周南·桃夭》：“桃之夭夭，灼灼其华。之子于归，宜其室家。桃之夭夭，有蕡其实。之子于归，宜其家室。桃之夭夭，其叶蓁蓁。之子于归，宜其家人。”则以桃花、桃叶、桃实作比拟，表达女子成年应适时婚嫁的思想。《诗经 · 卫风 · 木瓜》《诗经 · 周南 · 桃夭》对后世的比拟、意想、抒情文学起了重要作用。如陶潜的《桃花源记》、崔护的《题城南诗》以及众多以桃为主题的诗、词、赋、散文等文学作品，构成了桃文化的重要内容。

据李琼《从桃花意象看唐代诗人心态之变迁》一文统计，“清代彭定求等编成的《全唐诗》共收录作家 2300 余人，作品达 48900 余首。而写过桃花意象的诗人共有 302 位，占其中的 10 % 多，带有桃花意象的诗作共有 949 首，平均每人为 3.14 首。其中，李白写过关于‘桃花’意象的诗有 59 首，为上述 302 位中之最。其次分别是白居易 58 首，刘禹锡 32 首，杜甫 27 首，刘长卿 24 首，齐己 22 首，元稹 21 首，李商隐 16 首，王维 13 首，曹唐 12 首，贯休 12 首，韩偓 11 首，李贺 10 首，韩愈 10 首”。另据尹文娟《浅析诗词中的桃花文化》一文统计，“《全宋词》中涉及桃花的诗有 169 首，《全宋诗》中涉及桃花的诗有 865 首，加上元明清的词及文章，共有 1800 余首（篇）”。我国四大古典名著《三国演义》《红楼梦》《西游记》《水浒传》均有大篇幅的关于桃内容的描写，如《三国演义》有桃园三结义故事；《西游记》有孙悟空大闹蟠桃会；《水浒传》虽无专门描述桃花的内容，却有“花和尚大闹桃花村”的章回名；《红楼梦》除园林景色有桃花描写之外，还有“林黛玉重建桃花社”的章节，更有以林黛玉之名写的《桃花行》，说明桃题材给中国古典文学增添了一抹亮丽的色彩。同样，以桃花命名的《桃花扇》《桃花梦》《桃花女》等爱情戏剧，更具有桃象征女人和爱情的意义。《三国演义》中刘关张桃园三结义，人们便自然地将结义之地移植于肥城桃园中，因此“三义庙”广建于肥城县境。

在艺术领域，桃题材的作品更具独特的文化内涵。河南洛阳王城公园藏有汉代的壁画《二桃杀三士图》。1973年，西安发现了一幅套色版画《东方朔盗桃图》，专家推证此画应为宋金时遗物。美国夏威夷火奴鲁鲁岛美术馆藏有明代唐寅的《桃花庵图》。其他有名的国画还有明代仇英的《春夜宴桃李园》、清代叶欣的《桃花书屋图》和王翚的《桃花源图》。古代诗人多为桃花题材的画题诗，如唐代裴谐的《观修处士画桃花图歌》；宋代惠崇画有《春江晓景图》，图中有竹、桃花等景，苏轼为之题名；金元时陈赓的《武善夫桃源图》；明代有席应珍的《题章复画碧桃》、张元凯的《题桃花画扇》；等等。近代画家吴昌硕有《桃实图》，郑午昌有《桃源迷津图》，齐白石有《多寿图》。在民间，用作祝寿的寿星图除手捧仙桃外，更把寿星的头额画成桃形，并配以仙鹿、仙鹤、青松等。

藏于故宫博物院的乾隆粉彩九桃天球瓶，瓷瓶上画有九桃，甚是珍贵。清代肥桃玉杯，采用浮雕、镂雕技法，蒂部以桃枝为柄，底部以桃枝为圈足，两个玉杯扣合后，为一完整的玉桃，极具肥城地域特色。这种民间雕刻肥桃工艺品的习俗，反映了肥桃文化的普及与兴盛。民国时期，宜兴名流储南强曾持紫砂桃形杯，其杯形如桃，现藏于南京博物院。二十世纪七十年代，江西景德镇为中南海制作“水点桃花”瓷器，亦称“毛瓷”。[①] 肥城民间有肥桃挂花、桃型石盆、桃型砚台、赏瓶等，不论是生产生活用具还是装饰用品，很多带有桃文化的元素。

---

① 参见王焕欣、戈春源编著：《桃文化精萃及研究》，中国文联出版社2011年版，第17～18页。

六、地名中的桃文化

地名是人类活动的产物，具有社会性、时代性、民族性和地域性。它作为人类思维活动的成果，有丰厚的文化积淀，反映出人类的文化心态和思维方式。地名，多以历史由来、人物姓氏、所处方位、所产物品等来命名，反映了一个地区的自然条件与政治、经济和文化特色。

桃作为一种植物，在全国各地都有栽植。由于它的姿态优美、花香果甜，因此以桃为地名的历史悠久，且地名极多，遍布各地。《左传》《史记》《汉书》《舆地纪胜》等众多古籍都有"桃"地名的记载。与桃有关的地名有的直接与种植有关，如桃林、桃园、桃山、桃沟、桃水、桃关、桃陵，有的则赋予了更多的文化含义，如桃花源、桃花岛、桃林口、桃花坪、桃花岭、桃源洞、桃源、桃州、桃墟、仙桃、桃城等。

春秋时期，肥城一地便有"桃"这一地名。至汉代，这里仍有"桃""桃山""桃乡"等因桃而起的地名。可见，桃在肥城一带对于地名文化的影响之大与久远。"桃"在肥城的地方命名沿袭至今。

中华文化以其悠久、丰富、广博、生命力强而著称于世。桃文化源远流长，地域性广，内涵丰富，是中华民族文化艺术中的瑰宝，民间福寿的象征，其绚丽盈硕的风采与中华民族的历史、政治、经济、文化紧密相连，息息相关。在辉煌的中华文化中，桃文化作为中国吉祥文化的一部分，占有独特的位置，在民风民俗、伦理道德观念、传统生活方式、宗教信仰、处世哲学、社会心态、行为规范等方方面面，都有着顽强的生命力。[①]肥城古老的桃文化，即是中华桃文化的代表。

① 参见郑敏：《十谭桃文化》（稿本），2010年，第5～6页。

第二章

近代肥城桃产业发展与桃文化转型

近代，肥城桃因宫廷贡品之名，声誉更加远播，世人无不以能品肥桃一颗为幸。肥城桃遂成为全国各大都市供不应求的奇货。至清末，随着铁路的修建，交通更加便利，肥城桃迈出了国门，走向世界各地，“近来东西洋诸国亦莫不知有肥桃者”。但是，受时局的影响，近代肥城桃产业的发展却经历了波折起伏。不论是在种植面积、栽培技术上，还是在包装运销、桃品加工等方面，一直发展缓慢。

文化是历史的重要组成部分，历史的演变必然引起文化响应的改变。近代，是中国几千年历史的重要转型期，中国文化呈现出前所未有的波澜起伏。从文化的内在结构来看，这次文化转型首先从物质层面入手，逐渐深入到制度层面，最终到达思想层面。这一时期中国文化的转型与变革，从不同的层面影响到桃文化的内涵发展，主要表现在桃的种植管理技术上的革新、桃民俗信仰的衍变以及文艺作品中的写实等方面。

作为“群桃之冠”的肥城桃，不仅盛名于嘉果之林，也飘香于文学世界。诸多文学大家名家，竞相濡墨寄怀，抒写对这一果苑奇珍的无比挚爱，同时也记叙了有关肥桃栽培育植、运输销售以及肥仙崇拜、桃事弊政等相关情况，是研究肥城桃史与桃文化的重要史料。

第一节 近代肥城桃产业艰难曲折发展

近代中国，社会制度腐朽没落，社会动荡不安，加上官僚士绅层层盘剥桃农，严重阻碍了肥城桃产业的发展。

自清末肥桃入贡后，“光绪一尝之下，封为御桃”[①]。官府借机掠夺桃农，成为一方之害。“每年上市时先以最佳者运赴北京，余者方能销售。将成熟时，知县即遣人至各果园看守，其于种植者损失不少。”[②]《老残游记·下编》记载：从来此桃进贡，年年桃将成熟之时，县官派差下乡采办贡品，以五六成熟之桃，一枚重二斤者为合格，给价格廉，必须办过贡品，给与执照，始准开园售卖，不然就要捉将官里去，相沿成例。园户小民，只得忍而受之。

刘鹗与《老残游记》书影

民国二十三年（1934），农林学家吴耕民先生的《肥城桃调查报告》记述：其先肥城桃“因作为贡品，或馈赠上峰，差役于成熟之前，

① 《广告·本埠增刊》，《申报》第19889期，1928年7月30日。
② 东晖：《山东之肥桃》，《申报》1925年9月20日。

至各桃园查封贡品，凡栽培较佳，结果丰盛之园，多被封禁，不准他售，但能向差役纳贿，则可以免封，否则只能听之。其被封禁之园，届成熟期，差役持粗目之网摘果，凡不漏网之大果为贡品，其落网者则差役取为己有，无须给价，即作贡品者，给价与否，亦只能任差役之好恶，农民莫敢与争。是以彼时农民种桃，反易招祸，多有伐去之者”。

雨公《山东肥桃之调查》记载：“当前清时，每届桃成熟后，必先将一部分进贡京师，然后上市售卖。故当桃将熟时，县知事例派胥吏驻守桃园，驻守之人，狐假虎威，予取予求，农民不堪其扰，损失甚巨，于是相率不敢尽量种植，仅足供需要而止。”[①] 民初小说《老残游记·下编》写了桃农所受各种骚扰，尤其是遭受官府的迫害。正如评者所揭出：“前代之采办贡品，为病民之虐政，即如此桃可见一斑。”张恺在调查中也说：“彼时农民以种桃为受害之媒，遂率他营，此为肥桃极衰时代。”[②]

这一时期，肥城桃多属农家小片种植，一般农户在农田间种三五亩，有些农户在庭院种植二三株。当时，全县桃树有7000株左右。[③] 经济困难时，桃农常将桃园租出。出租的时间多为每年的农历三月，租价以当时结桃情形估计，每亩年租粮400斤左右，麦粟各半。也有的于冬季将桃园租出，名为“典干枝”，其价减半。

至清末施行新政，肥城桃种植得到一定的推广。[④] 山东巡抚周馥在任内积极推行新式农业发展，于省垣置农林试验场，此后长吏并于1902年成立山东农工商务局，1904年创办山东农桑总会，开山东农事试验场，从事农业改良与推广工作，有计划地引进优良品种。另外，还

---

① 《上海总商会月报》，1925年第5卷第3号。

② 张恺：《山东肥桃之调查》，《申报星期增刊》1923年9月30日。

③ 参见傅志亭主编：《肥桃史话》（《肥城文史资料》第六辑），山东省出版总社泰安分社1991年版，第53页。

④ 参见周郢：《清代肥城桃的推广与保护》，《左丘明文化》2015年第1期。

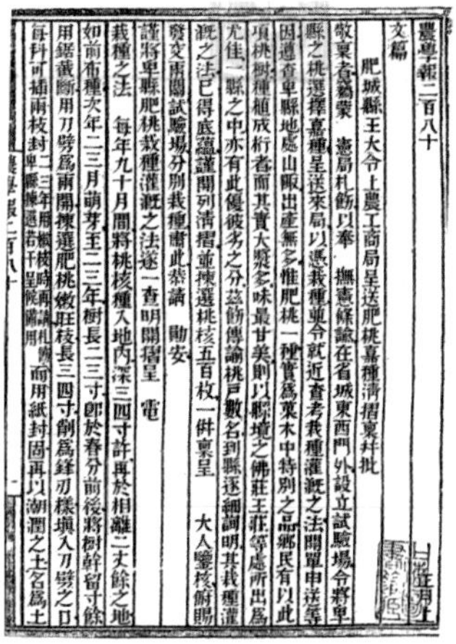
農學報二百八十

文篇

肥城縣王大令上農工商局呈送肥桃嘉種清摺稟并批

敬稟者竊蒙 憲局札飭以奉 撫憲條諭在省城東西門外設立試驗場令將卑縣之桃選擇嘉種呈送來局以憑栽種並令就近查考栽種灌溉之法開單申送等因遵查卑縣地處山陬出產無多惟肥桃一種實爲菓木中特別之品鄉民有以此項桃樹種植成行者而其實大漿多味最甘美則以縣境之佛莊王莊等處所出爲尤佳一縣之中亦有此優彼劣之分茲飭傳諭桃戶數名到縣逐細詢明其栽種灌溉之法已得底蘊謹開列清摺並揀選桃核五百枚一併稟呈 大人鑒核俯賜發交兩關試驗場分別栽種肅此恭請 勛安

謹將卑縣肥桃栽種灌溉之法逐一查明開摺呈 電

栽種之法 每年九十月間將桃核種入地內深三四寸許再於相離二丈餘之地如前布種次年二三月萌芽至二三年樹長二三寸即於春分前後將樹幹留寸餘用鋸截斷用刀劈爲兩開揀選肥桃嫩旺枝長三四寸削爲鋒刃樣填入刀劈之口每枓可插兩枝……而用紙封固再以潮潤之土名爲土

農學報二百八十

光绪三十一年《农学报》相关记载

辟有桑园130亩，聘日本人川上精一为技术指导，进行桑树及其他果树的栽培试验。

光绪三十年（1904），山东农工商务局通饬派员分赴各州县调查物产①，其中选定肥桃为省城设立试验农场试品种。光绪三十一年（1905）正月，肥城知县王玉堂遵令上函农工商局，呈送肥桃嘉种，从此便推广种植。1905年2月《农学报》刊有《肥城县王大令上农工商局呈送肥桃嘉种清折禀并批》②，记录了此事：

敬禀者窃蒙宪局札饬，以奉抚宪条谕，在省城东西门外，设立试验场。令将卑县之桃选择嘉种，呈送来局，以凭栽种。并令就近查考栽种灌溉之法，开单申送等因，遵查卑县地处山陬，出产无多，惟肥桃一种，实为果木中特别之品，乡民有以此项桃树种植成桁者。而其实大，浆多，味最甘美，则以县境之佛庄、王庄等处所出为尤佳。一县之中，亦有此优彼劣之分。兹饬传谕桃户数名到县，逐细询明其栽种灌溉之法，已得底蕴。谨开列清折，并拣选桃核五百枚，一并禀呈大人鉴核，俯赐发交两关试验场，分别栽种。肃此。恭请勛安。

谨将卑县肥桃栽种灌溉之法，遂一查明，开折呈电。

栽种之法：

每年九十月间，将桃核种入地内，深三四寸许，再于相离二丈余之地，如前布种。次年二三月萌芽。

至二三年，树长二三寸，即于春分前后，将树干留寸，余用锯

①《山东农工商务局通饬派员分赴各州县调查物产札文（附凡例十七条）》，《东方杂志》1904年第9期。

②《肥城县王大令上农工商局呈送肥桃嘉种清折禀并批》，《农学报》1905年第280期。

截断，用刀劈为两开。拣选肥桃嫩旺枝，长三四寸，削为锋刃样，填入刀劈之口。每科可插两枝。封（二三年用嫩枝时，再请札饬卑县，拣选若干呈候备用。）而用纸，封固，再以潮润之土，名为“土接”。接成即系肥桃，不接便结小桃。

三四年后，可以开花结实。每年二三月间开花，白露节前后成熟。

灌溉之法：

初种时，忌用肥料。如春雨愆期，须不时用水洒润，桃芽发生，尤须及时灌溉。其旁生之枝，可以尽行删去。

迨结桃时，四外握土五六寸，灌以粪料，或用豆饼捣碎，搀以毒物（如信石之类，恐其生虫伤根），匀入土内，每日以水灌之。

至四月间，花谢后，每日在桁中拣老干枝与嫩枝所结者，摘去之，惟留中等枝干所结者。如每枝结桃百余枚，仅可留二三十枚，不可多留，多则桃小。

如枝叶生虫，用坑洞砖浸水洒之，其虫自消。

又生长时怕雾。于未雾之先，多备麦秸，一遇雾天，即将麦秸分于各树傍，用火燃着，用烟熏之，雾见，烟自散，桃不受伤。

批：据呈桃核已札发省城农桑会，如法试种矣。仰即知照缴折存。

该文留下了清末肥城桃的推广记录和种植技术。与此同时，肥城桃业得到地方官吏的大力提倡与保护。

随着山东经济的发展和各种实业机构、工商组织的兴办，为了便于管理和统筹安排，山东巡抚吴廷斌于光绪三十四年（1908）奏准设立山东劝业道，首任道员为萧应椿①，其人干练有为，任内极力提倡实业，曾捐钱三千缗，倡办农务总会。宣统元年（1909），萧应椿下令保护桃农，并刊石立于肥城火神庙，以垂永久。其谕令碑文如下：

> 山东全省劝业道萧为禁革事，案奉山东巡抚部院孙批，据本道详情，将应供肥桃立予豁免，不许勒发官价，再派丁役验缉，致滋扰累一案。奉批，据详已悉，查州县搜取土产，馈送官长，最为恶习，况桃为山东省特产，中外交誉，若官吏藉以赠投，差役因之骚扰，致令种桃各户，愁苦咨嗟，甚至斫去桃株，冀免扰累，殊属不成事体，亦大非朝廷讲求树艺为民与利之宗旨。前本署院访闻，该县差役事先封树，借端讹索，当即札行藩司，严札禁除在案，兹详各节，果与本署院访闻无异之意，此檄等因到道，奉此除移行各衙门一体查照外，合行勒石禁革，为此示仰阖县农民人等一体知悉，自示之后，永远革除，如再有巡察封树勒买等情，扰累农民，准受害之家，来辕控告，定即从严究办，决不宽贷，其各懔遵无违，特示。宣统元年九月。右谕通知。

吴耕民先生的《肥城桃调查报告》最早著录此碑，并称："民国纪元前三年（即宣统元年）山东全省劝业道萧，为保护桃业，立《保持佳种碑》于肥城南关外火神庙旁，此碑为肥桃之复兴碑，在肥桃栽培历史上极有价值。具读其碑文，可以知肥桃栽培事业被蹂躏之概略，与当时执政诸公提倡肥桃之热忱。……而因昔日作为贡品之故，惹起各方注意，声誉大振。"可见萧应椿对推动肥桃发展之重要贡献。

张恺在《山东肥桃之调查》一文中，记载了民国初年的桃业概况：

---

① 萧应椿（1856～1922），字绍庭，云南昆明人。世为盐商，光绪十九年（1893）举人。戊戌变法后，锐意讲求经济之学，论事有远见。光绪二十七年（1901）考经济特科得二等，以候补道分发至山东，后任山东劝业道道员。曾兼任山东大学堂总监。宣统三年（1911），奉命向德人办矿界交涉，关注中国利益，颇有成效。后调东三省民政使。辛亥后不仕，从商以终。工书法、能诗，著有《紫藤花馆诗集》等。

“民国以来，桃行渐次增加，至民国六年（1917），驻徐州第五军团长某，赴肥购桃十万颗，一时桃价大涨。十两重者每果约值铜元二十余枚，农民大喜。翌年桃行增加一倍，以后逐年增加，现在面积增至千余亩。数年来，桃价虽有涨落，然终不若六年价值之高。”①

萧应椿旨在保护桃农利益，求其桃业发展。虽勒令保护肥城桃，然仅止于保护，对如何促进其发展，并无良策。自此告示出，封禁桃园的恶习始除。昔日桃农视为畏途，奄奄一息、不绝如缕的肥城桃业渐渐复兴，栽培者渐多。

“民国以来，进贡之例豁免，种植者自是可享营业自由之权，近年来创新果园不少，迄今约三百余所，每园平均广约十亩。”②徐警吾在1916年4月5日因前往肥城购桃苗，对肥城桃培植方法进行了调研，当时肥城桃栽培区域“最多之处在肥城西南乡西里村附近，相传此处为该县佛桃原产地，其次为城西佛庄及城东黄庄，再次为城南关附近之地”③。

1923年，张恺调查的肥城桃栽培区域主要集中于县城附近、城东、城西南与城西四处。

> 城之附近：城里西城墙根桃行有五六户，就中以陈振阡之桃行为最优，共八十余株。次为邵杜棠，共三百八十余株。再次为毛凤桐，共五十余株。其余户数则无足观。南关一带共有四十余处，面积较大者不过七亩，而以张光显及赵魁芳之桃行较优。城东：百福图、玉皇山、胡家油坊、沙沟、巧山店、大路店此数村皆距城约十余里，桃行共有五十余户，而以百福图之石汝深桃行为佳。桃园临河（肥河），由河内设法引水灌溉，共十余亩，一百九十余株。城西南：新镇（与冉庄相连，即冉伯牛故里）有

① 张恺：《山东肥桃之调查》，《申报星期增刊》1923年9月30日。
② 东晖：《山东之肥桃》，《申报》1925年9月20日。
③ 徐警吾：《肥城桃调查报告》，《山东实业学会会志》1917年第1卷第1期。

二十余户。西里村在肥河下游之北，距城四十五里，为该县产桃最盛之区，在母猪山之下，此村桃户共八十余家。村之西北及西南附近尽是桃行，各桃行互相毗连，一望无际，大规模者亦不过十余亩。西里村之西南为伏庄、营里、张里庄、李柳、王家庄，亦为产桃之区，但其数较少。

又据《肥城乡土志》云：西里村之南固留、吕店（今旅店）两村产桃最佳，而近则栽培者不过数户而已。城西：距城三十五里之张里庄桃户有三十余家，以外之附近村庄新植桃苗者尚多。“总以上观之，全县桃户约近三百余家，大户约在十余亩，小户则四五亩不等，平均每户按六亩计算，已有一千余亩。但新植桃苗者约占成园（即已结桃者）三分之一，面积之增加，当愈进而无已也。”①

据《肥城县志》记载：“1921 年，肥桃生产有所发展，（全县 9 个区），主要产区为第一、第二、第四、第五 4 个区，41 个自然村，70 余处桃园，8000 余株，年产 60 多万斤。”②《山东民国日报》中《召集各县县长关于建设谈话大纲》有记载：“十、提倡家庭手工业，并养蜂育蚕及各地特产，例如掖县之草帽辫、高苑之席……肥城桃等，每年销路甚好。”③政府大力提倡肥城桃等特产种植，说明肥城桃经济效益高，对于发展副业、振兴乡村经济大有裨益。《村政实务》《复兴社会教学法》《实验园林经营全书》《桃树园艺栽培概要》《重编日用百科全书》《山东省各种特产调查报告》《山东省各县第四科长二十四年度会议特刊》等发表和出版，对于推广肥城桃栽培种植，发展副业生产具有重要作用，成为当时经济振兴、乡村复兴的一项重要举措和途径。

20 世纪 30 年代，肥城县城（今老城街道驻地北）方圆三十里皆为培育肥桃的适宜之地，但县城附近桃园甚少，且均为个人种植。北

① 张恺：《山东肥桃之调查》，《申报星期增刊》1923 年 9 月 30 日。
② 山东省肥城县史志编纂委员会：《肥城县志》，齐鲁书社 1992 年版，第 345 页。
③《召集各县县长关于建设谈话大纲》，《山东民国日报》1929 年 9 月 28 日。

部丘陵地区农户多在庭院或村旁荒地种植数株。①许屯许家、罗窑罗家、尚质村李兆厚、河东村梁月庚、城里西虎坎②文英堂（清时曾以贡品进京）、西关栾衍坤等各有三五亩桃园外，以县城东的百福图（今属潮泉镇）石汝励、石汝弼和石汝楷三兄弟的肥桃园最为出名。桃园位于村西南的“南台”地上，这里的土质为黄褐壤土，地势平坦，质地松沃，透光通风，更有水井灌溉，面积约为10亩，桃树近200棵，所产肥城桃饮誉泰安、曲阜、济南等地。③

1934年，《肥城桃调查报告》中记载：“桃之栽培以城南第五区之东里村、西里村、顾家庄、李家小庄、黑牛山、小顾家庄、辛庄、井同峪、北老僧台、张家拔头，尹家山庄、营里庄、聂家庄等处为最多；第四区之后里留、上固留、韩家庄等处次之；第六区之纸房庄、南王庄等处次之；第一区域内及域之附近亦有之。各处桃园概互相分离、不集中一处。每园面积以二三亩者为最多，最大亦不过十余亩。”④

1934年7月23日山东《民国日报》所载肥桃生产之情况如下：

（一）生产地点48个村（多在一、二、三、四、五区）。

（二）共有桃园74个（一亩左右者不计）。

（三）共有桃树8200株（纯系肥桃株数，毛桃等不计）。

（四）共有园地410亩。

（五）每年产桃164万个，其内次等桃占三分之一。

据此最低限度之统计，则每年可出上等桃90万个，照时价每个2角钱计，值18万元；次等桃约50万个，每个一角钱计，值5万元，共计值23万元；再加一亩左右之小桃园及县内其他地方零星栽培所产

① 参见山东省肥城市《老城镇志》编纂委员会编：《老城镇志》，2006年，第216页。

② 指肥城老城西城墙内，过去称“西虎坎”。

③ 参见石威平、石振甫：《三十年代的百福图肥桃园》，傅志亭主编：《肥桃史话》（《肥城文史资料》第六辑），山东省出版总社泰安分社1991年版，第29页。

④ 吴耕民：《肥城桃调查报告》，国立山东大学农学院，1934年。

之桃，每年肥桃产值30万元左右。在山多地瘠之肥城，不可谓非一极大产业也。

上述报道与1921年相比，肥桃年产量略有增加，但栽培面积基本没有扩大。当时肥城桃发展不快的主要原因，除旧政府不重视，官吏士绅层层盘剥压抑了桃农栽培肥桃的积极性外，也有经营上的困难。当时的《山东劝业报》调查认为，肥城桃业发展有三大困难：

（一）桃株未达结果前之困难。查该县植桃，系直接播种于田亩中，须于砧木成长三年后，以芽接法行接木，又桃于结果后三年内不能令其留果，以免损耗树势，致植桃者于最初六七年中绝无收益。

（二）桃株达结果之困难。查该县植桃，每亩桃园约年需人工百余，施肥四次，前三次每次施厩肥一小车，第四次为豆饼或麻油渣十余斤，则工本费每亩一年开支约需50至60元，故多数借贷经营于桃收获后归还。倘遇隔年结果时，则桃户所负之债，不能清偿。又往往有隔二年不结果者，则桃户每将桃园伐除而改种粮食，实属可悯。

（三）销售上之困难。查肥城县桃之销售价格，全由集中点之果行从中向客商议定，故桃户须仰赖果行鼻息，欲略提高桃价以补其损失几不可能，桃户困难自不待言。

1935年，肥城桃生产仍停留在原来的水平上。当时，隐居在泰山脚下的国民党高级将领冯玉祥，曾不断到肥城视察，倡导发展肥桃生产，并派人在北仪仙建桃园，作为实验基地，为发展肥桃培育优质桃苗。为此，他还赋诗一首：“肥城桃，肥城桃，不独供给富人食，劳苦大众也要吃个饱。”①

1936年，于敏序在《肥城蜜桃产销调查报告》②中，记述了当时

① 肥城市《北仪仙村志》编纂委员会编：《北仪仙村志》，方志出版社1998年版，第163页。

②《肥城蜜桃产销调查报告》，《山东省建设半月刊》1936年第1卷第2期。

肥城桃的生产分布区域：“查肥城县治共分九区，产大桃者（即俗称真正肥桃种）为第一、二、四、五区，八、九两区不产桃，三、六、七各区所产者俗称毛桃。大桃为肥城特产，果实硕大，色美汁甘，实桃类之绝品。而以距县城二三里之康河两旁所产者最为称著。其面积长约三十余里，宽约十余里，其余在肥城与长清交界处亦有一部分面积产桃，均冒充大桃向外销售，实系以假乱真，为肥桃之赝品。以该县康河流域多属沙质壤土，地力肥沃，便于灌溉培植，故沿岸桃林茂密，蔚为大观。”同时，文章还记录下了当时肥城桃的品种与产量估计：“肥城县产桃之品种，除大桃外，有俗称接种桃、扁桃及毛桃等品种，大桃占总产量十分之九，接种桃约占十分之一，扁桃数极微，约不及一成（毛桃未计在内）。凡大桃之分量，以每枚在六两以上者，则向济南及经胶济路向青岛、上海输出，或至泰安经平浦路向南京及天津销售；接种桃及毛桃每枚在六两重以上者，亦输出之（俗称‘伪品’），与扁桃输出数目，均属产量之一部分。至大桃、接种桃及毛桃之果重在六两以下者，乃充当地食用。大桃之种，因在该县生产地域不同，其分别如次：1. 康河附近之大桃。该处所产之大桃，为俗称真正蜜桃，形圆顶平，果皮米黄色，汁富味甘，果肉与核不易分离，每枚最大重十三四两，中常者八九两，次者五六两，其产量约占大桃种十分之八。2. 东礼村、西礼村及李家小庄之大桃，果形较前者略为不正圆，顶有尖，果皮于米黄中略带红色，汁略少，核与果肉易于分离，每枚分量较前者略巨，产量占大桃种的十分之二。查该县第一、二、四、五区产大桃之处，共为四十四村，有七十四家桃园，约计面积为四百十一亩，每株种植面积均占十五平方尺，但各桃园有混植毛桃者，平均每亩以植大桃二十株估计，约有大桃八千二百二十株，每株以产桃二百枚估计，则四区中约产大桃数有一百六十四万余枚之谱。”

于敏序还指出：“改良运销组织，实施经济扶助。肥城桃每年的管理投入资金在五六十元左右，多由借贷而来，贷款利息多在二分以上，又因植桃技术不良，有隔年或隔两年停止结果之病，加上桃价常由果行（中间商）与客商把持，常受压价盘剥，导致秉性忠厚的桃农丰产不丰收，甚至售桃所得难以偿还借贷。桃农因此常将桃树伐掉改种五谷，导致桃业不能良性发展，甚至日渐衰落。其挽救之法，宜由政府指导组织合作产销，并介绍银行界低息贷款。建议肥城桃农走集体发展的道路，以合作社集体之力来抵制商人渔利，并设法向外地销售，做好桃子分级分价，获取盈利。同时，对远方客商前来订购，确保桃子的品级与桃种真伪，从而进一步提高肥城桃的品牌。”

1938 年 1 月，日军侵占肥城，桃园亦常遭兵祸之害，桃农多将桃树伐去改种粮食，肥城桃生产大幅度下降，时县城附近种植面积仅存 10 亩左右。① 至 20 世纪 40 年代初，肥桃生产区域发生了较大的变化。王中学的《华北园艺：肥城桃》记载：“肥城桃昔日以肥城西南六十里之老佛庄生产者为最好，故名佛桃，今佛庄桃树多已老死，生产甚少，现在以城东南二三里之百尺村、五六里之百福图所产之桃品质最好。城南四十五里之老僧台与城西南三十五里之东里村、西里村桃园最多，产量亦多，唯品质较次。其他城东之王刘庄、尹家庄，城南之许家屯、小古庄、大古庄、孙家庄、沙窝，城西之岳庄、东大封、张家店、聂家庄、小李庄、固留，各处均有生产，而以县城附近五六里以内沿康河、肥河两岸地方所产者品质最好。”② 到 1949 年，全县肥城桃栽培面积仅有 330 余亩，10400 株，产量 13 万斤左右，不及 1938 年前的五分之一。③

受时局影响，近代肥城桃产业发展起伏不定，栽植面积、产量与品系均无大的发展。但是，政府对肥桃栽培技术与销售等诸方面的调查、试验与推广以及科研人员的介入，为以后肥城桃发展奠定了基础。

---

① 参见山东省肥城市《老城镇志》编纂委员会编：《老城镇志》，2006 年，第 217 页。

② 王中学：《华北园艺：肥城桃》，《农业进步》1941 年第 9 卷第 1 期。

③ 参见山东省肥城县史志编纂委员会：《肥城县志》，齐鲁书社 1992 年版，第 346 页。

第二节 近代肥城桃栽培法[1]

光绪年间，肥城知县王玉堂在《上农工商局呈送肥桃嘉种清折禀》中记载了肥城桃的栽培法。1917年徐警吾有《肥城桃调查报告》一文，从肥城桃的种植及特征、栽培区域、地势及土性、养苗及接木、树形及整理、施肥及灌溉、害虫及驱除、结实后管理等11个方面详细记述了当时肥城桃的栽培方法。

1923年，张恺撰《山东肥桃之调查》，详述了肥城桃的沿革、地势与土壤、产桃区域、种类、栽植法、栽培上要改良的要点等，从实生与嫁接、施肥与灌溉、管理、病虫害防治等方面记录肥城桃栽培技术。[2]1925年雨公有《山东肥桃之调查》，亦详述肥桃种植技法。1934年吴耕民撰《肥城桃调查报告》，也详细记载肥城桃的栽培技术。本节以吴耕民一文为基础，参以多人的记载与研究成果，形成较为完整的近代肥城桃栽培方法。

关于肥城桃的栽植区域与土壤，吴耕民记载："肥城四周多山，溪

① 参见吴耕民：《肥城桃调查报告》，国立山东大学农学院，1934年。

② 参见张恺：《山东肥桃之调查》，《申报星期增刊》1923年9月30日、1923年10月7日。

流很多。其较大的河流为肥河，即今天的康王河[①]，在城东（旧县城，今老城街道驻地北）十余里，栽桃的区域均在距县城五十里以内平坦之地，而以沿肥河两岸的平坦地栽培为多，而东里村、西里村等处地势甚高，其土质为红色砂质土，土层肥厚，所产之桃，味亦甚佳，其近城之桃园，则多为砂质土壤，土性较为肥沃。”

张恺记肥城桃产区可分四部分：一是县城附近，二是城东，三是城西南，四是城西一带。“县城周围二十里皆平坦，城之东北为肥河（又名‘康河’）发源处，肥河由城东弯曲流入西南，桃之名产地，沿河两岸十里以内产桃区皆平坦，其土质为冲积土，但城里及城东多为砂质土壤，而西南、西里村一带则全系砂土。”[②] 徐警吾亦记：“凡宜佛桃之区其地势皆属平野，灌溉且极便利，其土壤皆冲积土，然分两种：一黄土（俗名‘螃黄土’），一黄土带砂者（俗名加‘砂土’），其土性均甚干燥，虽久雨无水潦之虞。”[③] 就分布区域而言，主要有城西南西里村、城西佛庄及城东黄庄和城南关附近。

王中学的《华北园艺：肥城桃》一文也指出：“肥城桃园因施行灌溉，故栽植地方均系平地，土质据土人经验，以松软黄砂土与山上冲积土为最好。”[④] 王并通过委托北京大学农学院进行土质检测，得出结论：“肥城适宜桃园之土壤理学性质极好，并均排水良佳。其化学成分含磷酸加里较多，虽窒素较少而每年施以豆饼补给窒素成分，故桃树生长旺盛，果实品质优良。”[⑤] 可见，名品肥城桃的生产，首先要

---

① 康王河古称“肥河”，为横贯肥城市最大的山洪河道，发源于泰安市的道朗、鱼池、北黄山和本市潮泉镇东北山区。据康熙十一年（1672）《肥城县志》载：“肥河在城南（今老城街道）八里，源出泰安西南随地得名。”参见《肥城市地名志》编纂委员会编：《肥城市地名志》，北京燕山出版社 2020 年版，第 436 ～ 437 页。

② 张恺：《山东肥桃之调查》，《申报星期增刊》1923 年 9 月 30 日、1923 年 10 月 7 日。

③ 徐警吾：《肥城桃调查报告》，《山东实业学会会志》1917 年第 1 卷第 1 期。

④ 王中学：《华北园艺：肥城桃》，《农业进步》1941 年第 9 卷第 1 期。

⑤ 王中学：《华北园艺：肥城桃》，《农业进步》1941 年第 9 卷第 1 期。

有适宜其生长的良好的土壤环境。

一、品种

肥城桃除夏季早熟的五月鲜(红色顶尖)、六月白(白色顶尖)外,其晚熟的桃子有四种:

1. 肥桃

肥桃,别名“大桃”,因其果顶尖起处之旁,有一小凹如佛脐,故又名“佛桃”。幼树因接树时所用砧木较大,发育强盛,枝梢有直立性。成长结果后,因果大而重,枝被重力向四方垂下,致树冠开展,而因养分灌注于果,发育则较弱。结果多在短果枝,长果枝甚少,枝之节间短,一律为单芽,花芽很少。树冠高达一丈左右,直径一丈七八尺。叶一般宽而长,在长枝上的平均长 13.5 厘米,叶柄长 1.29 厘米,在短枝上者长 9.6 厘米,宽 2.95 厘米,叶柄长 1.14 厘米,蜜腺为肾脏形。

桃果很大,平均重 340 克,高平均 8.04 厘米,径 8.8 厘米。果形为稍扁圆球形,初熟时为淡黄绿色,完全成熟时作蜜黄白色,向阳面偶有微微紫红晕。梗洼广而深,缝线深而明确,亘全长有之。果顶有尖嘴状突起,其一侧(即缝线反面之侧)有小凹。果面有密生毛茸,皮厚,肉微黄白色,近核处有殷红晕。汁液甚多,组织柔软,成熟时香气浓,味极甜美,品质极好。核大,占全重 3.65%,暗赫红色,先端尖,为粘核。熟期九月上中旬,但远运者八月下旬未十分成熟时,即开始摘收。

2. 接种桃

本种是由肥桃之桃核播种而生,不进行嫁接。肥桃幼年初结果的桃核有发芽力,至老年桃树的核桃,其胚发育不全,无发芽力,所以接种桃为自幼年肥桃所结果的核播种而生。树势强健,果中大,重平均 133.7 克,高 5.75 厘米,径 6.34 厘米,为先端稍尖的圆形。皮面底色绿黄白,熟则阳面为暗紫红晕,而有深紫红的细微点密布。梗洼广而稍深，缝线浅，不明确，果顶瘦尖，果面平整，有密生毛茸。果肉白色，近核处为殷紫红色或有紫红线状斑纹。汁液稍多，组织很柔软，微有纤维，香气少，味淡或微酸，品质中下。核大，为尖椭圆形，半粘核，占全重5.77%。熟期八月下旬至九月上旬，产量大。

3. 扁子桃

本种为蟠桃的一种，树性中健，枝梢稍有直立性，枝上单芽多，叶较短而狭。果小，重平均52.2克，高2.85厘米，径5.42厘米，宛若压扁之圆形，有缝线之侧较他侧稍薄。果皮为乳黄白色，向阳面微有浅紫红晕与斑条。梗洼广而甚浅，缝线稍浅而明确，亘全长有之。果顶平而向中心稍凹入。果面平整有毛茸，汁液不很多，组织柔软，稍有香气，味甘，品质上，核小，扁圆形，直接附着于果梗，先端不尖，而附着于果梗之端微凹入，占全重4.56%。熟期八月上中旬，产量不高。

4. 毛桃

本种多作砧木用，但也有取果供贩卖的。树势很强，叶较狭小，果小，平均重35克，高4.12厘米，径3.76厘米，为长圆形。果面底色绿黄，熟则阳面紫红色。梗洼狭而稍深，缝线中深明显，亘全长有之。果顶稍尖或丰圆而中心有一小尖起。果面平整，有毛茸，肉微黄白色，汁少，组织柔软，皮厚无香气，味稍酸涩，且间有苦味，品质劣，核大，为粘核，赫红色。熟期自八月上旬至九月上旬。

上述四种以肥桃栽培为最多，占全桃数百分之八十以上，其他各种散植各园，为数很少。

徐警吾记述肥城桃大体分为三种：佛桃、扁桃、种桃。“最著名之肥桃原名佛桃，因产于肥城故又名肥桃”①，至于扁桃、种桃，二者品质均不甚佳，培养者甚少。

---

① 徐警吾:《肥城桃调查报告》,《山东实业学会会志》1917年第1卷第1期。

二、栽培法

1. 繁殖

取毛桃的果核，以沙埋土中越冬，使其开裂，至春季开冻后播下，任其生长，越二三年，树干直径达二寸，即可行接木。

接木时期在四月初旬清明节左右，专用割接法，先将砧木齐土面锯去，以刀劈开，接穗须用已经结桃之枝所出的新短枝，带基部的母枝一起剪下，长约二寸。如用发育枝接木，遗传力弱，结果较晚而小。接穗自左右两面削之，使其横断面成为三角形，自砧木切缝的两侧插入，而于砧木裂缝的上面，掩以老皮，以土培壅。接活后当年发育旺盛。

而在县城河东有用芽接繁殖的。张恺《山东肥桃之调查》记：嫁接多行于春季，树液流动，欲将发芽之际春分后嫁接，此本地一般之习惯法也。普通所行者为割接法，于断面正中劈之，或劈为十字形，接穗其中。但接穗（俗谓之“槎子”）须削其两面，所插接之穗普通两个，至劈为十字形则插入四个。未插之前须将接穗含于口中，插完后以棕束之，断面覆以纸或涂以泥，而后覆土，恐土粒之落于劈口间也。覆土之深约三寸，作高凸状，接后遇雨则不易活。若遇干燥则四周略灌以水，俟满一月后略除其顶土，俗谓之“松顶”。至于接穗则用中间芽（未结桃者）或短果枝（已结桃一次者），用其全枝不截去两端，以故接穗之长亦无一定。而所取之中间芽者，侧枝之上之中间芽及位于主枝之上方者均不采用。居本地业桃者云：“以中间芽等为接穗时树势旺盛丰产，且结桃多在树之中部，颗大，品质佳良；若接以侧枝上之中间芽等则树势衰弱，且多在树之上部结桃，品质较劣。”

综上所述，近代肥城桃的繁殖嫁接乃至以后的田园管理，多沿习传统之经验。

2. 栽植

先将砧木播种于所欲植的园地，而后就地嫁接。近来也有先在相当之地播种，将播种之一二年的树苗移植于园地，等达到相当之大时进行嫁接。直接播种的可结果二十余年，移栽则经十余年即大衰，结果很少，所以桃农多喜欢直播，每株相距离一丈七尺，每亩普通栽植二十余株。

3. 整枝及修剪

肥城桃的整枝大都采用菱形状，自根际分生主枝三四个至八九个，接活后一律任其自然生长，不加修剪，致树冠高达一丈多。当初树枝都直立，后因结果受重，枝向四周展开，树冠逐为扁圆形。

初栽植时不怎么修剪，至结果后才剪去伏地的树枝与枯枝。剪枝多在春季发芽前进行。

张恺调查如下："（嫁）接后第四五年则株与株之枝叶即相接触，此皆由于不剪定之故。树之高者约有二丈。在树幼小之时，树之中间多间种谷类，树大后则间种金针叶、韭菜等阴性蔬菜，亦有混植梨树于其中者。"① 如徐警吾所言，树干由地面分歧，殆成灌木型，树势发育纯任自然，无特别的整枝方法，是其一大缺点。

4. 施肥

树龄幼小尚未结果时，仅每年春施肥一次，每次约用猪舍土粪一小车，约二百斤（每车价五角）。至盛果期，每年施肥二次，第一次在早春解冻后，每株用猪土粪两小车约四百斤；第二次在七月底果实正肥大时，每株用豆饼约二块计三十余斤，每块价五角，共计每年每株须肥料费二元。

张恺记盛果期每年施肥三次："肥桃之栽培，土人于施肥上甚为注意，施肥次数普通每年三次，亦间有二次者。第一次为堆肥，每株

① 张恺：《山东肥桃之调查》，《申报星期增刊》1923 年 9 月 30 日。

约用一小车，于冬季十一月间行之。第二次为豆饼，每株用豆饼一枚，约重十斤，施于开花之期。第三次为人粪，俟果实如胡桃大时行之。计三次所施肥料价值每株约二元。至施肥方法，绕树掘圆形之沟，沟之距树远近以树冠枝端之垂直线为标准。沟深约半尺，幅之宽亦约半尺，周围施匀后覆以土，即行灌溉一次。但未结果之树则概不施肥。”东晖的《山东之肥桃》亦记每年施肥三次。[①]

5. 灌溉

肥城桃园必须造井，以供灌溉。灌溉自桃结实后开始进行，如天不下雨，视土地干燥与否，约每隔十天一次，桃树行间都有灌溉沟，致全园沟成井字形。灌溉时，将井水汲上，使水流入沟中渗透。至七月底用豆饼后，如天不下雨，每三天灌溉一次，这样浇灌三次后，如天仍不下雨，再每隔十日灌水一次。每日灌溉不论何时均可，即夜间进行，也无不可。

张恺言肥桃浆液多，需水分也多，自开花后除降雨外，每隔七八天需灌水一次。“平均一亩之中有井一口，以备灌溉。”[②] 东晖与张恺所记相同：“当结实及开花时需水分甚多，每星期灌溉一次，平均每一亩地掘有一井，以便灌溉。”[③]

6. 中耕及除草

春季，用猪粪同时耕锄一次，将猪粪耙入土中。开花后再中耕一次，施豆饼时再锄一次。此外有草即锄，每年五六次。至七八月间桃果成长后，即有草也不再除，因果实如有落下，有草可不致果实受伤。

7. 撑柱

肥桃体重，至七八月间桃果成长后，枝易因重而折断，桃农常以高粱杆四五个或八九个为一束，撑柱各枝。具体方法是将高粱杆的上端向外方稍倾斜撑住桃枝，而其下端稍向内竖立地面，不必插入土

---

① 参见东晖：《山东之肥桃》，《申报》1925 年 9 月 20 日。

② 张恺：《山东肥桃之调查》，《申报星期增刊》1923 年 9 月 30 日。

③ 东晖：《山东之肥桃》，《申报》1925 年 9 月 20 日。

中，则风来时枝可随撑柱动摇，不至折断。凡有果而有折断的虞枝，均进行撑架，所以每一棵树用撑柱很多。

8. 疏果

六月间，果大如梅果时，假若一棵桃树上结果太多，宜摘而疏稀。疏果时应留枝之下部之果，而将枝先端的果子摘去，每树以留三百个至四百个为度，至成熟时可得五成至七成。

徐警吾调查时也有疏果的记载："小桃与椽子大时，详细观察其过密者摘去之，俗谓之拣桃。"①

9. 培土

根际常培土高一尺余，为圆墩状，因常浇水，土壤松软，树遇风易倒，培土于根际，能巩固根基，使树不易倒地。

据张恺调查，肥桃培土与树形树势和土壤有关。"肥桃皆丛生状，由接穗所生之芽任其自由生长，故主干之数少者二三，多者四五，从未有主干者结实后枝条向四方扩张，树势又过于繁茂，加以该地多系砂土，若一遇风即易倾倒，故各桃行为防风之计，皆培土于根际，土阜高约尺许，至周围所占面积，因树之大小定之。"②

10. 间作

接木后经三四年开始结果，结果后就不再进行间作。在未结果期内，树尚不十分长大时，常以豆类、甘薯、花生等为间作，以利用空地，惟不种麦子，因其生育高，易阻害桃树的生长。

11. 吊果

果体伟大，果枝常不能支持，所以桃果达到相当大后，便用细麻绳就每一结果枝缚而携于上方较大的老枝，以免结果枝被折断，并且能使桃果稳定，不易因风落下而造成损失。

---

① 徐警吾：《肥城桃调查报告》，《山东实业学会会志》1917 年第 1 卷第 1 期。

② 张恺：《山东肥桃之调查（续）》，《申报星期增刊》1923 年 10 月 7 日。

张恺详细记载了肥城桃的吊果方法："架桃之后，继以吊桃，吊桃之法，系用细绳一端系其果梗，而另一方则系于结桃之上方。据业桃者之研究，谓若系于结桃枝之下方则养分不易上升，反有碍于桃之发育，系于上方则无此虑。"①

12. 熏烟

桃园因浇水而湿气较重，当桃将成熟时，夜间如遇热闷阴雾，果面容易因而生露锈，使果实的外观不美而有损价值。所以桃农常常以麦秸末入火油筒熏蒸，使雾遇烟化散，而避免生锈。

竹影的《肥城桃》一文记："桃树林下恒置麦草数堆，每值五更落雾时，纵火焚之，烟冲半天，以御雾气。"②仅此一项管理措施，便可知肥城桃农之智慧，亦可知肥城桃栽培管理之艰辛。正所谓"俗言'仙桃好吃树难栽'，正此之谓也"③。

三、租园

桃园园主间有因届成熟期管理及贩卖为难，于六七月间便有出租给他人的。其租价按桃树结果的多少进行商议，如有一盛果之园二亩，计四十一株，租价达七百五十元。自租出之后，一切管理、施肥、浇水等工作，即归租者负责，园主不再过问。租者于是建草棚暂居于果园，专门从事保管及一切管理，等到收获贩卖完毕，再将桃园交还园主。此租园的人，俗名"吊枝行"，入园时照例要邀请附近邻人餐食一顿，以便相互有个关照。

肥城桃有租园的习惯，多部志书及文章均有记载。张恺的《山东肥桃之调查》记："肥邑有桃行者大抵小康，感于管理桃行及贩卖等困难，故至六月初旬桃已长成后即出租于吊枝行（即租户），按桃成

① 张恺：《山东肥桃之调查（续）》，《申报星期增刊》1923年10月7日。

② 竹影：《肥城桃》，《申报》1948年7月25日。

③ 徐徐：《肥城桃》，《前线日报》1947年6月15日。

色及挂桃之多少议价。桃行之佳者，每百株可租一千吊（京钱二百文合一吊），次者租六七百吊或四五百吊不等。议定后，租户上行（管理、施肥皆归租户之谓），先纳租价二分之一，余俟贩卖完竣后缴纳。上行之时，租户须邀集桃行四邻，设宴招待，盖以求便于人也。”①

四、结果年龄及采收

接木后三四年即开始结果，每年可得十余个，此后收量渐增，至接木后七八年可得二百个至三百个，是为旺果期。采收期依品种而言，最主要的肥桃在八月下旬至九月上旬，若是完全成熟期，则在九月上旬白露节前后。需远运者，因熟则不耐运输，在八月下旬尚未十分成熟时即采收，其味未达到十分完美，所以远方顾客不能品尝到肥桃真味。

肥城桃的采收期一般根据果实的成熟度来确定，但还要根据用途、果园大小、销售市场远近、运输工具和条件等因素来确定。用途不同，其采摘的时期也不同。用于生食的肥桃，多在果实达到八九成熟时采收，通过科学地包装，也能够实现较远距离运输。这种销售方法，自古就已形成。

肥城桃果实的风味、品质和色泽，主要在树上发育形成，采后几乎不会因后熟而增进。所以，没有完全成熟的肥城桃，“其味未臻十分完美，是以远方顾客不得一尝肥桃真味，诚属恨事”②。就地销售，在九成熟时采收最适宜，让顾客得以真味，以脍炙人口，提高肥城桃声誉。另外，此时正逢肥桃第二速生期，九成熟时，果实个头基本定型，不但提高了质量，而且也增加了单位面积产量，增加了经济效益。

近代以来，肥城桃不仅生食，而且出现了肥桃酒和肥桃罐头等一些深加工的肥桃特色产品。用肥城桃酿酒，只要是短途运输，也在九

---

① 张恺：《山东肥桃之调查（续）》，《申报星期增刊》1923年10月7日。

② 吴耕民：《肥城桃调查报告》，国立山东大学农学院，1934年。

成熟时采收，因为只有含有较高营养成分和浓郁香气的果实，才能酿出具有肥城桃特殊风味的美酒。用于加工制罐头的果实，大都是提前采收，因为肥桃果肉为软溶质型，为减少加工过程中的损耗，宜在七成熟时采收。

五、病虫害

肥城桃的病害主要有以下二病：

1. 桃子黑点病。本病发生于雨期，于果面生褐色的小斑点，常使果肉开裂腐败。

2. 桃叶穿孔病。本病在叶上生月形或多角形的斑点，其局部变褐色干涸脱落而生孔。

桃的害虫主要有：

1. 黄蜂。俗名“马黄蜂”，于成熟期直接蚀害果实。

2. 桃虱子。此虫未见标本，为一种介壳虫，生于枝干上，开花后即繁生，以木棍耙死。

3. 红砂闹。此虫未见标本，大抵为赤壁虱，属于节肢动物蜘蛛类赤壁虱科。其先在枝干上生黄色小巢，巢内有无数小红虫，后即裂开，出而群集叶背，吸收养液，致叶生小斑而落下。为害严重时树势衰弱，果子也随之落下。桃农往往用器盛清水向叶下泼杀，此虫五六月间出现，至七八月即不复见。

4. 蚜虫。此虫专集中于嫩梢为害。

近代，以上各种病虫害，肥城桃农尚无合理的驱除预防法。

张恺在对肥城桃进行调查时，所记病虫害防治也比较详细。“病害仅两种：一黑点病，初为暗褐色小斑点，继则果实裂口，降雨后易得此病；二为腐败病，果实半成熟时始生此病，病斑部初为暗褐色小点，渐次为轮形向四方扩大，遂至全果腐败。此种病果内有多数菌丝，若至干涸时则成黑色菌核，此菌核至翌春再生于囊孢子寄生于桃。肥桃之受此病者甚多，惜至今尚不知防御之法。虫之为害最剧者，一为桃虫，二为红蚜虫（土人名曰砂虫）。桃虫卵子附着枝条，春季桃户于未发生之际，注意用手拂落其卵，别无驱除之法。至红蚜虫则发生于四五月之间（阴历），发生后吸收叶之汁液，叶即渐至脱落，而桃亦随之。此虫为害最剧，故桃农亦均注意捕杀。捕杀之法均以器盛水，泼其叶之反面（因虫多在反面），此项害虫须用人工最多。”①

徐警吾记病虫害简略，仅言“其驱除第用人工捕杀，无特别之法”②。雨公针对肥城桃农处理病虫害的传统土法，也给予了批评，指出：“其法甚为愚拙，苟能利用科学方法，则虫害或可免除也。”③

六、肥城桃异地栽培

肥城桃作为佳果名品，外地引种者自古有之。清嘉庆年间，无锡县胥山湾（今惠山区阳山镇）刘大福在山东担任县衙师爷时，将当地肥桃引入无锡。④1905 年 5 月 1 日的《大公报》记载：“山东肥城县所产之桃，实为环球一妙品，其桃到极熟时，大者如碗，汁浆香甜，殊难举似。是以人皆爱之，现有日本吉田次郎函致当道，索此果苗数株，以便在日种植。”1907 年 9 月，美国农学家弗兰克·迈耶奉美国农业部之派遣至华考察农林，于肥城获得肥桃种苗。所摄肥城桃

《大公报》1905年5月1日

① 张恺：《山东肥桃之调查（续）》，《申报星期增刊》1923 年 10 月 7 日。
② 徐警吾：《肥城桃调查报告》，《山东实业学会会志》1917 年第 1 卷第 1 期。
③ 雨公：《山东肥桃之调查》，《上海总商会月报》1925 年第 5 卷第 3 期。
④ 参见冯竹清、王思明：《阳山水蜜桃的发展历史》，《农业考古》2019 年第 3 期。

1907年，美国农学家弗兰克·迈耶在肥城

园照片说明称：“一种著名的‘肥城桃’果园，桃子基本一磅重，非常多汁，甘美。”近代以来，肥城桃异地栽培更是屡见于报端，成为抢眼的新闻话题。

20世纪20年代初，无锡县阳山、武进等地刘耀生、段孟陶等人纷纷引进良种肥城桃，经过悉心栽培，声名鹊起。[①]

1923年，张恺的《山东肥桃之调查》记载：“近来铁轨通行，贩路日广，而肥桃之名且远播于海外，各国园艺家间有购肥桃苗移植于该国者。”[②]“近来，从此地（肥城）购接穗者渐多，其包装接穗之法系将接穗轮插于白菜之间隙中，大约白菜一棵可纳接穗二三十个，插完后再以绳束之，再用蒿类包其外部，而后搬运。如此包装，虽经十余日可不至失其发芽力。”[③]

在每年肥城桃上市，总有商号在《申报》登出广告，甚至还有肥城桃秧苗的广告。1928年4月13日，题为“山东肥城水蜜桃秧”的广告：“肥城桃，在前帝制时代为进贡之御用品，光绪帝，封为桃树王，可见当时名贵之至，现在大批苗秧运到上海，定价每株五角，特价对折，凡购念株，计洋五角，除寄费奉赠种法书随送外，再加赠肥桃礼券一张，凭券至今夏领取真正肥城水蜜桃一箱，吃过之后，多浆，香，甜，清口，未尝者见之，莫不垂涎三尺焉，多买多赠，本埠来购毋需寄费，每人贴还车费五角此告，上海虹口东西华德路邮局对过瑞庆里内山东物产公司

① 参见冯竹清、王思明：《阳山水蜜桃的发展历史》，《农业考古》2019年第3期。

② 张恺：《山东肥桃之调查》，《申报星期增刊》1923年9月30日。另见《益世报（天津）》1924年8月3日。

③ 张恺：《山东肥桃之调查（续）》，《申报星期增刊》1923年10月7日。

启可乘七路电车十路公共电车来直达门前下车。”[①]

1907年的肥城桃园

1928 年 9 月 4 日，《时报》以“山东肥城桃苗”为题，刊登售苗广告：“群德路廿四号新建设需料供应局农林部经理山东肥城第一农场出品之肥城水蜜桃苗，业已大批运到。因此桃品质之佳，世间无出其右，且生果期速，闻种下第二年即能生桃，则供沪人士之需求，其销路可操左券也。”

关于肥城桃苗的价格，《南京金陵大学农学院售品目录》记载：肥城桃苗（果极大，一枚重斤许，山东肥城之著名品种也，晚熟种），每株四角。[②]永茂农场果苗类广告，桃树苗计六种，“滋养水蜜桃 2 角、奉化玉露桃 2 角、黄金蜜桃 2 角 5 分、肥城桃 3 角 5 分、大锐蟠桃 3 角、大青梅 2 角 5 分”。其中，肥城桃苗最为昂贵。广告中注明多购优惠政策，“百株以上 9 折，五百株以上 8 折，千株以上 7 折”，亦可见异地栽培数量之多。[③]

吴耕民在 1934 年《肥城桃调查报告》中也说：“在山东境内或其他区域风土相似之区，能熟知其习性，而施以适宜之栽培法，当可与肥城得同样结果。在南京及杭州一带试种肥桃者，不乏其人。”

对肥城桃的异地栽培影响较大的有两人，一是隐居泰山的冯玉祥，二是江苏无锡太湖农场主孙静庵。

1935 年，冯玉祥在泰山试种肥城桃[④]，并把泰山苹果引种肥城，在

① 《广告·山东肥城水蜜桃秧》，《申报》1928 年 4 月 30 日。

② 参见金陵大学农学院编：《南京金陵大学农学院售品目录》，经济部物资局，1930 年。

③ 参见永茂农场编，费善元校：《桃树园艺栽培概要》，文新印书馆印刷，1935 年。

④ 参见《冯玉祥移植肥桃树于泰山》，《申报》1935 年 11 月 24 日。另见肥城市《北仪仙村志》编纂委员会编：《北仪仙村志》，方志出版社 1998 年版，第 163 页。

《引力》书影（李广田著）

精心管理下，均取得成功。江苏无锡太湖农场主孙静庵自20世纪30年代初即引种肥城桃，取得很好的成绩。

《方舟》以“泰山桃李将成荫，冯移植肥城桃计肥桃苗八万株”为题报道冯玉祥在泰山种桃。“（济南通讯）中委冯玉祥在泰山作寓公三年，植桑养蚕、办理小学，成绩甚著，所植果树亦多，木已垂拱，不特点缀风景，并以提倡果木事业。泰山之西肥城产桃，硕大甘芳，帝制时代为进贡之品，名曰肥桃。该县有民办农场一处，为宋海亭所经营，场内有二年肥桃树苗八万株。冯氏离泰赴京以前，以一千二百五十元接办。现正派员往泰山移植中，闻年后即可结桃云。”[①] 同时期的《申报》（上海）、《益世报》（天津）等各大城市主要媒体纷纷报道此事，冯玉祥移植肥城桃非为观瞻，实为倡导果树业发展，造福于民，有诗“肥城桃，肥城桃，不独富人食，劳苦大众也要吃个饱”为证。

民国二十四年（1935），王兰馨与李广田结缡后，至泰安省立三中任教。在济南省立一中教书的李广田常来泰安探亲，两人时时登山访胜，创作了《扇子崖》《山之子》等名篇和小说《引力》，是泰安生活的实录。文中颇奇特者，为泰安资福寺中植有“肥桃”之种，可见当时肥城桃已有移植岱下的尝试。

《锡报》有《瓜果杂咏——肥城桃》一文，记述孙静庵移植肥桃于太湖。“肥城桃熟太湖边，色味芬芳玉颜妍。昔日清宫为贡品，今朝士女饱馋涎。山东肥城桃清代为贡品，吾友孙静庵先生觅种移植太湖农场，今岁始得果，不特香味俱胜，色泽红艳，如佳人粉颜，尤令人爱

① 《泰山桃李将成荫，冯移植肥城桃计肥桃苗八万株》，《方舟》1935年第19期。

不释手。”[1] 此后十数年间，《锡报》《申报》《人报》《新锡日报》等每当八九月间，总刊有太湖肥城桃的销售新闻和赞美文章。

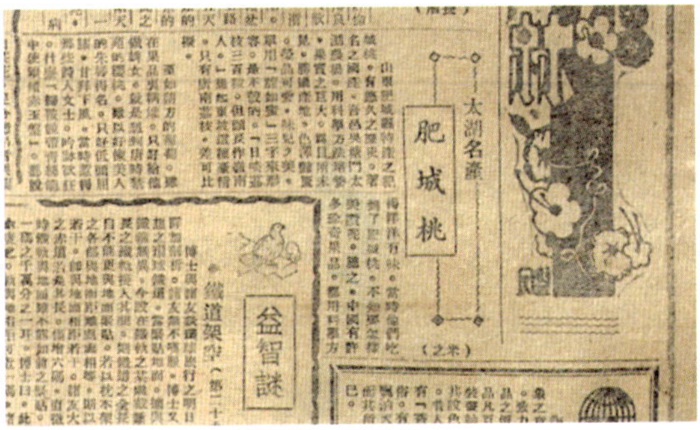
太湖名產
肥城桃
（米之）
益智謎

《新锡日报》刊载文章《太湖名产——肥城桃》

《民报》也有肥城桃桃苗外运的报道：“冯购肥城桃苗运巢，分赠孤寡残废村民。”[2] 至于肥城桃的异地栽培效果如何，也有专门报道。米之的《太湖名产——肥城桃》载：“山东肥城县特产之肥城桃有悠久之历史，著名之国产。吾邑吴塘门太湖农场用科学方法培养，果实之巨大，为目所未见，胜过产地，色泽艳靥，莹晶可爱，味儿之美，单用‘甜如蜜’三字来形容是不够的。”[3]

夭夭的《肥城桃之历史》亦记：“数年前承太湖农场赠与数枚，桃实巨大，外皮鲜红，水分既多，甜味如蜜，色香味三者俱佳。”[4]《中央农场特刊》载：“本场为谋园艺事业之彻底发展起见，不惜巨资，特派员赴鲁实地考查，经长期之访察，始采得真种运浙培育，并加以科学改良，益形珍贵。兹为提倡起见，特嫁接成苗，俾素慕肥城桃之盛名者有所适从，不致受劣种滥充之欺。惟备货无多，务请提前预约，庶免向隅耳。”[5]

吴耕民教授调查结论如下：“世多谓肥桃必植于肥城，始结佳果，易地即变质者。此说在相隔穹远，风土迥殊之地，固言之成理，但在附近或风土相似之区，则不能一概而论。肥桃生产的特殊之处，不在

① 乱石：《瓜果杂咏——肥城桃》，《锡报》1936年8月18日。
②《冯购肥城桃苗运巢》，《民报》1947年7月7日。
③ 米之：《太湖名产——肥城桃》，《新锡日报》1941年8月2日。
④ 夭夭：《肥城桃之历史》，《锡报》1936年8月13日。
⑤《中央农场之特产品（二）》，《中央农场特刊》1936年第1期。

乎肥城的气候与土质有特异于山东或北方各地，而在于肥城桃本为肥大性品种、肥料丰裕施用和随时举行灌溉。所以，在山东境内或其他区域风土相似之区，能熟知其习性，而施以适宜之栽培法，当可与肥城得同样结果。只是国人附和成性，许多人云亦云，无科学的辨别力，如肥桃非肥城所产者，即品质佳美，亦觉较肥城略逊一筹。临清所产之临桃，果形伟大，实出于肥城之系统，品质不劣于肥桃，而价值远不及之，即是明证。是以在他处种肥桃，在市场上未得地位以前，必受肥城桃之压迫可以断言。至南方温湿多雨之区，是否可以栽种肥桃，则因肥桃系多年生育于干燥冷凉区域，性近欧洲系统之桃，移诸温湿之区，能否适应与是否能不变性，非有实地试验，不敢妄断。故南方如欲栽培肥桃，以先少量试种为宜。在南京及杭州一带试种肥桃者，不乏其人，但就视察所及，俱未见佳美成绩，似对南方气候不甚合宜。至于是否能改良栽培法以期适应，则有待于异日进行研究。”大量史料证明，吴耕民关于肥城桃异地栽培的观点是正确的。正如米之所言：“现在太湖农场岂不就是科学之试验，科学之成功。”①

七、肥城桃栽培技术特点

1. 有肥桃之大果优良品种

其他品种的水蜜桃果子当然也有一斤以上的，但此类大果在一树上或一园内属于凤毛麟角。肥城桃颇有肥大性，如管理周到，平均能重一斤左右。

2. 成熟较迟

成熟较迟是肥桃受市场欢迎的地方。因其为晚熟种，必至九月初旬才完全成熟，南方上海水蜜桃系的果品，自六月下旬至八月上旬已完全收获，至九月在市场上桃果已经绝迹。肥桃应时而出，且正赶上

① 米之：《太湖名产——肥城桃》，《新锡日报》1941 年 8 月 2 日。

中秋节，伟大绝伦的肥桃，正如一轮明月，馈赠酬酢，实属上品，以致销路畅旺，易得善价。

3. 需肥料特多

桃本宜瘠土，不必多施肥料，而肥桃因果伟大，耗费树力特多，每亩施肥达四十元，在国内桃园诚属罕有之事。就实际情况观察，施肥虽多，能全被果吸收，盛果的桃树，徒长枝就不易多见。所以想要得到一株强健的长果枝也属不易。由此可知，肥桃达旺果期，较其他品种的桃所需肥料之多。

4. 需水分特多

各处栽桃都不进行灌溉，而肥桃因为结果既多且大，灌溉后果实不但肥大，而枝叶却无盲目生长之虑，这应该得益于肥城桃农灌溉调节得法，而肥桃需要之水特多，便是其中原因之一。

5. 果皮厚堪运贮藏

肥桃果皮甚厚，可以远运，且可贮藏至十一月间不腐烂，这主要得益于出产期晚，天气凉爽，不像上海水蜜桃系的果品，正值炎夏出产，不易久贮。而肥桃的质密皮厚，也是其耐运输贮藏的重要原因。

肥桃有上述特点，所以其栽培如施肥、灌溉、撑柱、吊桃均与其他地方栽桃不同，这便是因物制宜所致。近年来桃价大涨，所以果农在栽培方面不惜工本，力求精细。

1934 年，吴耕民教授为力促肥城桃产业的进一步发展，做到精益求精，提出了肥桃栽培技术改进的建议：

1. 增加产量

肥桃因曾作为贡品，妇孺皆知，遐迩驰名，近年来销路大增，求过于供，致价值之昂，出乎意料。这是值得为肥城种桃者庆贺的事，但是供少于求是为不争的事实。据当时产量统计，肥城桃园面积仅四百一十亩，株数仅八千二百株，以此区区面积的生产，运销山东全省各大埠，也恐怕为数不足。若再想远运至平、津、京、沪，诚如沧海一粟，支配为难。闭目一思，除原产地之人民而外，即使是住在通都大邑，终其一生能尝到此鼎鼎大名之肥桃者，也没有多少人。所以就需求状况而言，肥桃的生产即使再增加十倍，也不致过剩。有人说产量增多，则价值必低减，又有使桃价低落的不利，这种观点不无理由。但平心而论，以我国当时的生活程度，在上海每桃售价一元，似乎近于商人奇货可居。但在生产地每桃售价达到二角五分，也不甚合理。所以不如设法增加产量，勿使贩卖者居奇，使人人得有购尝的机会，则知其真味者愈多，销路自必增大，价值不会暴落，而肥城桃栽培事业可因销路的扩张，得到健全发展的基础。所以说，增加产量，使全国得以共尝珍果，实为发展肥桃栽培事业最主要的步骤。若是一个地方的珍美之果以居奇为能事，反使民众大多数之中流社会没有尝试的机会，则赏识宣传者少，无形中阻碍销路，其栽培事业决无远大的发展。美国的柑橘与葡萄，大量生产，运销全球，价值反而与生产的增加并进，就是明证。仅就肥桃本身而言，昔日栽培少，仅供本地或本省的需要者，其价不昂，则栽培增加，远运他方，价值反日见增高，也足以证明产量增加、远输他地则可提高价格。所以想要发展肥桃栽培事业，必须先使肥桃产量较以前相当增加，其道理非常明显。

若要增加肥桃产量，其法有二：

一是改进栽培，使目前已有果树的生产量增加；二是推广栽培面积，增加树数。前者为增加生产的一个策略，但其效较微，欲求积极的增加生产，宜取后法，预定五年至十年内在肥城推广桃苗十万，则自推广之桃陆续届结果期。目前盛结果之桃殆完全衰败，接桃之旺果年龄，平均为十五年至二十年，所以自推广满十万株而后，每年推广五万株，以抵补陆续衰败的老桃，则永可保持十万之数。此苗应由县建设科设立苗圃，或其他相当机关供给，让民间免费取用栽培，则易收普及之效。若不以实物供给，只是倡言推广，使民间自由繁殖栽种，则因桃为长期远利作物，桃农大多贫困，困于近利，农民就没有大量栽种的决心，不易于一定时期达十万株之数。

第一步推广苗数，宜以十万为限度，等其后销路增加，求过于供时，再择机行事，作第二步之推广。自第一步推广之后，肥城桃农收入大约可以比目前增加十倍以上。即使不幸桃价低落一倍，则今每亩售三百元至五百元，也可售得一百五十元至二百五十元，相比栽培其他作物还有五倍的利润。如今栽植肥城桃是少数民众得以暴富的工具，推广后大多数民众获得共享利益，这与政府为大多数民众谋利益的宗旨也不相违背。假若推广肥桃后，桃价稍为低落，业属于为多数民众谋利，无伤于民生。何况生活水平逐渐提高，交通日益便利，肥桃销路一定能与之并进。十年后十万株肥桃生产推销全国，也未必价格至于暴落。

2. 栽培技术改进

（1）繁殖

肥桃繁殖俱用大砧木，且避忌移植，这是因为该地农民采取放任栽培，喜养成大形之树，所以用大砧木避移植，力求树势旺盛。其实，这种措施导致了每亩面积所栽植之树数少，而因发育旺盛，结果反迟，于经济上反而不合算。所以，不如用一二年生的砧木进行嫁接，接木后一年生的苗剪去主根进行移植，并同时为之整枝，使其为形状较小的树，则每亩可栽植三十株（较旧式多种十株）。以面积推算，产量不致减收，且每株之负担减轻，果实也能够平均肥大。而因树势调节得当，结果较早，且树形矮小，管理采收也比较便利。结果期也能维持至三十年。

（2）整枝

肥桃的整枝一律为丛状的自然形，实属过于简陋，应采取漏斗状整枝，且因肥桃果实量大，枝易折断，到达结果期而后当再建一棚架作为支柱，所以用所谓漏斗状棚架整枝，最为合适。

（3）修剪

肥桃目前大都不进行合理的修剪，这实为一大缺点，应与整枝同时，励行修剪，使多抽长的结果枝，则桃的肥大性与品质当更成增进之势。

（4）病虫害驱除

桃农对于病虫驱除，既无器械，又无知识，其方法幼稚，自无待言。肥桃的病虫害究应如何驱除，须本院病虫害系详细研究后，始可有所表示，但就病虫驱除常识上而言，下列几点应立即实施：

一是包纸袋。肥桃易受虫病之害，且色以黄白者最贵，受太阳变红，则声价低落。所以适宜每个包装纸袋，既可防虫病，又可保色泽嫩黄，一举两得。

二是备喷雾器防治红砂闹及蚜虫。红砂闹在叶背群集为害，农民以水泼杀，费工多而效少。如若用喷雾器，洒射清水或再加以相当毒剂如烟草汁、砒酸铅液、除虫菊粉浸出液等，则工程迅速，收效明显，蔓延之势，可以减杀，自不待言。

（5）灌溉

灌溉全用人力，打井吸水，在大规模的桃园颇不经济，应装置水车，利用畜力，提高灌溉能力与效率。每具水车所需费用不过八九十元，与桃园的收入相比，不算太贵。

1936年，于敏序在实地调查肥城桃的生产状况后，面对栽植周期长、管理投入费用高等实际情况，提出了中肯的改进意见：“改良栽培技术，以增加生产。具体措施有三：1. 做好桃树的剪枝疏果，保证产量稳定。2. 针对肥料氮气过于丰富而磷酸及加里质肥料缺乏的情况，建议减少厩肥与豆饼的用量，补施小米糠或骨粉及草木灰等肥料，以强健枝条、减少病害，并提高结果能力。3.对于病虫害的防治，建议减少土法除害，施以新式防虫措施——杀虫药剂。”其中，关于土壤营养成分的分析和杀虫药剂的使用，为近代肥城桃栽培技术的进步发挥了重要作用。

关于当时县城附近桃园的栽培管理，石威平、石振甫在《三十年代的百福图肥桃园》一文中做了如下记载：“在种植上，采用传统的直播种子、嫁接的方法，南北四排，东西八行，成三角形排列。在果园的管理上，诸如整形、修剪、疏桃等皆顺其自然。施肥每年两次，一次在春季，于树围一米开外打壕半米，每株施圈肥一车（双篓推车），为粗肥，加水灌；第二次则在立秋前后果具雏形（约4两重）时，每株深施轧碎豆饼一个（10斤），为细肥，同时加以水灌。施豆饼的目的是使果浆甘甜，提高含糖分度，使桃子果大、味香、色美。在病虫害防治上，多采用土法。当时的主要虫害是桃球疥（虱子），多发生于老树，治法是用手摸到后捻死。对蚜虫（蜜），通常是用水从底往上泼，将蜜冲下来杀死。雾气常影响肥桃果实的成长和色泽。免受雾气笼照的果子鲜亮个大，果浆浓度高，食之香甜纯正；常被雾气浸蒸的桃子，个萎缩而色污，汁浆清淡，食之酸涩，易过早脱落。为免受雾气影响，多用谷秸包麦糠绑成把子点燃，用木棍执着绕树转走，借生成的浓烟驱除雾气和蚊蝇。”至1938年日军占领肥城，桃园因战乱失管，树害蔓延，只好忍痛砍伐。

1925年，雨公的《山东肥桃之调查》也记载了一套完整的肥城桃栽培法。其内容从种子的选育、幼苗的移植与嫁接，再到施肥、修枝、吊果与防治病虫害。文章因为是实地走访调查所得，与他文出入不大。唯文章最后提议桃农在果树的管理上施以现代化科学方法之呼吁，成为肥城桃产业步入现代化发展的先声。

第三节 肥城桃的包装与运销

“八月肥桃绽笑容，金秋时节进京城。”这时果园里一片繁忙景象，客商久闻肥桃之美名，先于一个月前争相前来成交。其间，顾客往来如织，将摘撷的桃分类放置席上，火纸包装盛入用柳条编织的筐内，蒲包垫装，由数十名挑夫星夜运往泰安、济南，再分发各地。

一、包装

近代，肥城桃包装的方法很简单，主要是用条编圆筐包装，圆筐一般高约 67 厘米，底直径 40 厘米，上口直径 50 厘米。装筐时一般先用火纸单个包裹，再用细软干草垫于筐底，放入蒲包，然后桃尖向中心层层排列，待装满时掩好蒲包口，铺一层软草，加盖固定，每筐装 70 ～ 100 枚，重 45 ～ 60 斤。桃子的生熟依运输时间长短而定，如运输时间 3 ～ 5 天，桃以七成熟为宜；如 3 天以内，至多八成熟，一般是“宁失之生，勿令其熟”。不然，运至目的地，桃则溃烂。

若是在当地销售，其包装办法更简。一般是直接把桃子放入铺垫软草的箩筐内，搬上推车，沿街叫卖。

1934 年，吴耕民在《肥城桃调查报告》中记述了当时肥城桃的包装情况：“肥城所产之桃，均先直接送济南，由济南再发送他埠。在肥城包装甚简单，即用高一尺三寸许、直径二尺许之圆篓，底及四周以纸垫之，即将桃每二个顶与顶相接，作圆周状排列之，重叠二三层，大者每筐五十个，小者一百个。计重约三四十斤，每二筐约六七十斤，雇工肩挑直接送济南，来回需工四天，每担送力二元，至由济南转送他埠之桃，则每个以纸包裹，装入小柳条篓，运输之。”同时，吴耕民还提出了包装方面的改进意见，即由同业者组织合作社，走集体化道路，其对合作社的两点建议，更是中肯。

1. 包装：目下包装悉用篓，以人力送济南，殊不经济，应改装薄板浅木箱，每箱仅装桃一层，内以纸板隔开为十二格，每格置已包纸之桃一个，底盖均宜以格子板制之，两侧亦穿小孔，使易透气。如是以五箱为一叠，以绳缚之，以便运输，箱内空隙处，以软物如纸屑木刨花垫塞，使桃果不致动摇。

2. 分等：桃之大小宜于包装之先，分别为大中小三等，不可混合，且不可混杂伪品。

这些改进肥城桃包装的建议措施极具实际操作性，对后来肥城桃的包装升级，乃至品牌、价格的提升具有重要的指导意义。

二、运销

自古以来，肥桃外销均以个头议价，论个头大小算钱。在近代各大都市市场上，肥城桃可谓奇货。张恺记载：“津浦路未开之前，贩路尚不广，除少数运往北京、河南等处，其余殆全销于本省各地。自交通便利后，运往天津、北京、徐州、南京、上海、青岛者日见其多。在数十年前，仅土人挑之运销各地。近数年来，外客来购桃者渐多。桃将熟时，外客齐集于南关栈房中。各栈主或吊枝行（即为中买人）向各桃户征集桃样。桃样分为数等，每颗十四五两者为上等，十二三两者为上中等，八九十两者为中等，五六两者为下等，指样议价。价定

《民众周刊》载《产肥桃的肥城》

则桃户照样挑选送于栈中。此时栈主及吊枝行向主顾索介绍费，大抵桃百颗抽钱五百文。”①月培记载：“在从前未筑平浦路，贩路尚不甚广，除少数运往北京外，其余全销本省各地。近来交通便利，运往北平、南京、上海各处益见其多。每届桃将熟时，贩运云集于城中。各栈主多居间接洽，向各桃户征集桃样，指样议价，价议定后，桃户照样送桃，到栈内点交。”②

夭夭在《肥城桃之历史》中记载：“肥城桃为山东肥城县之特产，于吾国农产中有永久之历史。果形果品皆有拔类超群之观，因此驰名中外。逊清时充作贡品，真是神圣不可侵犯，种植者居为奇货。倘使你出不到相当的代价，只好眼睁睁的馋涎欲滴，要想领略玉液芳香的滋味而不可得。就算你有钱能使鬼推磨，腰包丰富，还要看你的来头，方可善价而沽。因此，虽在肥城产地，它的售价也奇昂，市场之地位几为所独占。其桃之名贵，可想而知了。”③民国时严德一《西北铁路旅行》中记录当时肥城桃之售价，云：“车过泰安站……站上贩卖肥城蜜桃者甚多，硕大肥美，惟索价过昂，法币一

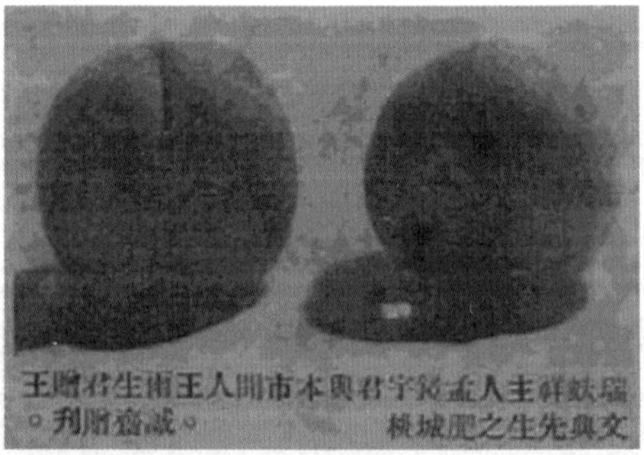

《北洋画报》载肥城桃照片

① 张恺：《山东肥桃之调查（续）》，《申报星期增刊》1923 年 10 月 7 日。
② 月培：《产肥桃的肥城》，《民众周刊》1932 年第 4 卷第 22 期。
③ 夭夭：《肥城桃之历史》，《锡报》1936 年 8 月 13 日。

元仅有十六枚。渴欲问价，多掉头吞津而复上车。”在本地售者价已如是之昂，输之京沪者可想而知，难怪时人视之为奇货。[①]《北洋画报》等当时的国内知名报刊均视肥城桃为珍品而成为爆料新闻。1936 年，曾有题为“瑞蚨祥主人孟镜宇君与本市闻人王雨生君赠王文典先生之肥城桃”[②] 文章刊登肥城桃照片，可见外埠视肥城桃之金贵。

1908 年以前，肥城桃除作为贡品运往北京皇室外，大部分在本县或邻县销售。[③] 肥城桃易腐烂，运销比较困难。运销的办法多由桃农雇人挑至泰安、济南果行，由果行与客商中间说价，以卖桃所得的 4% 作为果行佣金。肥城至济南 180 华里，桃子采收后经一日夜挑抵济南，再一日由火车运至青岛，再经两日乘海轮运往上海，总计五六日，损失率约 5%。肥城桃丰收时，果行与客商串通一气，任意压价，有时桃价抵不上运价。

1920 年以后，运销情况有所好转。据《山东之农业概况》记载，津浦铁路未修筑之前，肥桃销路不甚广，除少数运往北京外，其余全销于本省各地。铁路筑成之后，运往北京、南京、上海（该县在上海充警士之叶某，介绍至上海销售[④]）等地的数量越来越多。脚力费由肥城挑至济南，每挑 2 元。运往北京、天津的挑至万德车站，每挑 0.5 元。火车运费由济南至青岛每百斤 4 元。在青岛下站脚力费每筐 0.1 元。由青岛运至上海船费每筐 1 元。从车站上船与到沪下船至果店，搬运费一般每筐 0.4 元。每筐海关税出口前收 0.8 ～ 0.9 元。是时，肥城桃价格，重 8 两上下的，每个铜元 4 ～ 5 枚，重 12 两左右的每个铜元 6 ～ 7 枚。

① 参见严德一：《西北铁路旅行》，《教与学月刊》1936 年第 6 期。

②诚斋：《瑞蚨祥主人孟镜宇君与本市闻人王雨生君赠王文典先生之肥城桃》，《北洋画报》1936 年第 30 卷第 1455 期。

③参见傅志亭主编：《肥桃史话》（《肥城文史资料》第六辑），山东省出版总社泰安分社 1991 年版，第 131 页。

④ 参见吴耕民：《肥城桃调查报告》，国立山东大学农学院，1934 年。

1922年《山东劝业报》记载，肥城蜜桃历年在外埠销售量，济南、天津约各占30%，青岛15%，上海2%，北京5%。至1932年，主要运销于青岛、天津。据《中国实业报》记载，年销售量计2000担。那时的桃价“尚称平稳，其中以民国二十年（1931）略高，二十一年与二十二年略为平常，十七、十八两年，鲁省官商各界多尚奢侈，赠礼风盛，因互相争购，其价较高。”每果重13～16两为一等，百枚30元；10～12两为二等，百枚20元；8～9两为三等，百枚15元；6～7两为四等，百枚8元左右。

清末民初学者徐珂[①]所著《可言》卷十二云：

> 闻肥桃之名，始自光绪丁未。有戚串自山左归，谓抵肥城，时方穷冬，未得一啖。先妣嗜桃而尤嗜桃诸，即桃菹也，俗曰桃酱。闻其言则曰：“不谂较余姚学舍后圃之桃为奚若？较沪市之水蜜桃更奚若耳？”珂佣书，所入故微末。且道远，未能致之以奉母。岁癸亥（中华民国十二年）七月，张菊生同年使苍头以肥桃二颗相饷。颗可重五六两，色青而微白，略如石章之青田冻。大喜，与家人分尝其一。肉质尚坚，浆液未充，盖半熟而采摘者也，然已甘如蜜矣。曩闻肥桃有香，皮厚浆浓，果肉黄白，核旁之肉微红。白露时大熟，就食树下，穴其皮吮之，肉可立尽。胜于水蜜桃，等于槜李。傅元（玄）《桃赋》之“既甘且脆，入口消流”八字，当可拟之。其一藏之筥，将俟其全熟，且珍之甚，不欲一见即罄之。越翼日，发筥，溃其半。惜哉！殆天以为珂今忍食羊枣，有愧曾子，而故靳其口福耶？重九后一日，林重夫以一桃见饷，云得之昨来自济南者。视之肥桃也，已大熟。闻天气渐凉，求之于济南市上亦匪易，因以畀寺子新六啖之。[②]

---

① 徐珂，字仲可，浙江杭县人，光绪举人，曾任《外交报》的编辑，编有《清稗类抄》《清朝野史大观》等。

②《丛书集成续编》第91册，上海书店2014年版，第1215页。

《可言》成书于民国十三年（1924），其文记录了民国初年肥桃在上海的销售情况。徐氏自丁未（光绪三十三年，1907）已耳食肥桃之名，但因“道远，未能致之以奉母”。说明其时因道路阻隔，肥桃尚未进入上海市场。随着津浦通车，交通畅达，肥桃渐行销海上。据吴耕民《肥城桃调查报告》载：“民国初年……复由该县在上海充警士之叶某，介绍至上海销售。销路逐渐扩张。”民国十五年（1926）出版的《铁路协会会报特刊》（铁路协会书报经理部编）社论中，特别提到肥桃运输销售于上海：“山东果树如肥城之桃，当津浦未通以前，仅少数运往北京，荐明堂享清庙之用。民国以来，天津、北京、徐州、南京、上海、青岛，无不有其踪迹。遂桃行渐多，而植桃面积渐广。”民国十二年（1923）七月，徐珂在上海得出版家张元济（号菊生）之馈，已得享肥桃嘉味，重阳之后，又获得友人林氏从济南所购之桃，足见至迟于此时，肥桃已风行沪市，成为达官文士的馈送上品。

郑逸梅是现代著名掌故作家，《花果小品》是其关于花木果品的一本随笔集。内中有肥城桃一节：“山东之肥城，产桃绝隽美。以指爪掐破其皮，可尽吮其汁，只剩核皮一堆。长腿将军张宗昌在鲁时，其年桃大熟，长腿特饬专司献贻关外张胡。每五桃为一组，系以彩络，装诸筠篮。张胡啖之，赞美不绝口。而长腿之某姨太太固嗜桃成癖者，长腿尽罗致之，民间遂无复得尝肥城之桃，仙果琼浆，馋涎徒流三尺耳。”①

该文中所记为奉系张宗昌督鲁时有关肥桃的轶事，所言“关外张胡”，即奉系首领张作霖。从这则杂记中可以获知，肥城桃在北洋政府时期已输至关外，成为奉天大帅府的盘中之珍。阎克杰的《山东肥桃产销状况》云：“据当地农民声称，十数年来以张勋驻徐州及

① 郑逸梅：《花果小品》，上海中孚书局1936年版，第163页。

张宗昌督鲁时，价最高。”[①] 可证郑逸梅先生所言张宗昌征求肥桃之事不虚。

1925 年《时事新报》有“泰丰运到山东肥桃”的销售广告：“故特多方设法，兹已如愿而偿，将此肥桃已装运到沪，并特将鲜肥桃陈列公司首先售出，俾各界得尝肥桃真味。此项肥桃在前清时指为贡品，其桃硕大无伦，光洁如玉，味甘如蜜，色莹如晶。连日该公司陈列此桃，只以十箱为限，故每日销售一空，后来者虽出巨价亦不可获，已足见此桃受群众之欢迎。”[②] 同年，《新闻报》《申报》等也以“山东肥桃到沪”“山东肥桃新到沪”为题刊登售桃广告，“以饷同好”[③]。

1928 年 4 月 13 日《申报》副刊南宫生的《水果在山东》一文中描述：“肥城出的桃子，便叫做肥城桃，怕不说是谁？只要是尝过肥城桃的人，到了桃子出市的时候，总得纪念着吧。在肥城所出产的肥城桃，质量的巨大，竟出人意料之外，有同饭碗口大的一个，重量可以有一斤，其巨大便可想而知了。滋味的鲜甜清香，一上口便顺口流汁，可以在皮外钻了个小洞，用口吮吸，把桃汁吸尽，只剩了一层桃皮和一个桃核，颜色也十分好看，玉色带着朱砂点子，可惜这种肥城桃，不容易存放，所以南方很不易尝到。”可见，肥城桃的美誉度之高，亦能猜想其投放市场的需求量。

20 世纪 30 年代，县城附近所产桃子，仍以外销为主。泰安青山街的果品市场上专设“肥桃站”，运往曲阜的肥桃则由当时任曲阜统领的肥城籍尹风山办理。质量要求肥桃熟到八九成，呈米黄色，顶端微突尖，食之冰糖味，汁浆干后呈凝固状，每枚重 12 ～ 14 两（老秤），为一类果子，每枚价 8 毛至 1 元；次之，4 毛至 7 毛不等。当时百福图石氏三兄弟的 10 亩桃园，最高时全年可收入 4000 元，折小米 5000

① 阎克杰：《山东肥桃产销状况》，《中行月刊》1935 年第 10 卷第 6 期。
②《泰丰运到山东肥桃》，《时事新闻》（上海）1925 年 9 月 3 日。
③《山东肥桃到沪》，《新闻报》1925 年 8 月 31 日。

斤，其价值是种粮食作物的 3 ～ 5 倍。

近代，肥城桃在外埠的销量大增，得益于山东省政府的大力推广。1936 年 8 月 10 日《新闻报》以“山东肥城桃运上海推销，以万枚为限”为题报道省政府推广肥城桃销售的消息：“（济南通讯）本省肥城产桃，肥大甘芳，驰誉中外。省府主席韩复榘为提倡省有特产起见，特命建设厅筹拟提倡办法运销上海。该厅以运桃远销必须首重包装，然后改进品种、改良栽培，农民始有兴趣而乐听指导。故拟第一步运上海以一万枚为限。桃价、运费、包装费及人工杂费约需四千元。特呈该省府拟由前烟潍汽车路局路租项下拨支。如试验成绩良好，销售后或有盈余，再谋推广。今日（7 日）省府会议业已照准。”天津《益世报》、上海《申报》等均以“肥桃万枚运沪”为题进行宣传报道。

1936 年 9 月 8 日的《中央日报》以“山东名产肥城桃运京销售：由鲁建设厅主办，桃大如碗，气味香甜”为题报道肥城桃运销南京的盛况：“山东建设厅近来试办肥桃运销，第一批已运输到京，暂藏金陵大学冷藏库中，定今日由各大小水果行发售。鲁建设厅合作指导处干事王凤亭昨日特在岭南酒家招待记者，报告筹办肥桃运销经过，并介绍肥桃之种植，最后请各记者试尝。”同时，省厅还邀请金陵大学陈锡鑫教授讲演肥桃历史与水果运输事业，以广推销。本次南京售价每枚在大洋四角，销售价格为济南市场的二倍。

山東名產
肥桃運京銷售
由魯省建設廳主辦
桃大如碗氣味香甜

1936年《中央日报》
载《肥桃运京销售》

1936年12月号的《山东合作事业指导月刊》报道："指导处为改良水果的品质起见，曾于本年举办肥桃运销，成绩尚属可观。兹为彻府改良培植肥桃技术，特派干事王凤亭前往肥城商洽租赁桃园，俾供试验。问桃园已租妥五亩，并已签订契约。来年肥桃之运销，成绩当更有进展。"只因后来全面抗战爆发，时局动荡，全国人民齐心协力投入到抗日的洪流，而严重影响了肥城桃生产，再次大规模的运销也就作罢。

《津浦铁路旅行指南》记有外地客商来肥购桃的细节："肥城桃以东李村、西李村为最佳，沙窝、叶儿塘、叶里次之。购肥桃宜去三人，桃未熟时先行预定为最好，至处暑后下桃，黎明由万德骑驴前行，至东李村桃行，一人摘桃，一人运桃，一人看桃，否则所下大桃即为卖桃者换去。并宜多带蜡纸或报纸，为包桃之用。采桃只宜拣七成熟者，其过熟者运至南京即烂矣。每树可选大桃下卅枚，以多下几树为佳。此外，济南西关城的大水果行到时亦有肥桃出售，惟价甚昂耳。又泰安出一种早桃颇大，绿皮红顶，鲜艳美观，味甚酸劣，名五月鲜，小贩将其冒称肥桃，以愚旅客。"①

另据1934年的《肥城桃调查报告》记载："肥桃在我国市场，已有相当声价，每至成熟期，即有贩桃者至该地购求，按货定价，其直接送济南者，则由水果行代售，亦能按等级保持相当价格，不至过低。其稍有腐烂或发育不全之果，则就地卖出，价不一例。"价格为"单果重400克左右的桃为头等，每个2～3角；250～300克的为中等，每个2角左右；200克以下者为下等，每个1～1.5角。每斤肥桃可换2～2.5斤小麦。当时盛产肥桃的城关、东里、西里等村桃户收入相当于农业收入的二三倍"。1940年以后，因战乱肥城桃生产日趋衰

① 津浦铁路管理委员会总务处编查课编：《津浦铁路旅行指南》，南京印刷股份有限公司，1933年。

败。这时，多以桃作馈礼，商贩哄抬高价，从中牟取暴利，最高时每斤大桃 1 元，可换取小麦 5 斤。在肥城桃的运销上，吴耕民提出的建议措施有三：

1. 改进运输：目前以人力送济南，每担需费二元，实太不合算，应以人力送万德，由万德站用火车运送，则目前各路联运，不但迅速可到达目的地，且运费亦得减轻，此事应由合作社与津浦路胶济路局交涉，则对运输上可无困难矣。

2. 特约销售：凡都市各埠应由合作社直接约定销售处，登广告发售则中间渔利者减少，生产者不受损失，消费者亦得便宜，销路易于扩张，如津浦路在南京所设之沿线名产贩卖所，大可利用之。

3. 商标：包装之纸宜由合作社印发，上印精美商标，以免他处之桃果鱼目混珠，损害名誉，且桃因包有精美商标之白纸，正如衣锦画行，惹人注目，易受顾主之欢迎。

以上建议措施，特别是“肥城桃商标”的提出，是基于肥桃品种的品牌化销售运作的先声，为肥城桃品牌的市场化推广提出了新的运作理念，从而开启了肥城桃销售的现代化模式。

第四节 肥城桃的深加工

步入近代，肥城桃的知名度愈加高涨。但是，因其成熟后储存期极短，不便远销，于是出现了肥城桃的系列深加工产品，如肥城桃罐头、肥桃干、肥桃果脯、肥桃酱等新的美食种类。肥桃酒、桃花香粉等，则是长盛不衰。

关于肥桃酒，黄恩彤写过一首题为《酿肥桃为酒，味极甘醇，因名碧桃春》的诗："曼倩三偷王母桃，一度动须三千岁。何若酒国有长春，一年三百余番醉。"此诗说明清道咸年间已有肥桃酿酒的品牌——碧桃春。①

民国"美女"牌桃花香粉商标

民国彩桃香粉商标

① 参见周郢：《名山古城——泰山·泰安文史拾零》，五洲传媒出版社2015年版，第313页。

肥城桃罐头，从“作为一种肥城桃的保存方法”演变成20世纪初的奢侈礼品，至今是老少皆宜的一种美食。1925年，位于上海南京路的泰丰公司曾有制作“肥桃罐头”销售的广告。“新近由山东运到肥城特产之肥桃，殊难得之。盖肥城有之，是以他处之欲食此种肥桃殊难得之，盖其不易运转。今泰丰欲将此种肥桃制成罐头，使各处人士皆得尝肥桃之异味。”①

《山东省政府公报》（1937年3月13日）

1937年3月13日，当时的肥城县政府曾以“肥桃本为著名特产，徒以性易腐烂，不便运销，难期推广”为由，呈文省政府请求“筹设制造肥桃罐头工厂”，以期发展肥城桃生产。同年5月16日，当时的省主席韩复榘、建设厅长张鸿烈批示：

山东省政府指令②

建副农字第一九二二号　二十六年三月十三日

令肥城县县长

呈一件：呈为拟在肥城建设制造肥桃罐头工厂借资提倡实业而期发展农村经济由。

呈件均悉。查肥城桃本为著名特产，徒以性易腐烂，不便运销，难期推广。去年曾经建设厅合作指导处试办肥桃运销，销路虽畅，惟以生产技术不良，致虫蛀病染裂痕及机械伤者甚多；且产量不多，出产地之价格亦过高，殊鲜成效。故欲利行销，必须先谋改良品种。该指导处自去年运销工作完竣后，即在该县租定桃

① 《泰丰运到山东肥桃》，《时事新报》（上海）1925年9月3日。

② 《山东省政府指令》，《山东省政府公报》1937年第437期。

园一段，着手栽培以图技术之改进。将来生产大小均匀，品质优良，运销自易，所请筹设制造肥桃罐头厂俾利畅销一节，尚有见地。惟以肥桃产量太少，势难作大规模制造，成熟期间太短，工厂久闲，亦不合经济原理。又肥桃为粘核性，制罐工作，甚感困难，且届成熟时期，其果肉多液化，若加水加热，势必溶解。有此数端，制造罐头，实属不宜。除交建设厅督饬合作指导处积极改良品种，以利推广外，仰即遵照协助输可也。此令件存。

主 席：韩复榘

建设厅长：张鸿烈

呈文最终未获批准，在一定程度上影响了当时肥城桃加工生产的发展。但早在之前，肥城就有几家土作坊进行桃罐头的加工生产，产量与销量尽管不大，却小有影响。

清末民初，不论是商界还是文化圈，呼吁建设肥桃罐头厂的声音不绝于耳。在 1908 年商务印书馆出版的一部以工商界生活为题材的小说《市声》（作者为姬文，最初发表于《绣像小说》）第三十三回《留学生说明实业，小富翁信用高谈》中，借杨成甫之口，提出了大力发展罐头食品工业的设想：“第四却是罐头食物，这注买卖，却甚通行，又极易做；蔬果鱼肉，都好装罐。将来铁路通了，买卖还要兴旺哩！现在出洋的学界、商界里的人，比从前不知多了几十倍。多有饮食不惯，思量些乡味吃，哪里办得到呢？我想罐头食物里面，只广东的荔枝、兰花菇、波罗蜜、洋桃最多，其余山东的肥城桃，松江的莼菜、鲈鱼，塘栖的枇把，常州的马山杨梅，绍兴的冬笋，四川的冬菜，天津的鸭儿梨，深州的桃子，没一件不好装罐头的。甚至春初的嫩笋，夏初的蚕豆、茄子、豆荚、白菜、黄芽，看来都不值钱，久客异国的人，尝着这些乡味，哪有不馋涎欲滴，宁出重价买的么？所以这买卖大可做得，只要配置得好，自然购者纷来。”在诸多各地特产果蔬之中，作者特意提到了“山东的肥城桃”。这段文字，实为吁请将肥桃制作罐头的先声。[①]

时人《中国商业刍言》一文亦谓：“如广东四川荔枝、山东肥桃及各省果类，制为罐头，亦可投洋人之好，而博意外之巨利。”[②] 民国杨大金的《近代中国实业通志》第二十八章《罐头业》中亦申述肥桃罐头之利：“仅以果品一项言之，如四川之桔，云南之梨，贵州之花红，山东之肥桃，北平之葡萄，实不胜枚举。倘国内罐头业发达，不特可以遍销全国，即五大洲之市场，亦不难也。”[③]

肥桃干，为传统加工产品，历史悠久。摘取未成熟的果实晒干，多以桃奴切片晾晒而成，是一种代茶冲饮果片，以干燥、实大、坚硬、色黄绿者为佳。若做药用，佐以黄酒，有敛汗涩精、活血止血、止痛等作用，用于治疗盗汗、遗精、心腹痛、吐血、妊娠下血等症。

肥桃果脯、肥桃酱，还有桃味糕点、桃味饼干、肥桃肘子[④] 等美味，其历史久远，彰显了肥城人的智慧和美食文化。只是限于中国近代时局，其影响不大，传播不广。

近代，肥城桃系列深加工产品的推广，进一步宣传了肥城桃品牌，为今后肥城桃加工产业的发展积累了一定的经验。现代社会的诸多肥桃深加工食品，诸如肥桃果品系列酒、糖水桃罐头乃至肥桃宴等，无不借鉴和传承了传统工艺。

---

① 参见周郢：《名山古城——泰山·泰安文史拾零》，五洲传媒出版社 2015 年版，第 302 ～ 303 页。

② 益三：《中国商业刍言》，《民铎杂志》1916 年第 2 期。

③ 杨大金：《近代中国实业通志》，中国日报印刷所，1933 年，第 467 页。

④ 参见明春华主编：《仪阳文化纵览》，2016 年，第 314 页。

第五节 近代桃文化的转型

近代中国经历了“千年未有之变局”，近代中国文化也步入中国传统文化的转型期，凸显了本土文化与外来文化的选择、创新与融合，具有鲜明的中国特色。这一时期，人们对桃的植物功能仍不断有新的认识，并对这些认识进行了不同层面的总结，具体表现在桃的食用链不断延伸、培育的桃品种进一步丰富、种植技术的提升等。在中国传统文化的转型期，桃文化也随之发生了一定的变化，其文化内涵更为丰富，主要表现在桃的物质文化、民俗信仰文化的现代化趋向与文艺作品中的写实性。

一、肥城桃的物质文化提升

随着近代国门的开放，信息更加畅通，国人的视野逐渐开阔、思想不断进步发展。农耕文化背景下，桃是桃农的经济支柱，桃农在旧有经验的基础上不断学习创新技术，以提高桃的最大收益。就肥城桃而论，主要有三个转型性变化。

1. 桃树的管理技术

近代肥城桃产业虽然发展缓慢且起伏波折，但自清末实施新政，发展实业以来，肥城桃农在桃的推广种植技术上得到了地方官员与农林专家的重视与指导。桃农结合传统的管理经验与技术，学习借鉴其他一些地区桃树管理经验与新做法，在科学育苗以缩短果前年限、合理剪枝以促进坐果质量和适当密植以增加亩产量上，采用了新的科学技术，如嫁接选用遗传力强的结桃新枝，并采取就地嫁接以延长树龄；修剪过于漫长的枝蔓，既能确保果实安全生长，还缩减了单株占地面积，有利于合理密植。在肥水管理和病虫害防治上，化肥和农药的使用突破了传统的手段与材料，注重肥料的多元素吸收，注重农药对不同病虫害的针对性。如氮肥、磷肥分期施用，病虫害的预防与捕杀等。当然，这里所说的化肥和农药，还不是工业社会的产物，而是多由土法配制而成。这些果树管理新技术，是桃的栽植文化的发展进步，为现代桃产业的振兴提供了重要的经验借鉴。

2. 肥桃的品牌经营

肥城桃久负盛名，近代因成“贡品”而声名更著。肥城桃作为省内外市场上的紧俏商品，一直供不应求。当时，肥城桃农尽管没有摆脱宗法制下的家族合作经销模式，但所有的外销桃均是一个品牌——肥城桃。肥城桃的外运经销，主要销售城市大都设有肥城人主持的“肥城桃站点”，有的肥桃到站即行补贴“肥城佛桃”商标。很多“站点人”手中常握有大量的预订单，这样既方便了桃子“着陆”，又保证了其品牌化经营。肥城桃，成为名副其实的地理标志商标，提高了肥城桃品牌的知名度和美誉度。

3. 肥桃的加工探索

近代，肥城桃的深加工产品不断丰富，肥桃美酒、肥桃罐头、肥桃果酱、肥桃干、桃味糕点、桃味饼干、肥桃肘子等种类繁多，既有追赶时代潮流的休闲小吃，也有堪登大雅之堂的地道美食，极大地提高了人们的饮食文化品位。肥桃的深加工，让肥城桃服食文化变得丰富多彩，进一步丰富了肥城桃文化的内涵。

二、肥城桃的民俗信仰转型

传统桃文化是一种朴素的民间习俗和信仰，是中华传统文化民俗中的重要组成部分，其主要内容包括生活中的桃文化民俗表现形式、传统桃文化辟邪物的构成体系以及对桃树和桃木的诸多禁忌等。

桃仙图镜纸

近代以来，随着民主与科学思想的深入人心，人们开始打破原有的迷信思想，各种新的思想应运而生，具体到桃的民俗信仰上，也发生了微妙的变化，出现了由纯粹理想愿景到社会现实的转型。

1. 辟邪的心理安慰

自古以来，起源于对桃的神化而形成的诸如辟邪、求寿、祈福等民俗文化深深扎入民间。桃树在民间作为辟邪之木由来已久，桃符文化极为兴盛。随着人们思想的解放，逐渐打破了这种思想认识，并予以摒弃，而是把桃木制品作为吉祥物用以把玩与清赏，这也为当代兴起的桃木工艺品和桃木旅游纪念品的开发打下了坚实的思想基础。当然，不论何时，桃木作为辟邪法器或者吉祥物件，在现实生活中并非没有任何实用价值。早在三国时曹植的《说疫气》一文就有过批判：“建安二十二年，疠气流行，家家有僵尸之痛，室室有号泣之哀……或以为疫者，鬼神所作。夫罹此者，悉被褐茹藿之子，荆室蓬户之人耳！若夫殿处鼎食之家，重貂累蓐之门，若是者鲜焉！此乃阴阳失位，寒暑错时，是故生疫。而愚民悬符厌之，亦可笑也。”但这些辟邪器物和吉祥物，对有恐惧、忧虑、害怕等心理的人或祈求吉祥的人们来说，具有某种精神鼓励和心理安慰。不可否认，有时人们精神上的慰藉，确可转化为肉体上的抵抗力，从而真正达到了消灾避祸的目的。

2. 求神不如求己

1930 年 7 月 20 日《新闻报》刊登苏赞勋的文章《谈肥城桃》，肥城桃农有拜神之举："园中皆供桃仙，香火供奉，不敢有忤，谓忤神则一夜桃落，剥其肉，仅余核，嘴皆上仰，此则迷信之谈也。"①

近代以来，肥城桃农为求得好收成，常拜"桃王"为仙。陈天赐的《肥城桃》一文记载："最使我们奇异的是，每棵桃树上都结有一枚最大的桃子。在这些大桃中最巨硕者有二三斤之重，园丁们称之为全国的'桃王'。他们是很迷信的，对于'桃王'尊敬非凡，非但不敢在未成熟时预先摘下，甚至还有的焚香祈祷，求它保佑全园桃子的生长和安全。"②

虽然肥城桃农受时代局限，依然存在迷信之举，但所拜之神仙已悄悄发生变化。其中"求神不如求己"的成分已经明显增加。

3. 从长寿到孝道

《齐民要术》有"仙玉桃，服之长生不死"的记载。桃作为使人长寿的果品，具有长寿的象征意义。体型硕大、味道鲜美、营养丰富、朝野青睐的肥城桃，借助交通的便利远播四方，人们的梦寐以求变为现实。桃作为上等寿果，担起了弘扬孝道文化的载体，敬老者如愿以偿，受敬者心满意足。也就是说，从这时起，肥城桃的服食文化内涵更多的是从理想变为了现实。这一转型，成为肥城桃发展史上重要的里程碑，具有重要的文化意义。

三、肥城桃的文艺作品写实

自古以来，有关桃的文学作品在文化领域就占有重要地位，是桃文化的重要内涵之一。《诗经》中的《周南·桃夭》和《卫风·木瓜》是古代民歌，为后世文学作品奠定了桃题材的基础，其比兴手法，多

① 另见竹影：《肥城桃》，《申报》1948 年 7 月 25 日。

② 陈天赐：《肥城桃》，《新闻报》1938 年 6 月 30 日。

为后人所仿。晋代陶渊明的《桃花源诗并记》是诗与散文的结合，是向往理想社会的千古杰作，它引发了文人的“桃花源情结”，许多文人雅士随着身份、地位、遭遇的不同，写出了众多的桃花源作品，成为对这种美好理想之地——世外桃源的追求。自晋代开始，那些富含华丽词藻、典故的咏桃赋和咏桃诗词，读之有字字珠玑之感，是文学中瑰丽的一页。

瞿世镇等主编的《普通考试全书》记载：“中国各省著名特产：吉林人参，河北良乡的栗，天津、莱阳（鲁省）的梨，山东肥城的桃……”[①]近代，不论是中小学地理教科书，还是公务员考试辅导教材，如《高级小学地理教学指引》《初级中学北新植物学》《人生地理教科书》《果树园艺学讲义》《普通考试全书》等，无不涉及肥城桃这一山东名产，可见肥城桃的知名度之高。同时，诸如上述教材的普及，亦是对肥城桃品牌知名度的提高。

1. 文学作品中的肥城桃

步入近代后，关于桃的实用性文学作品渐渐多了起来。在大量戏曲、小说、诗集，如《浮云流水》《梨园外史》《孤芳集》《韬园诗集》中，也多讲到地方特产肥城桃，亦证明肥城桃这一名品的知名度。泰山学院周郢教授曾有一篇《中国文学作品中的肥城桃》，文章讲道：“作为‘群桃之冠’的肥城桃，不仅传名于嘉果之林，同时也飘香于文学世界。诸多近现代文学大家名家，竞相濡墨寄怀，抒写对这一果苑奇珍的无比挚爱，同时也记叙了有关肥桃栽培育植、运输销售以及肥仙崇拜、桃事弊政等相

肥桃丰收图

① 瞿世镇等主编：《普通考试全书》第三集《第一试科目》，三民图书公司，1935年。

关情况，是研究肥城桃史与桃文化的重要史料。”周郢从小说、散文、诗歌等不同题材的文学作品中为我们耙梳了大量的肥城桃史料，有的记其珍稀味美，有的记其栽培技术，有的记其加工销售，有的记其发展状况，有的记其风俗事象，无不凸显了写实。

例如，清末刘鹗的《老残游记》问世后，风行一时，出现了多种续书。其中书名为《老残游记下编》的一部，据刘鹗之孙言：“其中所载，皆系实事，并非向壁虚构者也。”该书不仅假借小说人物之口对肥城桃的美味做了生动描摹，更是继承了谴责小说讥世刺俗的批判笔法，对清末肥桃弊政进行了无情揭露。钱泳的《登楼杂记》、麟庆的《鸿雪姻缘图记》等散文高度赞美了肥城桃的品质。青岛画家苏竹影所著《竹影杂记》，记载了肥桃品系、焚烟驱雾的管理经验以及采摘方式，同时还记录了“桃仙”崇拜的风俗。黄恩彤的诗歌则不仅记录了肥桃之美，还记下了近代以来肥城桃酒的品牌——碧桃春。

陈锦①有诗《任南小乐府·肥城桃》，与黄恩彤诗构思上异曲同工，都是通过与其他名果的勘比，突出肥桃果味的举世无匹。此外，刘蔚楚②《谢津门杨茂森君赠肥城桃（樊山先生有肥城桃歌）》也颇为写实：“自闻肥城桃实嫱，七年都被吟情搅。泉深土厚果产良，感我高朋始一饱。瑛光琼液世所希，王母筵开香色姣。星娥月姊舞霓裳，细擘转烦麻姑爪。不奇天上在人间，拜此嘉珍盘荐巧。玉椀凝碧晕绯霞，膏醲汤滑何用咬。向来世说桃有三，哈密距远深州甘。山东肥桃冠内部，京师水蜜空沉酣。但惜邮驿不易递，醹罂快破蒸筠篮。我今承润浥湛露，何幸迎车从济南。因之诌句谢我友，浑然春色醉中探。又复俯仰悟达理，宿雨催红心自喜。登于泰岳难为山，游于沧海难为水。天

① 陈锦，浙江绍兴人，道光举人，由知县历官山东候补道。

② 刘蔚楚，广东香山人，系民国初年四大名医之一。

易君左与《定泰山为国山刍议》

地造物无尽藏，一桃之微有如此。”[①]此诗以绚彩之笔，用一系列生动的想象，描画了肥桃的色香味。其中“山东肥桃冠内部”一句，足见其时肥城桃为“桃中之冠”的地位，已得到文人雅士的高度认同。

易君左的《定泰山为国山刍议》论述泰山独具之“中华国山”地位的议论文中，作者也未忘一论肥桃：“查鲁省物产，冠绝全国……胶莱之梨，肥城之桃，乐陵之枣，胶州之白菜，驰名全国。”

被称为“丘八”诗人的冯玉祥，也写过一首独特的《肥桃诗》：“肥城桃肥城桃，生产越多为越好，只怕均被富人吃，劳苦大众得不着！若要大众吃个饱，只有革命方能做到！”诗虽直白乏味，从中却体现了其爱民之心。而且此诗的写作还与冯玉祥经营肥桃种植密切相关。此诗作，不啻为冯氏致力于发展肥桃种植业之宣言。

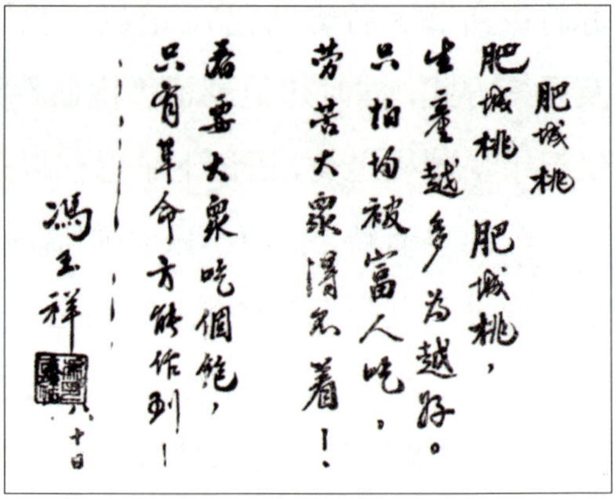

冯玉祥《肥桃诗》

著名作家梁实秋的《忆青岛》中写道：“再如肥城桃，皮破则汁流，真正是所谓水蜜桃，海内无其匹，吃一个抵得半饱。今之人多喜怀乡，动辄曰吾乡之梨如何，吾乡之桃如何，其夸张心理可以理解。但如食

① 刘蔚楚：《谢津门杨茂森君赠肥城桃（樊山先生有肥城桃歌）》，《三三医报》1924年第2卷第7期。

之以莱阳梨、肥城桃，两相比较，恐将哑然失笑。”一直到梁实秋生命的最后时光，仍对肥城桃念念不忘。《故都乡情》中序云：“肥城桃才是真正的美味，无与伦比。”一代文豪梁实秋对肥城桃的款款深情，真可谓至老不衰。

郑逸梅《孤芳集》有杏芬吃肥桃画桃的故事：“杏芬有闺侣某，倩杏芬画一桃箑。杏芬性懒，虽频索而未加挥澡。某反觉难于再催，然欲得之心甚亟。一日，有馈某以肥城桃一筐者。某即移之以赠杏芬。肥城桃琼肌绛肤，爪微破之，浆液流溢，可尽吮之而只留皮核，鲁省之名产也。杏芬啖之大喜，忆及桃箑，遂立绘以报。神来之笔，迥异寻常。某珍之如瑰宝云。”[①]《韬园诗集》有《平阳杂诗五十首》，其中以肥桃忆友，颇见情怀。诗曰：“故旧凋零恸左刘，明湖一别几经秋。肥城桃与西山蕨，尚有余香齿颊留。”[②]丙子年三月初六（1996年4月23日），旅居台湾的尹德民返乡探亲，市领导黄秉衡、孔繁德等陪同参观龙山公园，并赴桃园镇赏桃花。返台后，尹德民赋诗《丙子三月初十日肥城赏桃花》，致谢乡人热情招待。诗曰：“天幸桃花暮春开，痴翁海外赏花来。昔忆桃开满树锦，今观叶花并蒂胎。春寒花迟恩师古，星移物换新城开。多谢领导乡谊重，赏景招饮几醉杯。”诗文以盛开的桃花借喻家乡肥城的发展变化，更忆起幼时与先生——北仪仙清秀才鹿竹卿（锡安）春游赏花之往事，作文命题“春寒花开迟”句让其难忘，浓浓的思乡之情跃然纸上。[③]

此外，在作品中明确写到肥城桃者，还有康有为、樊增祥、胡先骕、吴伯箫、端木蕻良、赵丹、季羡林、黄苗子、任远等多位文坛巨擘，各出椽笔，均擅胜场。肥桃如此“密集”地出现在名家名作中，足见其芳名之广播，香韵之悠远。

---

① 郑逸梅：《孤芳集》，益新书社，1932年。

② 贾景德编：《韬园诗集》，1943年。

③ 参见尹德民：《痴翁求补斋诗稿》，1996年。

2. 艺术作品的桃型实用器

桃型墨盒

近代艺术作品中，也是更多地表现在肥城桃的写实与实用。在近代肥城桃的集中种植区，今桃园镇、仪阳街道和老城街道，留下了大量的肥桃艺术作品。把玩清赏的肥桃玉杯、栽植花卉的桃型石盆、文房四宝之一的桃型砚台，还有桃型糕点印模等，既实用，又寄寓了祈福、祝寿、吉祥与辟邪的文化意义。

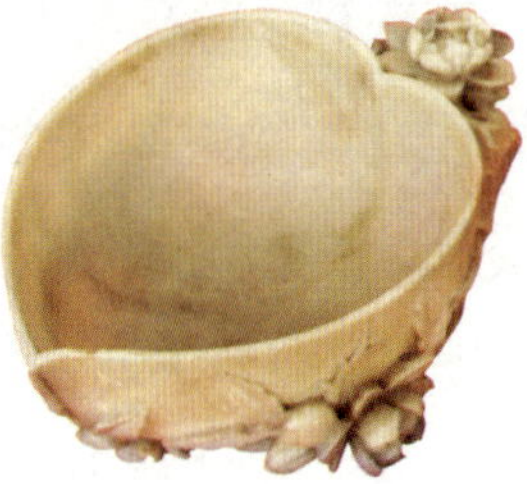
桃型玉杯

1991 年，在肥城县仪阳乡（今仪阳街道）石坞村发现了民间收藏的两件特殊的清代玉器——雕刻精美的桃型玉杯。①这两个桃杯是用一整块玉料雕成，每个杯子呈半个桃形，长 9 厘米，宽 7.7 厘米，高 5 厘米，重 160 克，内部圆润，可用来盛水、盛酒，外雕桃枝、桃花、桃叶，采用浮雕、镂雕技法，蒂部以桃枝为柄，底部以桃枝为圈。两个玉杯扣合后，为一完整玉桃。考古发现，桃型玉杯为清末民间玉雕工艺品。雕玉为杯，实为观赏、把玩，是肥城人民追求幸福、祥和、健康、长寿等美好新生活的具体反映。

肥桃挂花

肥城家谱博物馆藏有一枚肥桃形“寿”字挂花，背面铸有“状元及吉”四字，精黄铜质，直径 42.09 ～ 59.58 毫米，厚度 2.41 ～ 2.75 毫米，净重 38.77 克，传世品。肥桃形“寿”字挂花，属于肥城地域特色的压胜钱，与肥城桃的栽植、肥城桃文化

① 参见何敬鹏主编：《肥城文化通览》，泰山出版社 2012 年版，第 355 页。

的广泛传播密不可分。该钱币集肥城桃的祝寿习俗、桃木的辟邪之意与桃寄寓美好生活的文化信仰于一体，可谓与仪阳街道发现的清代桃型玉杯有异曲同工之妙。

桃型石盆，在肥城流传甚多，器形有大有小，石材也不统一，雕刻方法各异，有的精致，有的憨笨，几乎家家都有，置于庭院或堂屋，养花、养鱼，既有实用价值，还有装饰与祝福心意在里面，体现了肥城人民对桃文化的升华。肥城桃型砚台①，正面为南极寿星手托仙桃，脚踩祥云立于一颗硕大的肥桃之上，身后一棵不老青松枝繁叶茂。砚台选用当地上等石材精雕而成，属于文房四宝之一，充满了吉祥和高雅的情趣，既赏心悦目，还是发墨、下墨的佳品，让人气爽神定，爱不释手。近代肥城学子，不论在私塾读书，还是在学堂求知，无不以配有肥桃砚而自豪，这更是寄托了家人对孩子们美好未来的期冀。

四、肥城桃的红色基因赓续

战争年代，桃乡人民以桃换钱支援前线，留下佳话。

全面抗战爆发后，《国民导报》曾有《肥城桃色艳实大味美，抗战将士正可饱啖》一文。“闻今年肥城桃大熟，华北抗敌将士正可大饱啖，如再屈服和平，则此大好物产势必沦为异族，敬愿华北将士大啖肥城桃，努力杀贼。”② 以肥城桃鼓舞华北抗敌将士奋勇杀敌，传为佳话。

微明的《肥城桃话忆济南》，记述了作者十七岁时在济南姑妈家吃桃的趣事，既让人领略到浓浓的亲情，又见证了肥桃之美。然而文章最后笔锋一转，肥城桃便寄托了作者对祖国前途命运的担忧。“因为‘命运’不佳吧，近十年来东西奔波，生活老没有安定的一天，因此和我的老朋友——桃子也睽远了好久。当我看见它出现在橱窗

① 参见肥城市档案馆编著:《肥城记忆: 档案背后的故事》，齐鲁电子音像出版社2019年版，第 88 页。

② 《肥城桃色艳实大味美，抗战将士正可饱啖》，《国民导报》1937 年 7 月 22 日。

里的时候，我就想起了它同我发生关系的地点——济南和它的家乡——肥城。这两块地方现在都变了样子了。虽然在‘孤岛’上还能够吃得到它，但是我可不想了，因为它的性质已经变了，而且价钱也贵起了不少。济南无恙耶！肥城无恙耶！写到这里，我心里酸酸的，又要哭了。”① 陈天赐也有《肥城桃》一文，以肥桃寄托对祖国命运的担忧和对日本侵华的憎恨。“今年的山东已经风云变色，怀想起肥城桃，连带着心头也要引起一阵剧痛。”②

作家老舍先生在20世纪30年代，先后执教于齐鲁大学与山东大学，在山东连续居住了七年之久，这段岁月“深深地印画心中，时短情长，济南就成了我的第二故乡”。由于人地两便，老舍一家在“第二故乡”饱飨肥桃美味，不仅大快朵颐，而且还使他对其桃产生了“知己”之感。

> 明知电影比京戏文明一些，明知京戏的锣鼓专会供给头疼，可是嘉宝或红发女郎总胜不过杨小楼去。锣鼓使人头疼的舒服，仿佛是吧。同样。冰激凌，咖啡，青岛洗海澡，美国桔子，都使我摇头。酸梅汤，香片茶，裕德池，肥城桃，老有种知己的好感。这与提倡国货无关，而是自幼儿养成的习惯。③

这篇题为《习惯》的文章，是老舍辞去齐鲁大学教职转赴上海时，所写的一篇表明自己志趣、心性的文字。文中以肥城桃作为本土文化的象征物之一，借此表达了心中对传统文化的挚爱及对西洋半殖民地文化的厌恶。

当日军铁蹄兵临济南城下时，老舍满怀愤懑悲恸，创作了一篇《吊济南》，在悲叹“可爱的济南，已被敌人的炮火打碎”的同时，又对这座城市的未来充满希冀。“湖山难改，我们且去用血把它刷新重

① 微明：《肥城桃话忆济南》，《新闻报》1939年6月23日。
② 陈天赐：《肥城桃》，《新闻报》1938年6月20日。
③《老舍幽默文集》，湖南人民出版社1983年版，第131页。

建个美丽庄严的新都市……我将看见马鞍山前后有千百烟囱，用着博山的煤，把胶东的烟叶制成金丝，鲁北的棉花织成细布，泰山的樱桃，莱阳的梨，肥城的蜜桃，制成精美的罐头；烟台的葡萄与苹果酿成美酒，供给全国的同胞享用。”①

老舍不仅在散文中畅想肥桃加工业的发展，还将之写入他的小说之中。在小说《文博士》中，他就传神叙写了“焦委员”下属“唐先生”和他的“肥桃外交”。“焦委员有关系的要人由济南路过，他可以斟酌着招待或送礼。……有一次他把一筐肥城桃送给一位焦委员的朋友，后来据焦委员的秘书说，那位要人亲笔写给焦委员一封信，完全是为谢谢那一筐子桃。这种漂亮的工作，在精神上使唐先生快活，在物质上可以多少剩下点扣头，至少也顺手把他自己送焦委员的礼物赚了出来。”②

1946 年 9 月 5 日，正是肥城桃成熟的时节，刘伯承司令员收到了群众送来的肥城桃。一个个精心挑选的肥城桃，代表了老区人民对前线将士的慰问。刘邓首长将八十个又鲜又大的桃子给前线将士，邓小平亲手把肥城桃分发给在场的同志。在前线将士的心目中，肥城桃代表了刘邓首长对前线将士的关怀。在场的记者丁曼在新华社通讯《肥城桃熟了的时节》中，用饱含深情的笔触，记录下了这个将士们分享肥城桃的场景。③

1946 年 9 月 14 日，中共黄河“归故”代表团首席代表王化云同志赴河南开封，带去六担肥桃，作为礼物送给美方首席代表塔法。④国民党首席代表、水利部部长薛笃弼以及国民党黄河委员会高层技术人员以此桃作为礼品，与美方代表交流事宜，开展工作，取得了良

① 《老舍散文》，浙江文艺出版社 2000 年版，第 75 页。

② 《文博士·阳光》，文汇出版社 2008 年版，第 37 页。

③ 参见《肥城桃：从馈赠佳品到思乡寄托》，《左丘明文化》2021 年第 1 期。

④ 参见郭长灿：《泰西地下情报总站解密》，作家出版社 2004 年版，第 241 页。

好的工作成果。三人小组美方代表塔法是个“中国通”，曾在清华大学和西南联大任教，他守着国民党代表半开玩笑地说道：“中国肥城桃个大味美，来中国吃不上肥城桃太遗憾了！”王化云听后站起来，牵着肥城人曲子玉①的手说道：“我记得你是肥城县桃园人，你和通讯员刘青二人去完成这个任务，有利条件多。”时肥城县长王少芬亲自安排部署，以每斤顶10斤公粮的价格从桃农手里买下六担最大的肥桃，并让泰西地下情报站帮助完成送桃任务。

罗荣桓元帅之子罗东进在回忆童年时，深情地说：“我出生于1939年八路军115师东进山东前夕。……在部队行进和转移期间，我作为部队特殊的一员，是坐着箩筐走过来的。挑夫一头挑着我，一头挑着山东肥城的大桃，饿了，从箩筐那一头取桃吃。”②这段回忆文字，将肥桃与八路军115师联系在了一起，诠释了军爱民、民拥军的鱼水关系。

---

① 曲子玉（1927～2010），山东省肥城市桃园人。1943年进入冀鲁豫抗日第四中学学习，1945年3月参加革命，7月加入中国共产党。历任肥城县二区抗日联合会小组长、冀鲁豫黄河工程支队指导员、山东省河务局科长、山东省农委政治处长、中共山东省级机关农林系统党委副书记、山东省水利灌溉公司主任、山东省水利厅纪检组长。

② 2011年3月18日的《作家文摘》摘录了《北京广播电视报·人物周刊》的文章《罗荣桓告诫子女别做“八旗子弟”》，由罗荣桓元帅之子罗东进口述，董岩整理。另见何敬鹏主编：《肥城文化通览》，泰山出版社2012年版，第359页。

第三章

当代肥城桃产业振兴与桃文化传承

中华人民共和国成立，开辟了人类历史的新纪元。在中国共产党的正确领导下，肥城的各项事业发生了翻天覆地的变化，取得了巨大的成就。肥城历届党委政府高度重视肥城桃产业的发展，不论是栽培面积、果品品质，还是科研成果与品牌提升，均取得了丰硕成果，肥城桃产业逐步成为肥城市的特色产业和支柱产业。2022年10月，新华社、中国品牌建设促进会、国务院国资委新闻中心等单位联合发布《2022中国品牌价值评价信息》，“肥城桃”的品牌强度为822，品牌价值达到40.21亿元，较去年上涨16.71亿元。

肥城桃是名副其实的“人文瓜果”。[①] 无论是作为“桃”之实体构成的桃树、桃枝、桃叶、桃子、桃核（仁）、桃花，还是与桃有关的劳作如种桃、剪枝、嫁接、移栽、摘桃、食桃、送桃、卖桃、赏桃、仿桃制作，以及由此引申出来的桃木制品等，都积淀着厚重的文化意识，一直是肥城民间思维模式的泛化与载体。肥城桃的花、果、木作为不同的民俗载体，象征青春爱情，传递福寿吉祥，承载避邪养生，寄托理想感情，传承着厚重的历史文化，蔚为大观，世代相传。肥城的桃文化，作为肥城文化的瑰宝，历久弥新，一直在肥城大地传承，并不断被赋予新的时代内涵和精神力量，有朝气，更有活力。

① 参见何敬鹏主编：《肥城文化通览》，泰山出版社2012年版，第340页。

第一节 肥城桃生产现状

1949年中华人民共和国成立，为全中国各项生产的发展带来了生机。在党和政府的关怀下，肥城桃生产迅速得到了恢复和发展，肥桃栽培面积逐年扩大，果品质量稳中提高。随着政府的引导、科技的发展、市场的需求，肥城桃产业规模逐年扩大，肥城桃生产进入新的发展时期。肥城桃产业经历了由小到大、由弱到强、由强到优的发展过程。

一、1950～2000年肥城桃生产状况

1948年7月，肥城全境解放。[①] 当时，全县肥城桃种植面积仅有80余亩，2500余株，产量不足10万斤。[②]1949年，全县肥城桃栽培面积为330亩，产量13万斤。[③]1950年，肥城桃种植面积为370亩，11100株，产量13.6万斤。1955年，桃园发展到408亩，12240株，产量16.15万斤。[④]1956年，肥城县政府为实验和推广肥城桃栽培技

① 参见何敬鹏主编：《肥城文化通览》，泰山出版社2012年版，第254页。

② 参见肥城县农业区划办公室编：《肥城县农业区划》，1983年，第8页。此数据有待考证。

③ 参见王庆丰：《肥城桃》（上报《山东风物大全》材料），油印稿本，1988年，第1页。

④ 参见傅志亭主编：《肥桃史话》（《肥城文史资料》第六辑），山东省出版总社泰安分社1991年版，第56页。

术，筹建肥城园艺场，以种植肥桃为主，经营面积为240亩。1958年前后，全县发展肥城桃7万余株，年产量达到300万斤。[①]1958年，盛产肥桃的尚里乡、屯头乡等村合并改名为“桃园人民公社”。是年冬，公社在党的领导下，调集人力，发扬愚公移山精神，发挥集体优势，治理北部山区，建造“世上桃园”，“让九十六座山头布满鱼鳞坑”[②]，植桃树800余亩。当年，涝洼大队先后四次购进肥桃树苗7400余株，大力发展肥桃种植。[③]

当时，肥城桃在肥城县内有两个主要产区。[④]一个是城关人民公社（今老城街道）的尚质、曹庄等村，这个产区大都是平原，黑壤土，土质肥沃，排水良好。另一个是桃园人民公社（今桃园镇）的尚里、西里、黄庄等村，这个产区多为山区和半山区，桃树大都栽植在山沟两旁土层深厚的梯田上，土质多为冲积而成的黄沙壤土或沙壤土，部分为黑壤土和黄色粘壤土，土质肥沃，排水良好，但水资源比较缺乏。

1959年，肥城县委县政府贯彻中央关于“扩大果树老基地，建立新果区”的政策，制定了发展肥桃的新规划，把重点放在桃园、城关、安站三个公社，桃园面积有了较大发展，达到1338亩，植桃达40140株，年产量110.27万斤。1960年，为发展农业和肥桃生产，彻底改变桃园公社缺水状况，肥城县政府投资40万元，斩断康王河，凿穿白云山，把康王河水引到白云山前，灌溉桃园公社万亩旱田和肥桃园。当时，中共肥城县委成立了尚里开山劈岭引水工程委员会，县委第二书记王良民、副书记汪耀庭任总指挥，桃园公社书记李茂林任副总指挥。工程完工后，时任中共山东省委书记舒同为引水工程白云山隧洞题

① 参见肥城县农业区划办公室编：《肥城县农业区划》，1983年，第8页。

② 中共肥城县委宣传部编印：《桃园诗选》，铅排本，1960年，“前言”。

③ 参见刘元昌整理：涝洼大队1958年财务账，涝洼村档案，第197号。

④ 参见山东省果树科学研究所编：《山东果树栽培技术·肥城桃》，山东人民出版社1961年版，第2页。

名“群力放水洞”。

群力放水洞

群力放水洞位于新城办事处东尚里村北的白云山前怀，2015 年被山东省人民政府公布为第五批省级重点文物保护单位。洞口为拱形，坐北朝南，由刻着各种图案的石块砌成，高 2.2 米，宽 2.6 米，“群力放水洞”五个大字，刻于洞口正上方，石刻东西长 5 米，高 0.8 米，阴线深刻，由时任山东省委书记舒同书写，肥城著名石刻艺人杜春生雕刻。

洞口东西两边的石墙上，分别刻有“群力赞”和“英雄赞”石碑。在石墙上面的平台上，原建有仿古建筑三间，建筑面积为 60 平方米，砖石结构。室前两侧的石柱上刻有楹联，上联是“群力打开放水洞”，下联是“放水浇灌桃园花”。为方便人们上下，石墙东西两侧各砌有 20 余级台阶。洞口的正前方，用石砌成深 1.5 米、宽 2.6 米、长约 30 米的渠道，连接每边 10 米的八边形蓄水池，池的容量为 1000 多立方米，东西两边各留一个放水出口。

1960 年，上海科教电影制片厂以此为背景拍摄了纪录片《世上

1960年纪录影片《世上桃园》

桃园》。当时的中共中央政治局委员、国务院副总理、华东局书记柯庆施，农业部副部长刘瑞龙，山东省委书记白如冰、刘季平和省委常委、农村工作部部长张新村、省委秘书长吴健、中共济南市委书记夏征农以及24个国家的驻华使节都先后参观了“群力放水洞”。

为纪念“群力放水洞”引水工程竣工，放水洞出口两侧立碑石称赞：

桃园自古缺水源，好地难成米粮川。
五谷干旱收成少，肥桃好吃浇水难。
党的领导力盖天，公社威力大无边。
建成桃园三万亩，打穿此山引清泉。
社会主义大家庭，工农联盟心相连。
各行各业援农业，凿山穿岭只等闲。
风钻代替人工钻，送来机器样样全。
物资人员都齐备，万众关怀白云山。
百日打透引水洞，五四放水把礼赞。
群力洞名含义深，协作佳话千古传。

1960年，肥城桃园面积扩大到1800亩，7万余株，年产量达到185万斤。1960年9月，中共肥城县委宣传部为歌颂桃园肥城桃的大发展，曾编著《桃园诗选》，收录诗歌50余首，赞颂了桃园人民战天斗地的昂扬精神。①

1965年，山东省林业厅下达了“积极发展名产品”的指示。肥

① 参见中共肥城县委宣传部编印：《桃园诗选》，铅排本，1960年。

城县政府认真贯彻这一指示精神，并进一步开展了林木确权发证工作。同时，还提出了在靠近煤矿区的城关、王瓜店以及仪阳、湖屯、石横、桃园六个公社扩展肥城桃面积3100亩的规划。

油画《肥桃丰收》（李津生绘）

1975年，肥城县委县政府在《肥城县农业发展规划（1976～1980）》中，提出了肥城桃生产在继续贯彻好国家标准的同时，制定《肥城县肥城桃生产工作地方标准》。① 同时，文件指出要继续抓好果品的生产，重点抓好现有果园的管理，肥桃要进行有计划的培植和更新。

中华人民共和国成立之初的二十多年，桃园属于集体所有，是增加村集体收入的重要产业。据桃园镇副镇长尹训国回忆，当时，特别是人民公社时期，桃园公社每村的桃园面积均有几百亩，地处山区村庄的桃园面积则更大，不仅仅是桃行，还有苹果行等，都是集体收入的重要来源。不论是桃园的设施规模，还是管理模式，都为以后肥城桃产业的迅速发展打下了基础。

1978年党的十一届三中全会召开以后，随着党在农村各项政策的贯彻落实和农业内部结构的调整，肥城桃生产获得新的生机，特别是实行家庭联产承包责任制以后，桃园的种植与经营者由集体转变为个体，极大地调动了桃农的生产积极性，肥桃生产有了进一步的发展。

① 参见中共肥城县委办公室编印:《1976～1980年肥城县农业发展规划(初稿)》,第9页。

1980年代肥城桃园旧影

1980 年，肥城桃栽培面积发展到 3704 亩，148160 余株，年产达到 216.5 万斤，畅销国内外。[①] 在肥城县委县政府的重视和支持下，肥城县园艺场的肥桃栽培面积由原来的 240 亩扩展到 508 亩，恢复建立了肥桃实验站，提出了以新城为中心，以桃园公社为重点，在仪阳、老城、安站等公社的部分大队发展肥桃生产的新规划，规划要求桃园面积扩大到 15000 亩。根据桃园公社黄庄大队的调查，当年每亩肥城桃的纯收入一般在 300 元以上，是每亩粮食收入的 4 倍。[②]

肥桃装箱

1981 年，肥城县政府开展了林业

① 参见肥城县农业区划办公室编：《肥城县农业区划》，1983 年，第 9 页。

② 参见肥城县农业区划办公室编：《肥城县农业区划》，1983 年，第 328 页。

资源的清查和区划工作，查清了当时的肥桃资源，全县计有肥桃种植面积 3691 亩[①]，另有 5989 亩之说[②]，157000 余株，年产量为 200 余万斤（分布情况见下表）。

1981年肥城全县肥桃面积分布表

单 位	面 积（亩）
刘庄镇（今新城街道）	249
老城公社	54
王瓜店公社	110
湖屯公社	232
石横公社	155
桃园公社	2225
王庄公社	23
仪阳公社	131
安站公社	81
安庄公社	53
边院公社	57
孙伯公社	3
县园艺场	298
县苗圃	20
合 计	3691

1982 年，全县植桃面积 5989 亩，年产 200 余万斤。[③]

1983 年，全年产桃量 250 万斤。桃园承包给农户，签订合同后，一般 30 年不变，调动了桃农的积极性。桃园镇两年扩大栽培面积 10775 亩，仪阳、新城镇也有了较大发展。同年，肥城桃引种日本山口

① 参见山东省肥城县史志编纂委员会编:《肥城县志》，齐鲁书社 1992 年版，第 346 页。
② 参见肥城县林业局编:《肥桃志（征求意见稿）》，油印本，1983 年，第 8 页。
③ 参见王庆丰:《肥城桃（上报《山东风物大全》材料)》，油印稿本，1988 年，第 2 页。

县。[①]1984 年，肥桃产量达到 310 万斤。桃园镇种植的桃品种达到了 60 个，该镇东部山区的种桃户，家家成为万元户。

1985 年，国家农牧渔业部把肥城县列为优质肥桃基地县。肥城县委县政府以此为契机，大力发展肥城桃种植，投资 200 万元建立了肥桃冷藏库、罐头加工厂和一个占地 60 亩的肥桃良种苗圃。全县桃园面积发展到 4.2 万亩。桃农精心管理，运用先进技术，使产量连年上升，年产桃达 450 万斤，创历史最高水平。同年，桃园镇引进种植无锡水蜜桃。

发展肥桃生产，让一些村庄和专业户走上了富裕之路。桃园镇李家小庄村，1978 年全村 1158 人，耕地 1463 亩，桃园面积 172 亩，占耕地面积的 11.7%，全年农业收入 14.9 万元，人均收入只有 128.7 元，其中肥桃收入 9000 元，占总收入的 6%，人均 7.8 元。至 1985 年，全村 1200 人，肥桃面积逐年增加到 500 亩，占耕地面积的 34.1%，农业总收入达 50 万元，人均收入达到 416.7 元，比 1978 年增长 2.2 倍，其中肥桃收入 14 万元，占农业总收入的 28%，人均 116.7 元，比 1978 年增长 14 倍。以黄庄村肥桃专业户黄启田一家为例，1983 年全家 4 口人，承包 4 亩桃园，全年总收入 3800 元，人均 950 元，比全村人均收入 137.21 元多出 812.79 元，占其全年总收入的 78.94%。在此基础上，黄启田一家加强对桃园的科学管理。1985 年，他承包的桃园又获丰收，全年总收入 4600 元，人均 1150 元，比全村人均年收入 360.47 元高出 789.53 元，其中肥桃收入 3600 元，占全年收入的 78.25%。

1986 年，肥城县被农牧渔业部确定为名优土特产品——肥桃基地县。此后，肥城县委县政府进一步把肥桃生产作为振兴肥城经济的一件大事来抓，在采取有力措施发展肥桃栽培面积、加强科学管理，努

① 参见[日]刚村和彦：《日本果树专家眼中的肥桃——日本山口县农林部果树视察团于 1983 年考察肥桃的报告》，傅志亭主编：《肥桃史话》（《肥城文史资料》第六辑），山东省出版总社泰安分社 1991 年版，第 183 ～ 186 页。

力提高肥桃产量与质量的同时，还加强了对肥桃的宣传工作。当年，肥城桃栽植面积猛增到 5.3 万亩，年产量达到 800 万斤。[①] 同年 9 月 2 日，中共肥城县委、肥城县政府在北京首次举办了肥桃品尝会，扩大了对肥桃的宣传。

1987 年，全县桃园面积发展到 36478 亩，产量达到 523.6 万斤。其分布为：县园艺场 495 亩，新城镇 4239 亩，老城镇 661 亩，王瓜店镇 621 亩，湖屯镇 563 亩，石横镇 1341 亩，桃园镇 11209 亩，王庄乡 4463 亩，仪阳乡 8379 亩，安临站乡 972 亩，安驾庄镇 770 亩，边院镇 26 亩，孙伯乡 696 亩，陆房乡 620 亩，潮泉乡 973 亩，过村乡 235 亩，马埠乡 215 亩。[②] 为进一步扩大肥城桃生产规模，统一组织好肥桃的产、供、销、加工工作，中共肥城县委县政府研究决定建立肥桃开发总公司。县酒厂、县罐头厂、县园艺场也分别利用肥桃加工，出售了大佛桃酒、肥桃罐头及桃汁等多种肥桃制品。为大力宣传肥城桃产业发展，县文化馆组织全县书画家进行书画创作，边院镇文化站站长唐永广创作的《肥城桃王嫂》宣传画获奖，并被选送到山东省进行展评。

宣传画《肥城桃王嫂》（1987年唐永广绘）

1988 年 6 月，县委县政府筹建肥城县桃文化元素城标——仙女献桃，仙女献桃雕塑由国家著名雕塑大师仇志海设计，10 月落成，位于新城东侧济兖和泰临公路交汇处。仙女献桃雕塑立于拱架之上，外围

① 参见王庆丰：《肥城桃》（上报《山东风物大全》材料），油印稿本，1988 年，第 2 页。
② 参见山东省肥城县史志编纂委员会编：《肥城县志》，齐鲁书社 1992 年版，第 346 页。

有小型花圃。拱架用四角支撑，高 4.6 米，厚 0.5 米，呈蘑菇形，钢筋混凝土现浇结构，外饰花岗岩剁斧石板。仙女献桃雕塑高 10 米，由不锈钢磨光板焊接而成。仙女四面四身于一体，四擘拱一桃于顶之上。桃呈心形，桃下有叶 4 枚。叶下饰灯 8 盏。仙女体态丰腴，慈颜善面，眉目传情，诚接八方来客。

肥城城标：仙女献桃

1988 年，肥城桃总产量 540.3 万公斤。[①] 调查统计可知，全县适合栽植肥城桃的土地有 60 万亩，计划在“七五”期间将肥城桃栽植面积由现在的 5 万亩发展到 8 万亩，年产量达到 3000 万斤，预计收入 1800 万元。[②] 当年，桃园镇每个村的桃园面积均在 200 亩左右，桃农承包种植管理获得大丰收，收益颇大。

1989 年，肥城桃总产量 338.6 万公斤。为选优培优，肥城县政府举办了全县首届赛桃会，全县5个乡镇26个村及县园艺场参赛。最终，仪阳乡石西村选送的一个重 695 克的肥桃被评为“桃王”，桃园镇张里村获“优质肥桃奖”一等奖。仪阳乡、桃园镇、新城镇分获桃王一、二、三等奖。桃园镇政府获优质桃一等奖，安站乡政府和肥城县园艺场获优质桃二等

全国首界展桃会 肥城桃王

① 参见《肥城年鉴》编辑部编：《肥城年鉴（1988～1992）》，中国书籍出版社 1993 年版，第 272 页。

② 参见王庆丰：《肥城桃》（上报《山东风物大全》材料），油印稿本，1988 年，第 2 页。

奖，新城镇、仪阳乡、陆房乡获优质桃三等奖。[①] 共有 14 个村获赛桃评优纪念奖。

1990 年，肥城桃总产量 524.6 万公斤。全国第八届农展会于 9 月 25 日在北京隆重开幕，肥桃开发总公司代表肥城县和泰安市参加了这次展销会。时任中共中央政治局委员、国务院副总理田纪云，中顾委常委王平、李德生、杨得志、余秋里、张劲夫、陈锡联、耿飚、康世恩，全国人大副主任阿沛·阿旺晋美、陈慕华，全国政协副主席刘澜涛、洪学智、谷牧，国务院副秘书长李昌安等 130 多位党政领导同志出席了开幕式。肥城参展的商品是肥城桃、肥城桃罐头、肥城桃汁、桃酱。展销会一开始，肥城县的肥桃就以个头硕大、外形美观，吸引了众多顾客围观，赢得了顾客的赞誉。

由于各级领导的重视，肥桃得到了持续较快的发展。1990 年，肥桃培优荣获泰安市科技进步二等奖，肥桃已发展到 65000 亩，总产 3500 万公斤，收入 2100 万元，成为肥城经济的一大支柱产业。据桃园镇、新城镇、仪阳乡统计，当时靠肥桃致富的万元户已达 372 个。仪阳乡刘台村第九村民小组共 24 户，除 3 户鳏寡孤独者外，有 12 户靠种植肥桃成了万元户，9 户年收入 5000 元以上。

西里村党支部书记张衍明回忆，1990 年，西里为了进一步扩大肥城桃产业发展，村集体出资补助桃苗。桃农获得收益后，再根据国家政策收取特产税，达到了每亩 1000 余元的税收收入，既增加了村集体收入，也解决了桃农投入资金紧张的问题。当时，肥城桃每斤 0.5 元，村里的种植承包户家家都是万元户。村里的桃行也发展到 300 亩。

实行家庭联产承包责任制的十多年间，是肥城桃产业发展的辉煌时期。桃园的管理相对粗放，基本沿袭了传统管理模式，桃树多为

① 参见《肥城年鉴》编辑部编：《肥城年鉴（1988～1992）》，中国书籍出版社 1993 年版，第 268 页。

自然生长，肥料多为农家肥和豆饼，桃子品质优良。据尹训国介绍，这一时期的肥城桃是“皇帝的女儿——不愁嫁”，十分畅销，绝大多数作为“礼品桃”被企事业单位或外地客商悉数预定，当地市场上很难见到个大的肥城桃。特别是桃园镇西里—东里—尚礼、北台—黄庄—固留两条主线所产肥桃品质最佳，市场销路最好。

1991年，肥城桃栽植面积60000亩。4月，肥城县政协为了全县肥桃业的发展，组织部分政协委员对全县肥桃生产情况进行了专题调查，提出了发展肥桃保证质量的建议，引起肥城县委县政府及有关部门的重视，对肥桃生产起了促进作用。

9月1日至2日，肥城县委县政府隆重举办了首届中国肥城桃节。肥桃节不搞形式主义，不摆花架子，也不是单纯的文化娱乐活动，而是从加强两个文明建设，振兴肥城经济这个总目标出发，主要安排了肥城桃一条街展销、参观肥城桃优质园、经济技术商贸活动和文化艺术活动。其间，全国老龄委主任王照华、全国人大常委会法制领导小组副组长阴法唐来桃园镇视察“肥桃园”。首届肥桃节，以桃为媒，以节联姻，广结四方友谊，开展横向技术联合，促进了肥桃的开发与研究，促进了肥城经济的发展。

1992年5月8日，时任国务院副总理田纪云、国务院副秘书长李昌安等，在山东省委副书记、省长赵志浩，泰安市委副书记、市长张敬茂等陪同下，到肥城视察工作。田纪云对肥城的经济工作、农田水利建设给予了很高的评价，并为家乡题词“鲁中宝地世上桃园”。

1992年，肥城桃总产量1177.9万公斤，最大单果重达695克，含糖量达到21%，分别比1987年增加108克和5%。桃园镇肥城桃栽植面积7126亩，其中盛果面积5000亩，肥桃总产量达822.4万斤，居肥城市第一名。[①]

随着1985年以来肥城桃种植面积逐年扩大，产量过大导致市场饱和的弊端越来越明显，加上肥城桃的成熟采摘期集中，出现了桃子难卖的情况。1992年，为解决桃农的销售难困境，肥城市委市政府号召党政、事业单位干部职工购买“爱国桃”，桃价每斤1.5元，减轻了桃农的经济损失。据西里村党支部书记张衍明回忆，因桃价大跌且难以销售，当年桃园镇出现了大量杀（桃）树的情况，桃农的生产积极性严重受挫。

为此，肥城市委市政府对桃品种进行结构调整，提出了“引全国、卖全国”的口号，大量引种外地桃品种，实现“四季有桃”。随着外地桃的大量引进，正宗肥城佛桃的栽植面积大幅度减少。

1993年，肥城市开展肥城桃培优年活动，设立肥城桃“培优杯”。桃园镇引进外地桃种植面积持续增加，张里庄栽植无锡水蜜桃600亩、西里村500亩，其他各村相继引种。

1994年5月，《肥城市报》发表刘靖的经济评论文章《肥城桃与洋苹果》，针对当时肥城大量引种他地优质水果的情况，肯定了政府不囿于自己传统的肥城桃优势，勇于创新，大胆拿来，以更好地促进当地经济发展的做法，赞扬了肥城市“登泰山更知天下阔”的境界。1994年，肥城桃荣获全国首届林业名特优稀农副产品博览会金奖。1995年，肥城市被国家命名为“中国佛

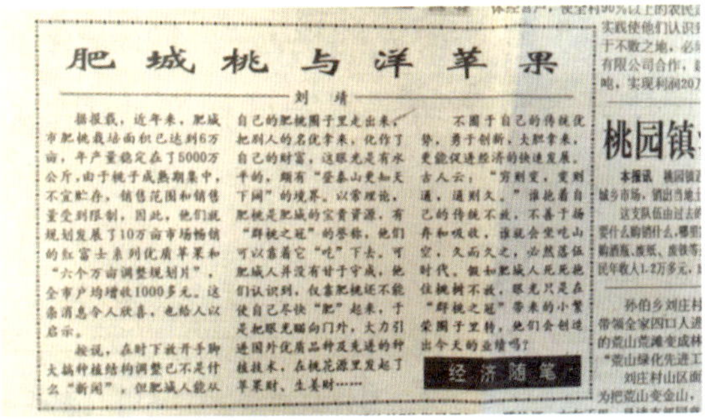

肥城桃与洋苹果

刘靖

据报载，近年来，肥城市肥桃栽培面积已达到6万亩，年产量稳定在了5000万公斤，由于桃子成熟期集中，不宜贮存，销售范围和销售量受到限制。因此，他们就规划发展了10万亩市场畅销的红富士系列优质苹果和“六个万亩调整规划片”，全市户均增收1000多元。这条消息令人欣喜，也给人以启示。

按说，在时下放开手脚大搞种植结构调整已不是什么“新闻”，但肥城人能从自己的肥桃园子里走出来，把别人的名优拿来，化作了自己的财富，这眼光是有水平的，颇有“登泰山更知天下阔”的境界。以常理论，肥桃是肥城的宝贵资源，有“群桃之冠”的誉称，他们可以靠着它“吃”下去。可肥城人并没有甘于守成，他们认识到，仅靠肥桃还不能使自己尽快“肥”起来，于是把眼光瞄向门外，大力引进国外优质品种及先进的种植技术，在桃花源里发起了苹果财、生姜财……

不囿于自己的传统优势，勇于创新，大胆拿来，更能促进经济的快速发展。古人云：“穷则变，变则通，通则久。”谁抱着自己的传统不放，不善于扬弃和吸收，谁就会坐吃山空，久而久之，必然落伍时代。假如肥城人死死抱住桃树不放，眼光只是在“群桃之冠”带来的小繁荣圈子里转，他们会创造出今天的业绩吗？

经济随笔

1994年《肥城市报》

① 参见《肥城年鉴》编辑部编：《肥城年鉴（1988～1992）》，中国书籍出版社1993年版，第118页。

桃之乡”。[1]1996年，肥城桃基地面积1335公顷[2]，肥城桃研究所在试验地建起油桃试验棚。同年，肥城桃注册“仙乐”牌商标。

1997年，肥城桃荣获山东省优质果品评优会金奖。肥桃研究所以新城办事处西尚里村为中心，建立了67公顷面积的肥桃出口创汇基地，收到了明显成效。基地桃园平均公顷产量控制在3万公斤左右，平均单果重325克，含糖量达到19度以上，优质果率90%，平均单价8元/公斤，每公顷产值24万元，是其他桃园的4倍。[3]仪阳乡引进优质桃品种5个，栽培面积330公顷[4]，推广应用科学修剪、疏花疏果、果实套袋、穴贮肥水、起垄栽培、病虫害综合防治等新技术。桃园镇肥桃栽植面积1200公顷，建立培优基地24个，培育优质肥桃园667公顷，优质示范园188公顷。

1998年，中科院植物所在肥城新城王坊村推广大棚油桃。[5]

1999年，肥城桃荣获昆明世界园艺博览会瓜果蔬菜金奖和中国国际农业博览会名牌产品。2000年，肥城全市设施桃棚5214个，面积300多公顷，实现四季有鲜桃供应上市。[6]同年，创世界吉尼斯纪录，成为“世界上最大的桃园”。12月，经国家商标总局批准，山东省肥城桃开发总公司获得肥城桃产地证明商标的管理权，肥城桃的声誉得到维护，也成为继“莱阳梨”之后山东省第二个取得产地证明商

① 参见肥城市史志编纂委员会办公室编：《肥城年鉴（1993～1997）》，齐鲁书社1999年版，第208页。

② 参见肥城市史志编纂委员会办公室编：《肥城年鉴（1993～1997）》，齐鲁书社1999年版，第206页。

③ 参见肥城市史志编纂委员会办公室编：《肥城年鉴（1993～1997）》，齐鲁书社1999年版，第208页。

④ 参见肥城市史志编纂委员会办公室编：《肥城年鉴（1993～1997）》，齐鲁书社1999年版，第110页。

⑤ 参见肥城市地方史志研究中心编：《肥城年鉴（2020）》，方志出版社2020年版，第409页。

⑥ 参见王霞主编：《文化肥城·肥桃与桃文化卷》，山东人民出版社2011年版，第12页。又见肥城市地方史志编纂委员会编：《肥城市志（1988～2002）》，方志出版社2006年版，第194页。

标的地方特产。

20 世纪 90 年代以来，部分桃农盲目追求桃的单个重量（个大），出现了滥用化肥的情况，一定程度上导致肥城桃品质下降。据东里二村党支部书记王兴峰回忆，2000 年，肥城桃产量大，但品质欠佳，销路不畅，出现了一筐桃 40 斤仅售 1.8 元的现象，有的桃行有 10 元钱装一推车的情况，严重挫伤了桃农的生产积极性。

获“最大的桃园”
世界吉尼斯纪录证书

二、21 世纪以来肥城桃生产现状

世纪之交，随着各村“两菜一粮”的发展，每亩地纯收入在 5000 元左右，而传统桃园却达不到如此收益。桃农为此大量引种新品种，油桃、莱山蜜、无锡蜜等外地品种被大量引进，并大力发展大棚种植，桃园镇桃树大棚达到 500 多个，既增加了品种，也增加了收入。肥城四季有桃的种植和销售格局，成为肥城桃产业发展的新阶段。随着城市化进程的加快，农村大量劳动力流入城市，农村富余劳动力不足，肥城桃的散户种植和经营逐年减少，公司化运营成为大趋势。

进入新世纪，肥城市委市政府继续加强肥城桃的品牌建设，进一步加大政策引导和资金扶持力度，以科技和文化为手段，促进肥城桃产业升级发展，并逐步发展为肥城市特色产业和支柱产业。

2001 年，经国家工商总局批准，“肥城桃”地理标志证明商标注册成功。2001 和 2002 年连续两年再获中国农业国际博览名牌产品。2002 年，肥城全市 800 公顷肥城桃通过绿色食品认证。①

① 参见肥城市地方史志编纂委员会编：《肥城市志（1988～2002）》，方志出版社 2006 年版，第 194 页。

1988～2002年肥城市肥桃种植面积、产量统计表①

年度	面积（公顷）	产量（吨）
1988	2616	5043
1989	2632	3386
1990	2357	3860
1991	2289	7941
1992	1918	11718
1993	2446	19016
1994	1896	35406
1995	2006	45800
1996	2337	50538
1997	2063	73582
1998	1806	52602
1999	2064	63948
2000	2655	74168
2001	2553	79816
2002	3158	69002

2003 年，肥城市委市政府继续围绕高产优质高效林业发展目标，大力推广应用新品种、新技术，为加快果树良种化进程，注重良种良法配套，制定肥城桃培优技术规程，把握重点技术环节。主要措施包括：深翻扩穴，改良土壤结构，涝洼地起垄、干旱水土流失严重的地块整树盘，改善根系生长环境；增施有机肥，不断提高土壤有机质含

① 参见肥城市地方史志编纂委员会编：《肥城市志（1988～2002）》，方志出版社2006年版，第 195 页。

肥城桃证明商标使用管理新闻发布会

量，养根壮树；推广配方施肥，控制氮肥使用量，增加磷、钾肥和微量元素的使用量；实行四季修剪，调整树势，改善通风透光条件；精细花果管理，疏果套袋，合理负载；综合防治病虫害，严禁使用高毒、高残毒农药，推广使用高效、低毒、低残留农药，逐步推广使用生物农药；合理浇水，灵活掌握花前水、果实硬核水，采果前一个月禁止浇水，干旱缺水的园片要逐步推广微滴灌等节水灌溉技术；适期采摘，杜绝过早采摘、售青果现象的发生。11 月，日本山梨县一宫町町长小宫山文明带领由议会议长及农业、教育方面人士组成的友好访问团一行 13 人到肥城访问。访问团参观了中央桃行，肥城市举行欢迎日本一宫町向肥城赠送优质桃苗仪式。

2004 年，肥城市被国家命名为“中国肥城桃之乡”。肥城市成立肥城桃产业协会，为果农提供产前、产中、产后系列化服务，促进肥桃产业发展。同年，肥城市 4000 公顷“泰山极顶”牌肥城桃通过国家绿色食品认证中心认证，从 2005 年起使用新的绿色认证标志。中央电视台《致富经》和《两岸通》栏目组拍摄专题片报道和推广肥桃生产与桃木工艺品制作。同年，肥城市桃木工艺总商会成立。[①]2006 年，“肥城桃木雕刻民俗”成功申报山东省非物质文化遗产。至 2007 年，生物技术培育肥桃新品种研究项目分别被肥城市和泰安市评为

① 参见王来新：《让桃木雕刻民俗发扬光大》，《中国肥城桃文化研讨会发言材料汇编》，2010 年，第 106 页。

科技进步一等奖。[①]

2008～2013年，肥城桃栽植面积增加7.65万亩。[②]肥城桃作为仪阳镇特色农业在资源保护和提升品质上取得新发展，新建6处精品培优示范桃园，4处佛桃精品园，肥桃面积达611公顷，年产肥桃2万吨。[③]新城街道新发展肥城桃1654亩，建设培优园500亩，精品园100亩，肥城桃栽植面积达到800公顷。[④]桃园镇肥城桃栽植面积达到4万亩，作为中国肥桃生产第一镇，载入吉尼斯世界纪录。[⑤]2011年，肥城市委市政府对肥城桃开发保护进行科学规划，加大投入，出台肥城桃保护发展激励政策和奖励措施，建立起160万元的肥城桃保护发展基金。

2012年，肥城市进一步加强肥城桃培优技术改进，全市肥城桃栽培面积得到恢复性增长，初步形成集特色基地、赏花品桃、加工销售、桃木工艺品开发、桃文化展示、桃源风情游于一体的产业化格局。2013年，肥城桃先后入选“山东省十大地理标志商标”“2013年度全国名特优新农产品目录”。继2009年、2012年两次被认定为“山东省著名商标”之后，2014年肥城桃地理标志肥城商标荣获“中国驰名商标”称号。2013、2014年《桃花》《水果（一）》特种邮票首发仪式均在肥城举行。

2015年，肥城桃地理标志荣获“中国果品百强品牌”和“中国

① 参见肥城市地方史志办公室编:《肥城年鉴(2003～2007)》,黄河出版社2009年版,第256页。

② 参见肥城市地方史志办公室编:《肥城年鉴(2008～2011)》,黄河出版社2013年版,第318页。

③ 参见肥城市地方史志办公室编:《肥城年鉴(2008～2011)》,黄河出版社2013年版,第167页。

④ 参见肥城市地方史志办公室编:《肥城年鉴(2008～2011)》,黄河出版社2013年版,第131页。

⑤ 参见肥城市地方史志办公室编:《肥城年鉴(2008～2011)》,黄河出版社2013年版,第157页。

果品区域公用品牌50强”两项国家级荣誉，入选“全国名优特新农产品目录”，申报农业部农产品地理标志登记并已公示。2015年，全市有肥城桃面积4.2万亩，品种60多个，总产量1.4亿斤，总产值达到6.6亿元左右，亩均收益达到15000元。[①]新城街道发展肥城桃682亩，建设培优园500亩，精品园100亩，肥桃总面积420公顷。[②]仪阳镇新建10处肥桃精品培优示范园，5处佛桃精品园，肥桃面积647公顷，年产肥桃5.2万吨。[③]

2016年，肥城桃开发总公司履行管理职责，围绕“品牌兴农、商标富民”，不断强化措施，完善机制，抓好《肥城桃地理标志证明商标使用管理办法》组织实施，做好肥城桃区域公用品牌的使用管理。严格基地认证和标志使用授权许可，严把质量标准，严格标志发放管理，统一包装设计。指导生产经营者标准化组织生产、规范化使用标志、品牌化市场营销，促进肥城桃质量提升和桃农增收。依法抓好肥城桃地理标志驰名商标知识产权保护，协同工商、质监部门严格市场督查，严厉查处地理标志侵权违法行为，维护肥城桃生产经营秩序和品牌名优声誉。

肥城桃开发总公司实施的肥城桃申报国家农产品地理标志登记获农业部批准，成为继肥城桃取得国家工商总局地理标志商标注册保护之后获得的又一项国家级地理标志保护成就，对依法加强肥城桃品牌保护，提升肥城桃品牌价值，促进农民增收、产业增效起到推动作用。

肥城市以质量管理为根本，以品牌打造为目标，开展肥城桃质量

① 参见肥城市地方史志办公室编:《肥城年鉴(2008～2011)》，黄河出版社2013年版，第131页。

② 参见肥城市地方史志办公室主编:《肥城年鉴(2012～2015)》，中国国际文化出版社有限公司，2017年，第418页。

③ 参见肥城市地方史志办公室主编:《肥城年鉴(2012～2015)》，中国国际文化出版社有限公司，2017年，第441页。

安全追溯体系研究，参与制定并实施《地理标志产品——肥城桃》《肥城桃质量安全追溯要求》《无公害肥城桃生产技术规范》等省级以上肥城桃质量标准6项。抓好名牌创建，肥城桃先后荣获“山东省名牌农产品”“山东省十大地理标志”称号。“肥城桃”成为泰安市唯一地理标志驰名商标。2016年，肥城桃品牌价值提升至16.17亿元。①

2016年，肥城市共引进桃品种14个。从郑州果树所引进桃木加工专用品种红花山桃、帚形山桃和中桃7号，从浙江农科院引进具有肥桃基因的白丽桃，从郑州果树所引进黛妃、玉妃、春丽和三个高糖品种（5-5-5、5-3-33、5-5-9），从山东农业大学引进鲁星1号和鲁红618，从西安引进加纳岩和红清水。委托省果树所进行种胚组培，在获得的4个组合中发现表现较好的组合1个，由果树所基地嫁接到都市桃花源内，复选后进行推广。发现酸肥桃、长毛大尖红里肥桃，资源圃已具规模。2016年，肥城桃总面积达10万亩，年产量10万吨，产值2.6亿元，仅仪阳街道产桃就达8.2万吨。②

2017年，新发展肥城桃1200亩，保护区内肥桃路、孙牛路两侧空档明显减少，新建肥桃园的成活率和保存率达到90%以上。新增20亩以上种植大户9个，采用异地招商的形式引进工商业主——正大果业。建立4处结果佛桃培优基地，面积共60亩，其中肥城桃研究所30亩，新城、桃园、仪阳各10亩。基地实行包保责任制，明确专人负责技术落实，推广应用肥城佛桃追溯系统，完善二维码身份识别，发挥佛桃培优基地的辐射带动作用。

桃园镇肥桃种植面积不断扩大。镇政府提出“在面积上只增不减，在品质上不断培优”的肥桃发展目标，采取土地流转、大户承包的方式，在龙阳、顾庄、北台、东二、拔头发展肥城桃500亩。通过大户带

① 参见肥城市地方史志办公室编：《肥城年鉴（2017）》，方志出版社2017年版，第236页。
② 参见肥城市地方史志办公室编：《肥城年鉴（2017）》，方志出版社2018年版，第426页。

动，直接或间接带动周边群众发展肥桃栽植。6月，通过与山东农业大学沟通，引进康顿生态农业有限公司、山东正果发展有限公司等企业参与农业生产。康顿生态农业有限公司落户东一村，流转土地300亩，建设肥桃培优示范园。山东正果发展有限公司落户东二村，流转土地1000亩，建设正大果业田园综合体项目。①

果树所提供农蟠11号、中农金辉、郑4-35、锦园、夏至早红、华玉、宁04-28-9、玉霞蟠桃8个品种成品苗，每个品种10株，并根据实际情况做好资源圃规划，按照地块“一行一列一品种”布局进行栽植。对四喜桃、大尖毛桃、早熟香桃、酸桃、西尚2号、西尚3号、西尚4号、西尚8号8个品种进行观察记录。②在全市范围内开展肥桃种质资源调研工作，搜集和保存一批肥城桃种质资源，初步建立肥城桃种质资源圃。

肥城桃开发总公司继续承担肥城桃的销售服务、市场开拓及地理标志公用品牌的管理保护等工作。紧紧围绕“桃农增收、产业增效”，履行管理职责，强化措施，完善机制，抓好肥城桃名牌创建、管理保护及销售服务。2017年，肥城桃产业总产值达到70亿元，肥城桃品牌价值达到16.64亿元。③肥城桃品牌成为肥城经济社会发展和对外开放的金色名片和金字招牌。

2018年，新发展肥城桃2000亩。④成立佛桃调研小组，深入佛桃种植区域进行摸底排查，全面掌握全市佛桃分布、面积、产量等情况。制定种质资源鉴定技术规程、肥城桃种植规程、优质佛桃标准、佛桃苗木标准、肥城桃提质增效技术规程、佛桃储藏运销标准、肥城桃品质评价标准、品桃方案及流程等从“种”到“吃”的一系列标准。

① 参见肥城市地方史志办公室编：《肥城年鉴（2018）》，方志出版社2018年版，第460页。
② 参见肥城市地方史志办公室编：《肥城年鉴（2018）》，方志出版社2018年版，第226页。
③ 参见肥城市地方史志办公室编：《肥城年鉴（2018）》，方志出版社2018年版，第227页。
④ 参见肥城市地方史志研究中心编：《肥城年鉴（2019）》，九州出版社2019年版，第217页。

肥城市委市政府对肥城桃开发保护进行科学规划，加大投入，出台肥城桃保护发展激励政策和奖励措施。2018年，肥城桃开发总公司被山东省工商局评为“山东省商标品牌示范单位”。①

2018年，肥城市引进鲁JN-1新品种，并根据实际情况做好资源圃规划，按地块布局进行栽植。在全市范围内开展肥桃种质资源调研工作，搜集和保存一批肥城桃种质资源，进一步完善肥城桃种质资源圃品种，保存佛桃种质，增加肥城桃种质资源的遗传多样性，为肥城桃新品种的选育和推广提供原始材料。同时，资源圃通过有计划地开展引种、选种，面向广大桃农提供良种接穗，推广优良品种，促进肥城桃的品质提升和产业化发展。

2018年4月，新城街道办事处王坊村大棚油桃在全国首届设施桃大赛上获得优胜奖。8月，获得德国BCS有机食品认证。2018年，肥城桃产业总产值达到70亿元，肥城桃品牌价值达到17.35亿元。②

2019年，肥城市依托资源圃建设，做好种质资源保护工作，与省果树研究所联合开展育种和栽培技术研究，引进新优品种8个，选育肥城桃杂交单株5个，其中3个表现优异，进入区试阶段。资源圃内搜集保存品种达到146个，其中佛桃系列22个、大白毛桃等传统毛桃18个，已打造成为市委党校对外培训的教学基地。同时，资源圃面向广大桃农提供良种接穗，推广优良品种，促进肥城桃的品质提升和产业化发展。③

桃园镇作为肥城桃的核心产区，自2016年起通过市场运作，内引外联，工农联姻，先后引进康顿公司、正大果业、中持十方、石横特钢等知名企业涉足肥桃生产，高起点规划、高标准建设、高科技管

① 参见肥城市地方史志研究中心编：《肥城年鉴（2019）》，九州出版社2019年版，第231页。
② 参见肥城市地方史志研究中心编：《肥城年鉴（2019）》，九州出版社2019年版，第231页。
③ 参见肥城市地方史志研究中心编：《肥城年鉴（2020）》，方志出版社2020年版，第220页。

理，全力打造肥桃精品示范园。至 2019 年，该镇肥城桃种植面积达 12000 亩，其中，标准园 6000 亩，新品肥桃 5000 亩，油桃、油蟠等设施大棚 800 亩[①]，形成了肥桃产业的规模化，开创了肥桃产业振兴的新途径，增加了科技元素，补齐了发展短板，为培大培强肥桃产业，助力桃农致富奔小康注入了新活力。2019 年，该镇肥桃单价达到平均每斤 8 元，总收入达到 2 亿元，占人均总收入的 25%。[②] 新城街道王坊村大棚油桃种植面积 520 亩，有冬暖式大棚、春暖式大棚、大拱棚 153 个，亩产 3000 公斤，每亩利润 4 万元。2019 年 4 月，迎接中国农业工程学会设施园艺委员会主办的"第二届全国设施园艺技术交流会"，进行经验交流。[③]2019 年，"王坊"牌油桃注册商标被山东省自然资源厅评为"齐鲁放心果品"品牌。

肥城桃开发总公司及时制定肥城桃地理标志商标推广使用及保护方案，做好商标的推广使用和管理保护。严格基地认证及标志使用许可，严把质量标准，依法维权。做好国家肥城桃地理标志专用标志和"山东放心农产品"专用标志管理使用，指导生产经营者标准化组织生产、规范化使用标志、品牌化市场营销。2019 年，认证肥城桃地理标志示范基地 3000 亩，新设计开发地理标志专用包装 3 套，促进肥城桃质量提升和桃农增收，地理标志认证基地平均亩增收入 2000 元。[④] 依法抓好肥城桃地理标志驰名商标知识产权的保护，严格市场质量督查，协助市场监管局查处地理标志侵权违法案件，对侵犯"肥城"桃地理标志商标专用权案例，及时组织专业人员和专业机构进行取证和依法申诉，有力维护"肥城"桃地理标志商标严肃性，维

① 参见肥城市《桃园镇志》编纂委员会编：《桃园镇志》，黄海数字出版社 2021 年版，第 104 页。

② 参见肥城市《桃园镇志》编纂委员会编：《桃园镇志》，黄海数字出版社 2021 年版，第 105 页。

③ 参见肥城市地方史志研究中心编：《肥城年鉴(2020)》，方志出版社 2020 年版，第 409 页。

④ 参见肥城市地方史志研究中心编：《肥城年鉴(2020)》，方志出版社 2020 年版，第 221 页。

护肥城桃生产经营秩序和品牌名优声誉。

2021年1月，肥城市委十四届十一次全会提出打造“桃文化名城”的奋斗目标，建设桃文化名城，实施肥桃培优保护工程，在城市景观、建筑、公共场所广泛植入桃文化元素，建成更具形态之美、内涵之美、品质之美、发展之美的中国桃都美好肥城。会议进一步提出，以桃文化为引领，探索桃文化与君子文化、商圣文化、汶阳田文化之间的关联，挖掘提炼、创作推出一批重大理论成果、学术成果、艺术成果，并尝试运用直播平台等新形式进行宣传推广，讲好肥城故事，扩大城市的影响力和知名度。肥城市委提出的这一举措，加速了肥城桃及相关产业的高质量发展步伐。

从中华人民共和国成立70多年来肥城桃生产发展情况看，党和政府始终非常重视肥桃资源的开发，先后经历了平稳发展（1949～1977年）、快速扩张（1978～1992年）、结构调整（1993～2006年）、转型升级（2007～2017年）和高质量发展（2018年至今）五个阶段。近年来，肥城市委市政府把发展肥桃作为强市富民、乡村振兴的特色产业来抓，坚持保护与开发并重的原则，高标准建立了现代栽培示范园、采后处理及加工中试基地、智能化生产管理中心和肥城桃产业大数据中心四大模块，肥桃品质得到较大提升，走出了一条区域化布局、科技化支撑、标准化生产、产业化经营、品牌化销售的融合发展之路，成为肥城市农村经济的一大支柱产业，形成了以肥桃种植为基础、桃文化为内涵、旅游业为载体的“三位一体”桃文化旅游发展模式，构筑起以桃花经济、肥桃经济、桃木经济为内容的桃文化旅游产业链条。2021年种植面积超过10.8万亩，年总产值突破30亿元，品牌价值达到23.5亿元，品牌影响力为86.6亿元。

区域化布局引领规模化生产。肥城桃种植集中分布在新城、桃园、仪阳三个镇街，现已形成了以中央桃行、桃园省级现代农业创建区、仪阳刘台为中心的三大优质桃生产基地。以桃都、康顿为代表的农业企业，以桃子姑娘为代表的家庭农场，以振利油桃合作社为代表的农业专业合作社和以刘学军为代表的种植大户，成为产业发展的新型经营主体，突破一家一户分散经营的局限性，实现了标准化、规模化的目标，逐步形成了“规模化经营为主，散户经营为辅”的发展新格局。

《肥城桃产业技术规程》书影

科技化支撑助力产业提档升级。为加快肥城桃产业的现代化进程，肥城市与中科院植物研究所、国家桃产业技术体系、北京市农林科学院林业果树研究所、山东农业大学、山东省果树研究所等机构和团队的专家建立了长期稳定的合作关系。共承担市级以上科研课题45项，选优获得不同优良单株8个；生物技术育成肥桃早红、肥桃胭脂红、肥桃暑红和肥桃王子4个新品种；杂交培育出肥桃太子、七月肥、万寿桃等新品种5个；生产推广莱山蜜、中华寿桃、瑞蟠21、蓬仙15等优良品种40多个。肥城桃设施栽培、避雨栽培、水肥一体化、桃园生草等新技术试验成功，气调、变温贮藏保鲜和研究取得阶段性成果。采取复壮技术，保护树龄30年以上的老佛桃树，建设佛桃记忆园。编著出版了《山东省果树栽培技术：肥城桃》《肥城桃栽培新技术》《肥城桃产业技术规程》，整理编印了《肥城桃研究论文集》。“肥城桃栽培技艺”入选泰安市非物质文化遗产。建立了40亩肥城桃种质资源圃，10亩良种圃，1500亩良种园。早、中、晚熟比例接近2:5:3，成熟期从4月中旬到11月下旬，实现了“四季有桃”的目标。

标准化生产提升品牌质量。先后制定农业行业标准和省市、县地标准10多项，形成了相对完善的肥城桃标准化技术体系。建设现代模式标准化桃园5000亩，创建省级标准化生产示范基地4处，泰安市级标准化生产示范基地6处，高标准建设新品种示范园、标准化生产技术示范园和培优类示范园等20处。康顿生态农业有限公司和桃都果业有限公司均通过了“ISO9001质量管理体系认证”。2020年，全市新增肥城桃无公害农产品、绿色食品、有机食品和地理标志产品认证数量达到20个。

品牌化销售提高附加值。注册肥城桃、肥桃、仙乐、刘家台、桃乡宴、肥桃献瑞等商标。积极参加省级以上农展会、果品评比与技术交流等活动，利用农民丰收节直播、网络新媒体进行肥城桃品牌宣传，大幅提升了品牌知名度。全力推进电子商务与肥城桃产业深度融合。网络电商、商超直采、VR实景导购、“网红”直播带货、旅游采摘和阿里巴巴产地仓等销售新模式发挥着越来越重要的作用，形成了“线上线下、园内园外”的立体营销模式。2020年，全市网店300多家、网商1000多家，电商平台销售达到到总量的40%，被中国农业创富大会评为“十佳网红产品”。

倾力打造“两节一赛”节庆文化品牌。截至目前，已连续成功举办了20届桃花节、14届金秋品桃节和全国桃木旅游商品创新设计大赛。春天郊游赏花，年轻男女相伴相随结缘桃花海；秋来走进飘香的桃园，采摘佛桃，收获甜蜜。尤其是极富地方特色的桃木雕刻研究开发取得了令人瞩目的成就。目前，桃木生产企业达到160多家，从业人员4万人，桃木旅游商品已经发展到30多个系列、4000多个品种，先后荣获“全国最有特色旅游纪念品”“全国最受欢迎旅游纪念品”等各类奖项200多个，被国家旅游局评为“中国最佳必购旅游商品”。肥城桃木雕刻民俗也被列入山东省首批非物质文化遗产保护名录。2011年，肥城市被命名为“中国桃木雕刻之乡”。

肥城市还建成刘台村桃文化展馆，建设省十佳观光果园两处。建设刘台桃花源 AAA 景区、中国桃文化博物馆、中央桃行景区和中国桃木旅游商品城，形成极具地方特色的旅游产业链条。

肥城桃和桃文化产业在获得长足发展的同时，肥城市收获了骄人的成绩。先后荣获“国家名牌产品”“中国驰名商标”“名优特产基地县”“全国名特优新农产品目录”“中国桃文化之乡”“昆明世界园艺博览会金奖”等荣誉称号。

总之，肥城市委市政府把发展肥城桃特色种植作为实现乡村振兴的重点，通过开展科技培训、引进良种、建设贸易市场、拓展线上销售、打造特色品牌等多种形式，提升肥城桃的经济效益，实现了品牌提升、产业兴旺和农民增收。

第二节 肥城桃品系

肥城桃以个大、味美、粘核、营养丰富为主要特征。在长期的栽培过程中，由于实生、自然杂交和选优嫁接等原因，形成了许多不同的品系类型。山东农业大学教授罗新书等认为，这个品种群应当称为“没有完全解体的孟德尔群体”。[①] 从果肉与表面颜色、果型、味道、品质、个头等来看，确实形成了不同类型的单株，并各有其特点。

一、1950～2000 年肥城桃品系

1949 年以前，肥桃多为桃农零星经营，无专业技术人员具体指导，肥城桃品系相对单一，肥桃质量难有明显提高。中华人民共和国成立后，随着各级党组织和政府的重视，加之果树研究技术人员的指导，肥桃质量有了一定的保证。1958 年以后，肥桃栽培面积有了较大发展，经营方式由个体变为集体经营，但对选优采穗有所忽视，果实品质受到影响。

20 世纪五六十年代，肥城桃的主要品种有大肥桃、晚大桃（晚熟肥桃）、九月菊、吊枝白、六月白等。

① 参见傅志亭主编:《肥桃史话》(《肥城文史资料》第六辑)，山东省出版总社泰安分社 1991 年版，第 36 页。

大肥桃：一般所说的肥城桃，就是指的这种桃。大肥桃栽培数量最多，产量及经济价值也最高。单果重量平均为0.5～0.6斤，最大者有1.5斤左右。果近圆形，顶端微尖，梗洼深广而整齐，缝合线深。果实完全成熟后，果皮呈淡米黄色，向阳面微有红晕，毛茸较多，果皮厚，可剥离。果肉黄白色，近核处红色或白色，肉质柔软细嫩，汁液特多，味极香甜，含可溶性固形物一般为14%～16%，最高的为19.5%，品质特上。粘核。一般于9月上中旬成熟。耐贮藏，产量高。这种桃性喜肥沃的土壤，但抗旱及抗涝方面较弱，不宜在盐碱地栽培。

大肥桃树势强，树形直立。结果盛期，因果大体重，使枝条向四方披垂，树姿略开张。主干灰色有光泽，皮目中大，横生。叶柄与枝条的角度较小，叶色浓绿，叶片长大，叶缘有细锯齿，叶基缓尖，有肾形蜜腺2～4个。花中大，椭圆形，红色，开放后颜色逐渐变深，至凋落前呈玫瑰红色。雄蕊40个以上，花药紫红色。4月上中旬开花，花期为20天左右。后期开放的花，有单雌花结果的现象，所结果实小，无种仁，俗称“桃奴”。

大肥桃因近核处果肉的颜色不同，又分为红里大桃与白里大桃两种。目前，以红里大桃栽培最多。白里大桃的果形、树势与红里大桃无甚差别，其品质比红里大桃为好，适于加工制罐头，但栽培数量很少。

晚大桃：单果重量平均为0.5～0.6斤。果近圆形，顶端微尖，梗洼中深而广，缝合线较浅。果实完全成熟后，向阳面的果皮呈深红色，背阴面呈黄绿色，少带黄色的茸毛。皮中厚，不易剥离。果肉米黄色，近核处粉红色，肉质细致柔软，汁液多，味香甜，品质上等。粘核。产量高，耐贮藏。它比大肥桃晚熟10天左右，在9月中下旬成熟。

晚大桃因在中秋节和国庆节前后成熟，所以颇受广大群众欢迎。从这一点可以看出，当时栽培这种桃的数量虽然还不多，但其将来的发展前途还是很大的。

晚大桃树势较旺，枝条稍直立，但比大肥桃略开张。树干灰色，有光泽，皮目横生，灰褐色，有横暴裂浮起。一年生枝红褐或绿褐色，皮目小，圆形，土黄色，秋梢绿色，阳面呈紫红色，皮目不明显。叶披针形，叶柄较长，淡绿色，腹沟宽而深，有肾形蜜腺 2 ～ 4 个。叶片较薄，平展，叶缘锯齿小而钝。

九月菊：单果重量平均为 0.4 ～ 0.6 斤，单株产量一般在 100 斤以上。果圆形，顶端微尖，梗洼较狭深，缝合线中深，明显，靠顶尖处较深。果实完全成熟后，果皮呈米黄色，向阳面微红，茸毛多，皮厚，能剥离。果肉白色，近核处有红色放射线，汁液多，味甜，果肉细软，品质上等。半离核。其成熟期较晚，一般是在 10 月上旬，也具有耐贮藏的特点。

当时，栽培这种桃的数量虽然很少，但它却是一种大有发展前途的晚熟优良品种。

九月菊树势与大肥桃近似，但略开张，树干暗红褐色，稍有光泽，皮目细长，深而明显，黄褐色，有横暴裂。当年生枝绿色。秋梢阳面微红，春梢黄褐色，皮目密而小，横生条状。叶宽大披针形，叶缘锯齿较大而深，叶面平展，腹沟深窄，有肾形蜜腺 2 ～ 5 个。二次枝较旺，多为单花芽，个别为复芽。

吊枝白：单果重量平均为0.5 ～0.75 斤，最大者1 斤以上。果圆形，果尖小，缝合线浅。完全成熟后，果皮白色，较薄，不易剥离。果肉白色，汁液多，味香甜，果肉细软，品质上等。粘核。比大肥桃晚熟 10 天左右。其特点是从结果到成熟不落果，故称为“吊枝白”(俗称“恋枝”)。耐贮藏。

吊枝白的树势及结果习性与大肥桃相似。当时栽培数量很少，仅在肥城县城关地区（今老城街道）保存数株，但将来发展前途很大。

六月白：它是肥城桃中的一个早熟品种。果近长圆形，果尖长而弯曲，基部圆，梗洼中深，较窄狭，缝合线中深，两边不对称。果实完全成熟后，果皮向阳面呈浅红色，茸毛少而光滑。果肉细致柔软，汁液多，味甜而微酸，有香味，品质中上等。离核。7 月中旬成熟。当时，六月白在肥城地区虽然栽植较为广泛，但植株数量却不多，经济价值也不大。

除上述主要品种外，在肥城产桃区内还有种类繁多的实生桃，如大接种、种桃、毛桃等。这些品种的品质、经济价值等都不及上述五个主要品种，且当地只有零星栽植，外地也有不少栽培。①

为保证肥桃的声誉，从 1974 年开始，肥城县委县政府发动群众选优报优。②选优标准为：（1）适应性和抗逆性强，能抗穿孔病和炭疽病，耐干旱，耐瘠薄。（2）丰产稳产。（3）质优：果形正，色泽好，风味浓，适于生食或加工。（4）其他特殊性状，如营养成分高、成熟期早晚各具特点等。1975 年，肥城县林业局和县科委召开了肥桃初选鉴评会，从选送的 65 个优良单株样品中选中 18 个。1976 年选送 91 个，选中 15 个。1978 年选送 102 个，选中 15 个。1979 年，山东省果科所、肥城县科委、县林业局、桃园林业站在桃园公社召开了复选品评会，对选出的优良单株进行了复选，共选出优良单株 59 个。送选的优良单株，其优良性状是由地理环境和管理技术水平所形成的表现型或遗传基因所决定的遗传型尚不能肯定，故又建立了优良单株比较实验园。1975 年，肥城县园艺场建立比较实验园 5 亩，以选出的 4 个优良单株做接穗嫁接 154 株。沙窝大队建比较实验园 3.6 亩，选用 10 个优良单株嫁接了 110 株。至 1981 年，鉴评其后代，两个优

① 参见山东省果树科学研究所编写：《山东果树栽培技术·肥城桃》，山东人民出版社 1961 年版，第 2 ～ 6 页。

② 王霞主编：《文化肥城 · 肥桃与桃文化卷》，山东人民出版社 2011 年版，第 14 页。

株园都较充分地表现了母株丰产优质的性状。1976～1983年，全县以优株嫁接的肥桃3.7万株，建园1.5万亩。据调查，利用优良单株接穗嫁接的桃树，与原混杂园相比，同龄树可提高产量20%～30%。1983年8月25～29日，泰安地区科委、山东农学院在肥城召开肥桃优株评定会。浙江农业大学吴光林教授、江苏农科院果科所研究员汪祖华、上海农科院果科所研究员庄恩及以及山东省农业厅等单位的专家共45人出席了会议。专家们亲临桃园公社的西里、西尚里、刘庄镇沙窝村的三处桃园进行实地考察，选中38个优良单株。通过不断选优固定了一些品种在生产中推广。

红里肥桃：果实成熟后，个头大，圆形，果尖微突。在果尖基部腹缝线处一方有一小凹，腹缝线较深，梗洼深广整齐。近核处果肉微红，呈辐射状。果皮黄绿色，成熟时米黄色，八成熟时阳面现片状红晕，果皮厚，茸毛极多，不易剥离。单果重250～300克，最大者900克以上。肉质细嫩、软溶型、黄白色，近核处有玫瑰红色的射线，九成熟时果肉乳白色，果汁多而浓，全熟时用吸管能将全部汁液吸尽，酸甜可口，香味浓郁，品质极佳。桃核红褐色，粘核，核表面多皱纹，平均体积3.95（纵）×2.77（宽）×1.98（厚）厘米，平均约重8.6克（干重）。种仁皮黄褐色，子叶与胚皆为乳白色。单株坐果率较高，丰产性能稳定，一般亩产1500公斤，多者2500公斤以上。8月下旬至9月上旬成熟，是目前深受群众欢迎的主栽品种。

白里肥桃（玉皇山17号）：果实圆形，果形端正，单果重150～300克，最大者600克。果皮绿白色，成熟时米黄色，无片状红晕，果皮中厚不易剥离。缝合线较深，过顶，对面微凹，梗洼中深。肉质细嫩，全为白色，汁较红里大桃略少，味脆甜、清香，无酸味，有冰糖味，品质上佳。近核处果肉无红丝，粘核，核淡褐色，较红里肥桃核小，体积为3.75×2.46×1.77厘米，核小肉厚，可食率高，是其一大优点。9月上旬熟，硬度大，耐贮运，丰产性能好。

红里、白里肥桃的栽培面积比较广，约占总面积的80%。

香肥桃：汁多而香气浓郁，夜间顺风30米内可闻到香味。果皮黄绿色，微现红晕，果面不甚平滑，有浅皱纹。成熟时果肉淡黄色，汁多，香气浓，味微酸，品质中上等。8月中旬成熟。

酸肥桃：果实与红里大桃相似，唯汁多酸度大，品质稍差。

晚肥桃：一般在9月中旬成熟，果实大，平均单果重250克以上，汁多，酸甜可口。

柳叶肥桃：叶狭长，形似柳叶。果实与红里相似，略长圆，果顶丰满有突尖，果面有红晕，汁多味甜，微酸。8月下旬成熟。

大尖肥桃：果实长圆形，顶尖突出约1厘米。单果重300克左右，汁多有香气，微酸。

以上五个品种类型栽培面积较小，零星分布于各桃园中。

此外，肥桃群体中还有一种畸形果——桃奴。果实圆锥形，茸毛极多，形似猴头，貌不惊人，味道甘美。单果重大小不一，大者近百克，小者才几克。桃奴和大桃同时生长在一棵树上，形成原因较复杂，尚无一致说法。一般说来与肥水不足、授粉不佳，或树龄老化有关。一说与开花晚、授粉期间营养不足有关，俗称“晚花子”。

大桃与桃奴

1996年，肥城市肥城桃研究所同中科院植物研究所合作，通过杂交，辅助种胚组培技术，培育出以肥桃为母本的四个新品种：

肥桃早红：该品种是肥城市肥桃研究所于1996年4月以甜油桃1号

与红里肥桃杂交后，同中科院植物研究所合作，运用生物技术育成的肥城桃新品种。该品种幼树期以长果枝结果为主，进入盛果期以中、短果枝结果为主。平均单果重300克，最大425克以上，粉红色面积达80%以上，色泽鲜艳。果实卵圆形，自花结实好，肥城桃风味浓，茸毛少，耐贮运。含糖≥14.5%，可溶性固形物15.6%。7月下旬成熟，是一个很好的早熟品种，很有发展前途，弥补了肥城桃采收过于集中的不足。

肥桃胭脂红：该品种是肥城市肥桃研究所于1996年4月以京春与白里肥城桃杂交后，同中科院植物研究所合作，运用生物技术育成的肥城桃新品种。该品种幼树期以长果枝结果为主，盛果期以中、短果枝为主。果实长圆形，缝合线较深，有果尖，平均单果重350克，最大重500克，果实颜色呈粉红色，着色面积达90%。果肉乳黄色，质地较硬，自花结果好，有浓厚的肥城桃香味，含糖17%，可溶性固形物达18.2%，粘核，耐贮运。成熟期在8月中旬，很有发展前途。

肥桃暑红：该品种是肥城市肥桃研究所于1996年4月以中华寿桃与红里肥城桃杂交后，同中科院植物研究所合作，运用生物技术育成的肥城桃新品种。该品种幼树期生产中强，枝条较软，树冠易开张，幼树期以长果枝结果为主，盛果期以长、中、短果枝结果为主。果实扁圆形，果顶平，缝合线较浅，两半部对称。平均单果重350克，最大500克，果皮薄，茸毛少，自花结实，色泽浓红，着色面积90%以上，弥补了原肥城桃色泽差的不足。果肉香甜，质地较硬，含糖量18%以上，果实可溶性固形物达19%。粘核，不易剥离，耐贮运。成熟期在8月下旬至9月上旬。树势健壮，抗逆性强，早期丰产性好。无采前裂果、落果现象。

肥桃王子：该品种是肥城市肥桃研究所于1996年4月以临泽紫桃与红里肥桃杂交后，同中科院植物研究所合作，运用生物技术育成的肥城桃新品种。该品种幼树期生产旺盛，枝条较硬，树冠不易开张，幼树以长果枝结果为主，盛果期以中短果枝结果为主。果实长圆形，果顶尖，缝合线浅，茸毛少，两半部对称，平均单果重 360 克，最大 520 克，果皮较厚，自花结实，色泽紫红，着色面积 80% 以上。果肉较甜，质地较硬，含糖 16.2%，可溶性固形物达 17.1%，粘核，耐贮运。成熟期在 8 月下旬至 9 月上旬。树势强健，无采前裂果、落果现象。

除肥桃外还有六月白、九月菊、蟠桃等几个品种，也有着悠久的栽培历史，虽不属大桃，但果质颇优，很受群众欢迎。

这一时期，肥城市委市政府为发展桃业生产，还陆续从外地引进了 40 多个品种，主要有早香玉、雨花露、四月半、寒露蜜、迎春桃、朝晖、春金、冬桃、大久保、五月红、维特兰、黄金桃、春蕾、青州蜜桃、上海水蜜等。①

早香玉：1978 年从山东省果科所引进 30 株，栽至玉皇山园艺场。树体强健，树姿开张，果实鲜艳，肉软汁多，味香甜，单果重 100 克左右，粘核。六月中下旬成熟，耐贮运。

雨花露：1984 年秋从江苏农科院引进 3000 株，栽至县良种场和安庄镇张侯果园。树体健壮，开张好，果长圆形，底部乳黄，果顶有浓红色细斑点，肉软汁多，半离核，单果重 150 克，风味香甜，品质属上等。六月上旬成熟。

四月半：1978 年从北京引进，县园艺场、桃园镇有零星栽培。树干直立，叶片宽大，坐果率高，易丰产，果形椭圆，粘核，成熟前果尖先变红，成熟后全呈红色。群众称之为“红嘴”。六月中旬成熟。

寒露蜜：1985 年从青岛农科所引进 1000 株，栽至老城、新城实验基地。十月上旬采收。

1950 ～ 2000 年这五十年时间里，党和政府对肥城桃产业发展的

① 参见山东省肥城县史志编纂委员会编：《肥城县志》，齐鲁书社 1992 年版，第 348 页。

高度重视，促使肥城桃品系出现了由单品向多品乃至高品的强劲发展势头。

二、21 世纪以来肥城桃品系

21 世纪以来，为加快肥城桃良种化、优系化、多样化进程，按照选优、引进和育种相结合，以市场为导向的原则，肥城市不断更新适应市场需求的主栽品种，确保新发展的品种适销对路。通过调查对比，筛选出丰产性状好、商品价值大、市场开发前景广阔的品种，作为主推品种；对传统佛桃品系进行综合观察对比，确定综合表现性状好的品系，进行推广繁育；不断引进国内外桃树优良品种，搞好试验栽培，选定发展品种；加强与国内外高等农业院校和科研单位的合作，借助其科研力量，加快传统佛桃更新换代品种的培育。近年来开发的新品种主要有春雪、沙红、中华福桃、北京 14 号、北京 24 号等，并且都已经大量上市，肥城桃基本实现了“你无我有，你有我优，结构合理，四季有桃”① 的目标。

2021 年，肥城市全境栽培的桃品种多达 180 个，形成了佛桃、油桃、蟠桃、水蜜桃、黄桃、雪桃六大系列品种。肥城桃品系呈现出了品多、质优的特点。

① 王霞主编：《文化肥城 · 肥桃与桃文化卷》，山东人民出版社 2011 年版，第 17 页。

第三节　肥城桃培优

肥城桃农自古重视肥城桃的培优工作，并且在长期栽培实践中积累了丰富的经验。追溯肥城桃的栽培历史，其繁殖的方法是嫁接和实生并举的。嫁接者名曰“接桃”，实生者名曰“种桃”，接桃的实生后裔又名曰“接种桃”。如此反复，性状分离又重新组合，组成了肥城桃现有的十分复杂的群体。

肥城桃群体作为一个多基因型的混合体，群内类型复杂，是其显著的特点之一。由于历代的繁殖与栽培长期处于个体经营条件之下，因而受社会经济因素、栽培者的偏爱和各园地条件的限制等影响，人工选择的方向和强度不可避免地出现了较大差异。加之选择不严格和实生再分离出劣质类型，这就使得群体内难免鱼龙混杂，所有个体并不是都具备优良品质，尤其是综合品质优良的单株数量并不多。群体中的苦味果、酸味果和小果也有一定的比例，这实际上是影响整个肥城桃产量与质量的症结所在。

多年来，肥城桃一直存在产量和质量不稳定的问题。出现这种情况的原因，虽然不排除肥料的作用，但其要害处却是在于肥城桃群体类型组成的复杂性，特别是在接穗选择上的不严格，导致了生产群体中的优良单株难以居上。

一、肥城桃的群体特点

果树的丰产优质是良种、适宜条件和合理技术三者的统一。[①]目前肥城桃的代表性状有果大、晚熟、吊枝等，这早在各种古文献中已有所记载，尤其是其晚熟性状，更是有着悠久的历史。如《孔子家语》中有“雪桃”的记载，《尔雅·释木》有“冬桃”，汉初“上林苑”有“霜桃”，晋时有“秋白”“秋赤”和“冬桃”，唐时段成式的《酉阳杂俎》有“王母桃，十月始熟”，宋代《洛阳花木记》有“十月桃”和“冬桃”的记载，明代李时珍《本草纲目》有“十月冬桃”“秋桃”和“霜桃”的记载。

桃的育种专家研究认为，桃的杂交或自然授粉后代成熟期的变异，在多数情况下较接近于双亲中较早熟的亲本。可见，向早熟方面进化是一种客观存在的趋势。现在大桃成熟期（8月底9月初），比起古代的晚熟品种来，还是早了一些。

肥城桃的许多优良性状及典型性状，不是凭空出现的，而是有着深厚的历史背景和历史根源。肥城桃就是在古代一些优良性状存在的历史条件下，经过千百年的演化，经过历代栽培者的人工选择，综合了古代桃子的许多优良性状并加以发展，才形成了享誉中外的优良品质。

根据现有资料和孟德尔群体的特点可以推知，肥城桃的许多性状虽有其历史根源，但在形成以后一个较长的历史时期内，是封闭演化的，基本上再没有外来基因的迁入。社会因素和地理因素使肥城桃长期局限于一个较小的范围内，这是它演化形成的基本特点。

肥城桃目前仍是一个尚未解体的孟德尔群体，其内部的复杂性严重影响着产量和质量的进一步提高。因此，怎样使这个群体科学地解体，做好资源整理和品种选定工作，是一个需要深入研究的重要

① 参见王霞主编:《文化肥城·肥桃与桃文化卷》，山东人民出版社2011年版，第18～22页。

课题。

从选种的角度看，肥城桃群体是一个宝贵而又丰富的基因库。其中，不但有一些早已引人注目的优良基因型，而且还有许多仅存在一两个优良基因的类型。后者虽然尚未受到重视，然而对今后良种选育却是十分重要的原始材料。一些地方果树名产的解体过程，常只保留下某些优良基因型，而使大部分有价值的基因资源消失，造成无法估价的损失，历史上的这种教训在今天整理资源时应当引以为戒。因此，对肥城桃资源的整理工作应当遵循既积极又慎重的原则。所谓积极，就是要重视资源，认真整理资源；所谓慎重，就要克服片面性，努力保护资源，防止基因流失。

目前，肥城桃在经历了长期的人工选择后，仍然是一个性状各异的复合群体。这与过去人工选择方向不同有密切关系。栽培者重丰产性，从而使大量簇果类得以保存；市场供应要求果大质优，就增加了对吊枝大桃的选择强度；后来，随着加工工业的发展，选择的重点在于白里、硬溶质、高糖度和果实成熟过程中较早出现香气等方面，外销则注重色彩、优质与耐贮运等性状组合。片面强调根据某种标准进行选择，既难满足不同要求，也将影响资源的利用和保存。

2008年桃园镇肥桃培优座谈会

现在看来，肥城桃资源丰富，比较能满足如上各方面的要求。只要通过统一有力的选择工作，就可能很快出现一个性状各优的肥城桃品种群，迅速改观栽培群体面貌。金无足赤，“桃无完桃”，在品种选择中过分求全的想法是不现实的。此外，以往选择过程中，重视吊枝大桃类而轻视簇果大桃类或接种桃类等的倾向，也值得重新考虑。现有吊枝大桃的优良基因型，是祖先从各种种桃、接种中长期选择的遗产，自然应当良种选优。而现有其他类桃中的优良基因组合，则要求当今一代人的选择保存。如此循环，才能使肥城桃名产不断发展、丰富。事实上，我们已经看到，即使在现有接种桃中也出现了一些优良单株，甚至在丰产性、色彩、香气、肉质、含糖量等方面超过了现有知名大桃，这应当引起广泛重视。

总之，面对肥城桃这一丰富的名产资源，应当继续珍惜它、爱护它、发掘它、利用它，使这个古老的孟德尔群体走向科学的解体，让更多的宝贵基因资源保存下来，发挥更大的作用，让更多更好的优良品种更快地出现，把肥城桃名产栽培推向更好的未来。

二、肥城桃优质性状演化过程

据 1979 年山东农学院果树栽培教研组罗新书等发表的《肥城桃群体类型分析及其演化形成和资源整理问题的商榷》一文，现在肥城桃群体中的各个类型，按其经济性状分别为不同历史起源型，肥城桃优质性状的演化过程如下：

1. 一级起源型

（1）小白酸毛桃

代表株：五里后 12 号。

性状表现：果小（重 31 克），圆果小尖，黄白无彩，缝合线浅，肉全白，质面，味酸，稍有香气。熟期与大桃同。

（2）绿果苦毛桃

代表株：玉皇山 22 号。

性状表现：果小（重 33.5 克），圆果小尖，绿色无彩，缝合线中深，肉白近核处微红，肉质脆，味甚酸，半离核，成熟期晚。

（3）小红苦毛桃

代表株：五里后 5 号。

性状表现：果小（重 36.5 克），圆果小尖，绿色有彩，缝合线深，肉色红近核处浓红，肉质软面起沙，苦味重，离核，成熟期比大桃略早。

2. 二级起源型

（1）白里脆毛桃

代表株：五里后 3 号。

性状表现：果小（重 38 克），圆果小尖，白绿无彩，缝合线浅，肉色全白，质脆，味酸稍甜，有香气，离核，成熟期与大桃同。

（2）白里甜毛桃

代表株：五里后 32 号（又名“冰糖子”）。

性状表现：果小（重 23 克），圆果平顶，绿黄无彩，缝合线中深，肉色全白，肉质面，味极甜无酸，离核，核极小，纹理细致。熟期比大桃略早。

（3）小鹰嘴毛桃

代表株：五里后 13 号。

性状表现：果小（重 44 克），圆形果，果尖大而似鹰嘴。黄绿无彩，缝合线较深，肉全白，质面，味酸稍甜，离核，成熟期与大桃同。

（4）红肉面毛桃

代表株：玉皇山 28 号。

性状表现：果较小（重 48.5 克），圆果中尖，绿黄有彩，缝合线中深，肉特红，质面，味酸稍甜有苦味，离核，成熟期与大桃同。

（5）红里脆苦毛桃

代表株：玉皇山 30 号。

性状表现：果较小（重 46 克），圆果中尖，绿色有彩，缝合线中深，肉内散红，近核处红，质脆，味苦涩，离核，成熟期晚。果面布黑色雀斑状麻点。

3. 三级起源型

（1）麻点白毛桃

代表株：五里后 8 号。

性状表现：果小（重 38.5 克），圆形果，果尖小而钝，黄白无彩，缝合线浅，肉色全白，质软面，味酸甜有香气，离核，成熟期与大桃同。果面布黑色雀斑状麻点。

（2）大白香毛桃

代表株：玉皇山 29 号。

性状表现：果中大（重 104.5 克），圆果，平顶，黄白无彩，缝合线中深，肉全白，质软面，汁液较多，味甜有香气，半粘核，成熟期与大桃同。

（3）大尖白里毛桃

代表株：五里后 4 号。

性状表现：果较小（重 42 克），果圆形稍长，果尖大、钝、粗，黄白有彩，缝合线中深，肉全白，硬溶质，味甜酸有香气，离核，成熟期与大桃同或略早。

（4）柳叶鹰嘴大毛桃

代表株：五里后 20 号。

性状表现：果中大（重 115 克），圆果小尖，黄绿果尖大呈鹰嘴状，绿色有彩，缝合线中，肉绿白，近核处微红，质韧，味苦酸，离核，稍有香气，成熟期晚。叶窄似柳叶。

（5）大红毛桃

代表株：玉皇山 26 号。

性状表现：果中大（重 109 克），圆果平顶，黄白彩浓，缝合线深，肉绿白，近核处红色，质软，味甜酸，稍有香气，离核，成熟期与大桃同。

（6）红里韧肉毛桃

代表株：五里后 10 号。

性状表现：果较小（重 49.5 克），圆果小尖，黄绿有彩。缝合线中，肉绿白散红，近核处红，肉质韧，殊隐聚有香气，半离核，成熟期与大桃同。

（7）麻点红毛桃

代表株：玉皇山 36 号。

性状表现：果较小（重 67 克），圆果中尖，绿色有彩，缝合线浅，肉绿白散红，近核处红，质脆，味苦酸，离核，成熟期晚。果面布黑色雀斑状麻点。

在三级起源型内，已有一些类型具栽培性状。但是，当时出现了果实更大更好的栽培的“种桃”类后，再经过长时期实生栽培和人工选择，才开始演化出一些优良类型，其中包括白里大桃、香桃、九月菊、红里大桃、大红接种 5 种。

1. 白里大桃

如散布于生产群体中的某些白里类型。

2. 香桃

代表株：玉皇山 38 号。

性状表现：果大（重 200 克），圆形果，黄色无彩，果尖中等而尖锐，缝合线中，肉白近核处浓红，溶质，味酸而香气特浓，粘核。成熟期比大桃略早。

3. 九月菊

最晚熟的类型，果中大，品质较好。过去曾将其划分为一个品种。

4. 红里大桃

如现在散布于生产群体中的某些红里类。

从原始的毛桃到果大而好的“栽培种桃”，这段漫长的演化过程是否发生在肥城，或是外来基因型的直接引入，这一问题很难得出结论。但可以肯定的是，从种桃中演化出比较优良的类型才是现今肥城桃优质性状演化的开端，而嫁接和实生繁殖的方法开始并用，加快了选择的进程。由于此时群体仍有大量实生类（包括种桃、接种和毛桃）混生，选择的类型发生多次杂交和回交，性状剧烈变化，分离和重组导致更优类型的出现，逐步通过混合选择和无性繁殖形成现在的大多数生产类型。如：

（1）麻点白里大桃

肥城县园艺场选出的 47 号单系，即属于此类。

（2）簇果白（即簇果白里大桃）

（3）柳叶佛桃

代表株：园艺总场 46 号。

性状表现：果特大（重 500 克），圆果，果实大而突出呈鹰状。绿黄无彩，缝合线较深，肉白深近核处红色，硬溶质，味甜酸适口，汁多，有香气，粘核。叶窄似柳叶。

（4）簇果红

簇果红即簇果红里大桃。

（5）半吊枝白

半吊枝白即半吊枝白里大桃。

（6）半吊枝红

半吊枝红即半吊枝红里大桃。

（7）吊枝白

（8）吊枝红

受传统繁殖方法的影响，在嫁接桃的实生后代中，又分离出各式各样的“接种桃”。如按其形状划分，则有：

（1）圆接种

圆果形，似接桃。

（2）偏接种

果形不正。

（3）大接种

果大似接桃。

（4）长接种

代表株：玉皇山 34 号。

性状表现：果中大（重 80 克），果形长圆，绿色有彩，果尖大而突出，缝合线中深，肉绿白，近核处微红，肉质白，味酸甜有香气，半离核，熟期与接桃同。

5. 大红接种

代表株：玉皇山 37 号。

性状表现：果较大（重 170 克），圆果，黄白彩浓，十分鲜艳。果尖小，缝合线较深，肉绿白近核处浓红，硬溶质，味酸甜适口，汁多，香气浓，粘核。熟期比大桃略早。

以上是肥城桃类型演化形成的简单模式。这并不说明肥城桃类型的演化进程，只试图说明性状类型进化的历史总体。实际上，要说明肥城桃类型的演化过程，这个还显得过分简单。在肥城桃的演化历史上，各种进化类型之间不知要发生多少次基因交换，包括各式各样的自然杂交和回交。其进化路线也是多元的，并非是朝一个方向发展的。还因为肥城桃的演化过程毕竟是处于栽培者的控制之下，人工选择在其中发挥了巨大的作用。尤其是实生和嫁接并举的繁殖方法，可以使人们根据不同的选择目标，从实生群体中挑选出优良单体，通过嫁接进行扩大繁殖，这就大大提高了选择强度，加快了优良性状形成的步伐。人工选择还使有效基因积累，有性繁殖也进一步导致更优类型的出现。这是人工选择的创造性，即由量变到质变的过程。

综观肥城桃的栽培繁殖过程，这实际上就是一个大规模的育种过程，历代的栽培者都在自觉不自觉地进行着人工选择的工作。一些优良性状，如大果、高糖、多汁等，可能就是在肥城封闭演化过程中形成的。

三、肥城桃培优新举措

20世纪80年代以来，肥城县注重肥城桃培优，取得显著成绩。[①]措施主要有五点：（1）科学施肥浇水。在施肥品种上，以有机肥料为主，施用肥桃专用肥和光合微肥，杜绝施用氢铵化肥。在施肥方式上，基肥：每棵按一斤果二斤优质圈肥，于果实采收后，开沟30～40公分一次施入。追肥：开花前每棵追施肥桃专用肥1.5～2公斤；6月下旬至7月上旬，每棵追施豆饼3.5～5公斤、磷酸二铵1.5～2公斤。根外追肥：5月下旬至8月中旬，喷施0.2%的光合微肥2～3次，磷酸二氢钾1～2次。浇水结合施肥进行，如8月上旬天气干旱，要增浇一遍果实膨大水。（2）适时疏果、套袋。疏果时期分5月上旬和下旬两次进行。留果数量按果间距20～25公分，保留个头大、发育正常、无病虫侵害的果实。定果后立即进行套袋，套袋方法可采用钉书机封口快速套袋法。同时，搞好破袋着色，要在果实采摘前10天左右，去掉套袋。（3）穴贮肥水、果园覆草。穴贮肥水：在树冠下根系集中的地方，按不同的四个方向挖四个直径为30～35公分、深40公分的穴，穴内垂直插入草把，每穴施入肥桃专用肥0.5公斤，浇水5公

① 参见《肥城年鉴》编辑部编：《肥城年鉴（1988～1992）》，中国书籍出版社1993年版，第268页。

斤，上面覆盖地膜。树盘覆草：在树盘内覆盖15公分厚的杂草，以此蓄含水分，减少水分蒸发，提高地温，促进生长。（4）搞好病虫害防治。利用性诱蕊，搞好虫情测报的同时，按病虫发生趋势，全年喷好五遍关键药，即发芽前、谢花后、麦收前、麦收后、采收前各喷施一遍。（5）适时采收。正常年份，肥桃采收的适宜时期在9月3日左右。过早，成熟度低、品质差；过晚，易脱落，不耐贮运。

1988年8月29日，肥城县委县政府举行首届肥城桃评优赛桃活动。山东省农业厅邀请北农大讲师张潞生、助教王淑珍，省果科所所长、研究员魏国华，山农大教授牟云官，省农业厅高级农艺师李瑰，省农科院副研究员徐庆玉，市农牧局局长赵绍岭，县果树站站长、高级农艺师都吉山等组成评委会。省农业厅副厅长赵忠云任评委会主任委员，省果科所所长、高级农艺师魏国华任评委会副主任委员。参加桃王赛的有新城镇孙小村、桃园镇北台村、仪阳乡刘台村、石西村、县园艺场五个单位，参加优质肥桃赛的有西里村、后鲁村、张里村、站北村、冯杭村、三环村、王南阳村、刘台村、孙小村、赵庄村、东一村、上固留村、石西村、东尚村、里留村、黄庄村、县园艺场、郭留村、王晋村、东四村、龙阳村、李小庄村、古店村、大董村、东三村、西尚村、陆房乡明新村共计27个单位。评出了肥桃桃王奖六个。获得1988年肥城桃桃王奖的有：第一名仪阳乡石西村，桃重613克；第二名桃园镇北台村，桃重610克；第三名新城镇孙小村、仪阳乡刘台村、桃园镇李小庄村、肥城县园艺场，桃重550克以上。获得1988年肥城桃优质奖10个。其中，一等奖1

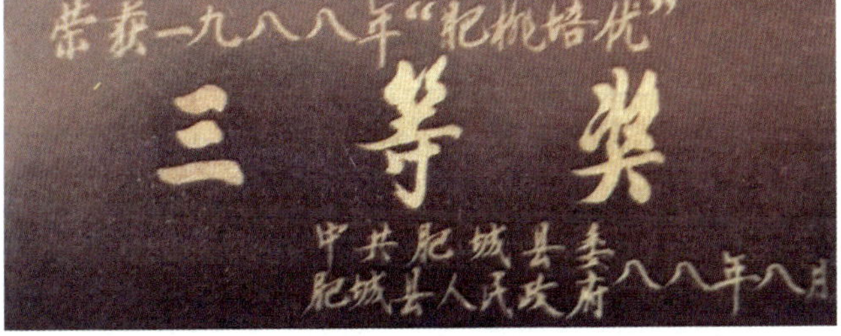

1988年颁发的肥桃培优奖牌

喜获桃王奖

个：桃园镇张里村，88.25分。二等奖3个：县园艺场，88.19分；安站乡站北村，87.64分；安站乡冯杭村，86.19分。三等奖6个：新城镇孙小村，85.93分；仪阳乡三环村，84.88分；桃园镇上固留村，84.51分；陆房乡大董村，84.32分；陆房乡明新村84.19分；仪阳乡刘台村，83.31分。①

新城街道办事处作为肥城桃传统栽培区之一，在肥桃培优上重点做好施肥关、产量关、浇水关、修剪关、病虫害防治关，成果显著。1997年，肥城桃栽培面积530公顷，在肥城市肥桃培优专家鉴定会上夺取一金、一银、两铜的优异成绩，并在夺杯竞赛中荣获全市肥桃培优金奖。②桃园镇以肥城桃产业作为经济发展的支柱产业，栽培面积达1200公顷，建立培优肥桃基地24个，严格土、肥、水、病虫害防治和修剪等各项管理技术，培育推广成熟期不同的各类型系列品种20多个，并建立了优良单株采穗园，培优肥桃园667公顷，优质示范园188公顷，优质果率达到70%，获得市肥桃培优银杯奖。③

1998～2002年，全市试验推广测土配方施肥、果园覆草、果实套袋、花果精细管理、标准化栽培和绿色果品生产等项技术，推广使用面积达1333公顷。

① 参见傅志亭主编：《肥桃史话》(《肥城文史资料》第六辑)，山东省出版总社泰安分社1991年版，第81～84页。

② 参见肥城市史志编纂委员会办公室编：《肥城年鉴(1993～1997)》，齐鲁书社1999年版，第90页。

③ 参见肥城市史志编纂委员会办公室编：《肥城年鉴(1993～1997)》，齐鲁书社1999年版，第100页。

2002 年起，桃园镇为综合利用土地，提高果园利用率，兴起了桃园林下养殖，利用桃园空地，进行鸡、鸭、鹅等畜牧养殖，既能达到除虫的效果，又能使粪便上树，增加有机肥，从而做到绿色、生态循环发展。

2003 年以来，肥城市委市政府按照“生产有标准、质量有检测、认证有程序、市场有监管”的要求，建立完善肥城桃生产技术标准体系、质量检测体系、标准化基地认证体系。根据国际和国家的有关标准，制定肥城桃地方标准，完善肥城桃生产操作规程，形成联动配套质检体系，进一步加强对肥城桃的有机认证、无公害认证和标准化生产基地认证。

肥城市林业局引导果农开展果园土肥水、病虫害防治“七个一遍”（修剪一遍，清园一遍，施肥一遍，整穴一遍，涂白一遍，喷药一遍，浇水一遍）管理工作。落实四季修剪、花果管理适时采摘等管理技术要点。对设施果树实行更新式修剪法、壁蜂授粉、滴灌、温湿度控制、生物防治等管理措施，严禁在果园内种植小麦、棉花、玉米等高杆农作物，确需间作要留足管理带，尽量减少农作物与果树的营养争夺，促进果树的生长发育，提高果品产量和质量。

据时任北僧台村党支部书记阴法坤介绍，为保护传统肥城桃资源，2008 年土地流转之初，村里建成“肥城桃特观园”，在种植模式和管理方法上，回归传统，采用微滴灌、杀虫灯、减少农药使用等新手段，追求肥城桃的最佳品质。2011 年起，阴丽云还通过电商平台销售优质肥城桃，逐步开启了肥城桃销售新模式。阴丽云成为第一批使用新技术和新模式种桃的新桃农，她的千亩桃园在当年也成为肥城优质肥桃种植试验示范基地。

2012 ～ 2015 年，肥城市进一步加强肥城桃培优技术措施，全市肥城桃栽培面积得到恢复性增长，肥城桃栽培面积达 4.2 万亩，品种

60多个，总产量1.4亿斤，总产值达到6.6亿元，亩均收益达15000元以上。[①]2013年9月，仪阳栲山村选送的“中华寿桃”，被中国林产品交易会组委会评为“第十届中国林产品交易会金奖”。

2016年，在新技术推广上，明确增施基肥、桃园生草、起垄覆盖、高光效改造修剪和绿色控害五项关键技术，编印《病虫害综合防治技术规程》等技术资料，并从省果树研究所争取到桃产业技术培训丛书100本，发放到农户手中。依托“会员通”软件平台和肥桃网，发布管理月历和当前农事提醒信息，及时指导桃农抓好肥城桃关键环节的技术管理，累计发送技术短信800多条次。邀请山东农业大学教授彭福田在沙窝社区举办技术培训班，组织研究技术人员举办培训班6场次。

2017年，由肥城桃研究所采取租赁方式统一管理的西尚里村有机肥城桃示范园开始发挥示范带动作用。在8月中旬降水较多的情况下，示范园内肥城桃仍然保持较好品质，最高可溶性固形物含量达26%。[②]示范园生产的科技含量得到提高，并发挥辐射带动作用，示范园优质生产的影响力进一步扩大。

2018年，为促进培优关键技术的落实应用，编写《肥城桃提质增效栽培技术》一书，编印《病虫害综合防治技术规程》等技术资料，并发放到农户手中。同时，通过举办培训班，印发技术资料，现场观摩，利用肥桃网、“会员通”短信等多种方式进行推广，及时指导桃农抓好肥城桃关键环节的技术管理。

西尚里村有机肥城桃示范园继续发挥示范带动作用，通过加强统一管理，落实培优技术，示范园的优质生产条件不断完善，所

① 参见肥城市地方史志办公室主编：《肥城年鉴（2012～2015）》，中国国际文化出版社有限公司，2017年，第229页。

② 参见肥城市地方史志办公室编：《肥城年鉴（2018）》，方志出版社2018年版，第226页。

产肥桃品质逐年提高，得到各级领导普遍好评，先后被确定为国家“十三五”现代农业产业技术示范基地（编号:CARS-31-37-10）、“山东农业大学教学基地”、“山东省农业科学院肥城桃科技示范基地”和泰安市“林业科技示范园”。示范园生产的科技含量不断提高，发挥了辐射带动作用。①

2019年9月6日，肥城市肥城桃产业技术专家指导组签约仪式举行，国家桃产业技术体系首席专家、北京市林果研究院研究员姜全等6位专家受聘，专家组就肥城桃产业发展和急需解决的重大关键技术难题开展合作攻关，促进产业转型升级。9月21日，肥城市以“筑梦乡村振兴，共享丰收喜悦”为主题庆祝2019年中国农民丰收节颁

2019年肥城桃产业技术专家指导组签约仪式

① 参见肥城市地方史志研究中心编:《肥城年鉴(2019)》,九州出版社2019年版,第230页。

奖典礼在肥城文广大厦演播大厅举办，活动中表彰了优质佛桃园。

位于肥城桃主产区桃园镇的肥桃省级现代农业产业园，占地3.5万亩，有工商资本企业8家，发展肥桃种植及有机果蔬基地5500余亩。片区于2019年荣获“国家级特色农产品优势区”和“省级现代农业产业园”等称号。[①] 主要建设以肥桃产业为核心的现代标准化种植片区、肥桃科技示范片区、产学研科技支撑片区、循环农业示范片区、二产融合发展片区、肥桃旅游开发片区、田园综合体文旅康养片区、桃木雕刻文化片区八大片区，辐射带动肥桃种植面积达到5万亩，实现一、二、三产深度融合，生态效益和经济效益双向发展。

检测肥桃糖度

以上举措为肥城桃培优工作开创了新局面，也为今后的肥城桃培优积累了经验。

为加快肥城桃培优进程，肥城林业部门加大科研力度，进一步改进了肥城桃标准化种植技术。在原有标准基础上，研究制定了从生产环境、生产过程到肥城桃品种、加工包装等环节的一系列标准，形成了涵盖产前、产中、产后全过程的标准体系，使肥城桃产业既有一个明确的质量标准，又有一套与之相适应的生产环境标准和技术操作规程。按照“完整、接轨、简便”的要求，把标准延伸到产前、产中、产后的每一个环节，使每一个环节都有标准可循，形成从生产环境到餐桌的一整套完整完善的全程标准依据。进一步修订完善了现有的肥城桃质量标准，使之一步到位，达到国际标准。同时，这些标准可

① 参见肥城市地方史志研究中心编：《肥城年鉴（2020）》，方志出版社2020年版，第431页。

操作性强，让农民一看就懂、一学就会，便于把握运用。

肥城市委市政府曾多次评选“桃王”，极大地调动了桃农种植培优的积极性。从2002年起，肥城市把“桃王”评选列为金秋时节的一项重要活动，按照一套科学的评价体系，邀请林果专家对各乡镇办事处选送的优质佛桃进行评比，对评出的“桃王”及其种植业户进行广泛宣传表彰和奖励。其中，2009年的“桃王”得主——新城办事处李志茂的故事被中央电视台《走遍中国》栏目报道。

肥城市委市政府通过采取培植新技术推广、科研项目带动、示范园引领、各类标准的制定与实施以及“桃王”评选等一系列培优举措，让肥城桃品质越来越高，声誉越来越大。肥城桃作为国家地理标志知名商品和“山东放心农产品”，其品牌越来越亮，价值越来越高。

第四节 肥城桃当代栽培技术

自民国以来，肥城桃栽培技术得到许多专家学者的关注，他们探讨栽培经验、质优原因，传授先进技术。中华人民共和国成立后，肥城历届党委政府重视肥城桃产业发展。1956 年成立肥城县园艺场，专门培植肥城桃，并于 1957 年起邀请山东省果树科学研究所专家驻肥，总结栽培技术和管理经验，指导桃农生产。1960 年成立县肥桃试验站，进一步总结提升肥城桃栽培技术，以促进肥城桃产业科学发展。

1984 年，肥桃试验站更名为“肥城桃研究所”，增配科研力量，进一步承担起肥城桃的生产科研工作。1986 年，肥城县被农牧渔业部列为全国“名优特产”肥桃基地县。县委县政府把肥城桃生产作为振兴肥城经济的一件大事来抓，采取有力措施发展肥桃栽培面积，加强科学管理，努力提升肥城桃产量与质量。

新世纪以来，形成肥城桃栽培科研推广服务体系。市里建有肥城桃研究所，各乡镇建有林果站，各产桃重点村配有科技主任，形成了上下贯通的市、镇、村三级科技推广服务网络。市肥城桃研究所与国内部分高等农业院校和科研部门已形成长期稳定的合作关系，为新品种的引进和栽培技术的不断更新提供了良好的技术保障。近年来，加快了桃树优良品种的引进和传统佛桃新品种的培育，肥城桃系列品种结构不断趋于优化。肥城桃栽培技术不断革新，趋于与国际接轨，步入标准化轨道。

一、20 世纪 50 ～ 70 年代肥城桃栽培技术

中华人民共和国成立后，各级党组织和政府重视肥城桃生产发展，不仅栽培面积逐年扩大、产量年年提升，而且更加重视肥城桃栽培技术的总结与研究，为广大桃农进行科学生产提供指导。

自 1957 年起，山东省果树科学研究所专家便驻扎肥城，历时 5 年，对肥城桃种植经验进行总结，对新技术进行推广，于 1961 年 10 月，撰成《肥城桃》一书，由山东人民出版社出版发行，重点记录了当时肥城桃的栽培技术，为我们留下了珍贵史料。

《肥城桃》一书从肥城桃的历史生产概况、主要品种、生长结果习性、适宜栽植区域与肥城桃的育苗和嫁接技术、桃园的建立和栽植、整形和修剪技术以及桃园管理的主要技术八个方面入手，总结肥城桃的过去，记录当时的生产状态，并针对桃农的培植管理经验和技术给予评判与科学指导。

《肥城桃》书影

育苗上，不论是种子处理还是砧木选择，依旧沿用旧法。或选择充实饱满的种子进行冬播，或于春分开冻后播种冻核。砧木的选择则多采用果肉白色、汁多、味甜的实生大毛桃或小白毛桃苗。嫁接法以套接（俗称“哨接”）为主，操作简单，具有一般技术水平的桃农一天能接400～500株，成活率可达90%以上。

此外，劈接法、芽接法在当时也比较流行。

整形修剪技术方面，沿用多年生产实践中创造的适合肥城桃生长特性的丛状整形法为主。随着新发展的肥城桃以芽接繁殖增多，整形采用以疏散多主枝开心形为主。桃农根据肥城桃以短果枝结果最好的特点，对幼树尽量轻剪，在嫁接后的头 2 ～ 3 年内，冬季修剪只对延长枝进行打尖（剪去顶端一小部分），这样可以促进枝条下部多发生短果枝。除冬季修剪外，桃农还注重夏季修剪和对衰老树采取重剪的办法，从而达到稳产、高产的目的。

桃园管理的主要技术方面，注重树间土地深翻、中耕除草及培土埂、挡地埝等管理技术，以达到肥城桃生长对土壤的要求。注重肥水管理，满足肥城桃对肥料和水分的需求。施肥分为基肥和追肥两种，全年追肥 3 ～ 4 次，分为养花肥、攻果肥、养花芽肥和攻浆肥。在传统豆饼肥、人畜肥、草木灰等有机肥的基础上，增加硫铵等速效化肥。

防治病虫害上，掌握“防重于治”的原则，采取及时、全面的综合防治措施，增加石灰硫磺合剂、可湿性 666、滴滴涕等农药的使用。预防霜冻和大雾时，依旧采用熏烟法为主；还是通过架枝、吊果和树干培土来防风灾。

王桂英检查桃树病虫害（1961年）

20 世纪 60 年代以来，孙中信、束怀瑞、辛培刚、石荫坪、王强生等肥城桃研究专家撰写了《肥城桃品种组成及丰产性状的探讨》《肥城桃花粉母细胞的减数分裂——我国重要果树资源细胞学研究之一》《提高肥桃品质》等学术研究文章，发表

肥城桃农检查桃树生长情况（1961年）

于《园艺学报》《落叶果树》《肥城科技》等刊物，以学术的视角，展开了对肥城桃的研究工作，为今后肥城桃科研的深入开展奠定了基础。

这一时期，肥城桃的栽培技术受到党和政府的重视，与1949年以前相比已经大有进步，主要表现在继承传统栽培管理经验的基础上吸收了越来越多的科学实验数据的指导。但是，在肥料的施用与病虫害防治上，逐渐出现了化肥和农药的滥用趋向，导致了肥城桃品质的下降，成为后来肥城桃培植与品质提升中需要解决的一项重要工作。

二、1980～2000年肥城桃栽培技术

1978年12月，党的十一届三中全会召开以后，党在农村各项政策的贯彻落实，调动了农民的积极性，肥城桃生产呈现空前兴旺的景象。肥城桃的种植面积有了大的增加，在传统种植栽培的基础上，栽培技术不断进步提高，更趋科学化、现代化。

在园地选择上，更加注重小地形、小气候的利用，且在园地选好后，首先要因地制宜地设计果园小区面积、形状，合理安排果园道路、水渠、防护林和建筑物及包装场等。苗木繁殖上，砧木育苗多采用普通毛桃桃核来播种育苗，也有山毛桃、肥桃幼龄树果实种子等播种育苗。播种仍分为冬播和春播，主要用大田式条播和畦内条播。桃树的嫁接主要分为春季、夏季和秋季三个时期，春季多采用枝接法，夏、秋季用芽接法。

为达到合理密植，提高产量，栽植（定植）因地制宜地出现了三

角形栽植、长方形栽植、正方形栽植和带状栽植（双行、宽窄行栽植）等多种方法。在土肥水管理上，从土壤深翻改良与浇水技术、肥料的分解、养分吸收、运转合成和利用上讲求科学化。施肥注重分析土质与多种营养元素的使用。水的管理上注重灌水与排水结合，在传统的花前水、攻果水、基肥水、封冻水的基础上新增喷灌、滴灌等保水措施。

整形修剪技术上，遵循整形结果并举，结果为主要目的和不同树龄整形不同的原则，安排骨架，调整各级骨干枝的主从关系，培养配备好结果枝组，平衡各部位间势力，调整有效结果枝及各类枝条的比例，合理负荷，达到优质、高产、树旺、长寿的目的。

在肥城桃的栽培管理中，病虫害防治一直是一项难度大、用工多、成本高的工作。随着新技术的应用和机械化程度的提高，这项工作正逐步实现现代机械化操作，既解放了劳动力，又提高了防治效果。肥城桃农进一步掌握病虫害发生发展规律，执行“预防为主，综合防治”的植保方针，逐步提高识别和防治病虫害的能力，使肥城桃保持持续高产稳产。

这一时期的桃树栽培管理技术，还有疏果（掐桃）、顶枝、吊果、兜桃、预防霜冻与拉雾等，基本沿用传统的方法。比如兜桃，即果实套袋，可起到预防和减轻病虫害，改善果实品质，提高优果率等作用。

桃树管理

此阶段，肥城桃的栽培管理在沿用传统技术的同时，更加注重科学实验数据的指导应用。肥城桃科研工作呈现出火热景象。李淑英、刘庆莲、尉云良、师法萍等科研专家撰写的《不同肥料对肥桃幼树生长结实的影响》《肥城桃密植丰产研究》《肥城桃丰产栽培技术》《优质肥桃的水土管理研究》《肥桃病虫害综合防治技术》等论文，发表于学术期刊；

《肥城桃栽培新技术》书影

《肥桃栽培》书影

《桃树丰产栽培》《肥桃栽培》《肥城桃栽培新技术》等一系列科普读物为桃农的生产管理提供了经验借鉴与科学指导，肥城桃栽培技术出现了历史变革性发展，管理逐步由科学化向标准化迈进。

三、新世纪以来的肥城桃栽培技术

进入新世纪，肥城市委市政府更加注重肥城桃的品牌建设，以政策、科技和文化为抓手，促进肥城桃的产业升级。自 2001 年起，在全市推广肥城桃标准化栽培技术和绿色果品生产技术。[①] 按照“有标贯标、无标制标、缺标补标”[②] 的原则，对市内肥城桃、苹果、核桃、樱桃等果品逐一制定从生产环境、生产过程到果品质量、加工包装等一系列标准，形成涵盖产前、产中、产后全过程的一整套完善的标准体系，使优质果品生产有了明确的质量标准，又有一套与之相适应的生产环境标准和技术操作规程。将绿色食品肥城桃、苹果、核桃、樱桃质量标准和技术操作规程印发成册，下发到全市各果品重点产区乡镇村，加快高档果品生产进程。测土配方施肥、果园覆草、果实专袋、

① 参见肥城市地方史志编纂委员会编：《肥城市志（1988～2002）》，方志出版社 2006 年版，第 201 页。

② 肥城市地方史志办公室编：《肥城年鉴（2003～2007）》，黄河出版社 2009 年版，第 256 页。

桃树管理

花果精细管理等一系列标准化栽培和绿色果品生产新技术成为全市肥城桃普遍应用的栽培技术，并逐步与世界接轨。

肥城桃研究所宋红日、陈文玉等为提高肥城桃产业标准化水平，在总结原有经验的基础上，充分吸收生产上先进的适用技术，经过反复验证，编著《肥城桃产业技术规程》。该书涉及肥城佛桃产前、产中、产后各个环节，其他品种桃可借鉴使用的管理技术规程，为肥城桃的标准化生产提供了依据。

彭兵等《肥城桃标准化栽培技术》一文，从建园、整形修剪、花果管理、土肥水管理、病虫害防治到果实采收等全过程对肥城桃标准化栽培的关键技术进行了阐述①，是当今肥城桃露地栽培管理技术的总结性论述，对于提高肥城桃种植效率和品质具有指导意义。

宋红日、陈文玉、武猛、刘敏、李明图、宿茂恒、王秋红、朱建立、尹红增、张秀丽、田宝竹、闫加印等肥城桃专家学者撰写了多篇的学术研究论文，发表在《中国果菜》《园艺学报》《落叶果树》《烟台果树》《山东农业大学学报》《河北果树》等期刊，研究成果包含了肥城桃的育苗种植、土肥水管理、整形修剪、花果管理、病虫害防治等生产的方方面面，全方位指导了肥城桃的科学种植。

21 世纪以来，肥城桃栽培技术沿用了传统的主要技术，如嫁接、整枝修剪等一直领先并与时俱进的专门技术。这一时期，最主要的技术进步表现在肥料施用、农药喷布以及果园生态环境的绿色环保上。

① 参见彭兵等：《肥城桃标准化栽培技术》，《农业科技通讯》2020 年第 3 期。

1. 肥料施用

2000年起，肥城桃按照生产绿色果品的标准使用肥料，以有机肥为主，化肥为辅，全面推广肥桃专用肥。所使用的肥料有农家肥料、商品肥料和其他肥料。农家肥料包括堆肥、沤肥、厩肥、沼气肥、作物秸秆肥、泥肥、饼肥、绿肥、人畜粪尿、草木灰等；商品肥料包括商品有机肥、腐殖酸类肥、微生物肥、有机复合肥，无机（矿质）肥和叶面肥等；其他肥料是指不含有毒物质的食品、纺织工业的有机副产品，以及骨粉、骨胶废渣、氨基酸残渣、家禽家畜加工废料、糖厂废料等有机物制成，经农业部门登记允许使用的肥料。

桃园禁止使用未经无害化处理的城市垃圾或含有金属、橡胶和有害物质的垃圾，硝态氮肥和未腐熟的人粪尿，未获准登记的肥料产品。

2. 农药喷布

桃树的主要病害有桃缩叶病、炭疽病、桃细菌性穿孔病、褐腐病、根癌病、流胶病等；虫害有桃蛀螟、蚜虫、桃小食心虫、球坚介壳虫、潜叶蛾、红颈天牛等。病虫害防治以全年综合治理为主，科学使用化学防治技术，所施用农药均依照国家施用标准规定。

肥桃园禁止使用甲拌磷、乙拌磷、久效磷、对硫磷、甲胺磷、甲

桃树病虫害

基对硫磷、甲基异硫磷、氧化乐果、磷胺、克百威、涕灭威、灭多威、杀虫脒、三氯杀螨醇、克螨特、滴滴涕、1605、可湿性666、林丹、氟化钠、氟乙酰胺、福美胂及其他砷制剂等农药。

允许使用的农药每种每年最多使用两次，最后一次施药距采收期间隔在20天以上。限制使用的农药，每种每年最多使用1次，施药距采收期间隔在30天以上。

3. 果园生态

注重果园生态环境质量建设，加强对土壤、大气、灌溉水等生态环境的检测与治理，按照全市统一规划，设定肥城桃生产保护区。依据保护条例，在保护区内禁止引进化工、医药、造纸等有污染的项目，加强工业“三废”治理，严禁污水灌溉。全面做到肥城桃生态环境优良化、肥料施用有机化、防病治虫绿色化，达到绿色食品安全生产的标准化。

21世纪以来的肥城桃栽培更加注重果园生态化与全域绿色化管理。每一项栽培管理技术均有相应的规程为指导，其管理的科学化、精细化与标准化达到世界领先水平。

第五节 肥城桃运销与加工

自古以来，肥城桃作为水果佳品，一直是富贵人家的专供水果，穷困之家食桃不易。中华人民共和国成立后，肥城桃产业发展得到了党和国家的重视，产量逐年提高，肥城桃逐渐成为寻常百姓家果盘中的鲜美果品之一。随着肥城桃加工的深入，肥桃罐头、肥桃酒、肥桃汁、肥桃酱、肥桃糕点、肥桃糖果等系列食品，更是成为百姓四季餐桌上的美食和休闲食品。肥桃宴计有 48 道美食，成为独具地方特色的待客佳宴，彰显了肥城的好客之道，名扬于四方。

一、肥城桃运销

中华人民共和国成立后，肥桃除供应当地市场外，大部由外贸部门或土产部门按国家牌价收购。1984 年以前，牌价每斤一级 0.25 元，二级 0.2 元，三级 0.15 元。国家按供应价售给生产队或桃户豆饼、化肥作桃价补贴。1984 年以后，人民生活水平提高，肥桃销售量增大，价格逐年上升，牌价每斤 0.4 ～ 0.5 元。运销范围逐年扩大，国内运销北京、天津、沈阳、兰州、张家口、南京、武汉、香港等地；国外运销新加坡等地。1956 ～ 1962 年，销往外地的肥桃有 212.5 万斤，年均 30.35 万斤；1970 ～ 1973 年销往外地的肥桃有 15 万斤，年均 3.75 万

肥桃丰收

斤；1974～1978年销往外地的肥桃有331.82万斤，年均66.36万斤。1978年以后，有不少食品加工部门直接和桃园签订合同，价格本着互利原则，一般每斤0.4～0.5元。1980～1984年，销往外地的肥桃约1000万斤，1985年销往外地的肥桃有350万斤。剩余的部分桃户可以随意出售，市场价格每斤0.5～0.7元，个大色好的肥桃每斤卖到0.8元。1985年以后，外销国内外肥桃数量逐年增多，大都用汽车、火车运输，偶有空运，数量很少。邻近省市县和大企业来车直接购买者越来越多。[①] 肥城县与商业部济南果品研究所合作，研究成功了气调合保鲜技术，并开辟空运销售渠道，肥城桃销往美国、苏联（今俄罗斯等国）、加拿大、日本、菲律宾、泰国、新加坡、朝鲜等20多个国家和地区。随着科技的进步与每年肥城桃外销量的急剧增加，肥城桃的包装也有了改进。包装由原来的火纸包裹单桃装柳条筐改为用塑料泡膜网套装装入塑料周转箱或纸箱，箱体既美观又实用。[②]

随着肥城桃产量的逐年大幅增加，肥城县为加强市场宣传，每

① 参见傅志亭主编：《肥桃史话》(《肥城文史资料》第六辑)，山东省出版总社泰安分社1991年版，第132～133页。

② 参见肥城市仪阳乡史志编纂委员会编：《仪阳乡志》，山东省地图出版社1999年版，第274页。

年于肥城桃采摘期前率先在省市电视台、齐鲁晚报等新闻媒体刊登销售广告，以扩大销售市场，提高经济效益。[①]1990 年，肥桃气调批量贮存实验取得成功，保鲜 45 天，并通过专家鉴定。1991 年 9 月，肥城县委为扩大肥城桃的品牌宣传，广开市场和销路，举办首届中国肥城桃节，当年肥城桃批量出口新加坡。1993 年，实施“肥桃保鲜储存运输技术改造”项目。1994 年，桃园镇建立盛杰冷藏厂，可存储肥城桃 3000 吨。1995 年，肥城桃引入福建客户，行销东南沿海市场。1996 年，行销长江沿岸市场。1997 年 4 月，建设肥城桃保鲜运销体系项目，扩建 1000 吨恒温库。1998 年，500 吨恒温库配套投入运行。1999 年，完成 500 吨恒温库保温喷塑及货架改造，实施“万亩肥桃产销一体化工程”，建成肥桃快速预冷保鲜库，成立肥城新兴肥桃保鲜储运有限公司。同年，桃园镇王甲珍在政府的支持下，联股成立肥桃生产合作社，形成集肥桃生产、培优与销售一体的综合性服务组织，把肥城桃生产和市场联为一体。他们积极走出去与企业和客户挂靠联合，达成供销协议，在上海、嘉兴、福州等几个大中城市的水果批发市场设立肥城桃专卖摊位，减少销售中间环节，当年销售肥桃 400 多万斤。[②]

肥桃选优装筐

2001 年 4 月，肥城市建成占地 9400 平方米的肥城桃批发市场。2002 年，建成肥城桃世博园，成立肥城世博桃园有限公司，600 吨恒

① 参见仲崇福、辛显民、田宝珠：《搞好肥桃生产，促进经济发展》，侯庆祥主编：《兴林富民集》，泰安市新闻出版局，1993 年，第 32 页。

② 参见桃园镇供稿：《王甲珍——“桃经纪”名传桃乡》，张茂珍主编：《希望的田野——肥城市农村致富 100 例》，2000 年，第 157 ～ 158 页。

温库及科研楼投入使用，园内定植优质肥桃苗木500株。全市鲜桃预冷加工能力8000吨，肥城桃大量出口韩国。[①]2005年，肥城桃主产区之一的仪阳乡成立仪阳肥桃专业合作社，为肥城桃的扩大销售提供系列化服务。[②]

2006年起，优质肥城桃的销售，重新兴起了论个出售的现象。据阴法坤回忆，那时，肥城桃质优价高，桃行（果园）里常常流传着“一棵树上挂着一辆摩托车”的说法，可见当时肥城桃销售价格之高，销路之好。

2010年11月，《走遍中国》介绍了山东省肥城市历史悠久的桃文化，以及肥城桃和桃木制品的特点等，为肥城桃的推广销售做了广泛宣传。肥城市委市政府以提高全市果农组织化程度和果品生产的规模化、标准化水平为目的，培植龙头企业，发展农民林业专业合作社，推进协会组织建设，建立“合作社＋基地＋农户”“公司＋基地＋农户”“协会＋基地＋农户”等产业化组织体系，形成市场牵龙头、龙头带基地、基地连农户的产业化格局。

至2011年，全市以汇源果汁、坤庆果脯、佛桃源白酒为代表的各类林果产品加工销售企业130多家，以果品销售和科技服务为主的各类合作社经济服务组织有112个。[③]同年，经中组部远程教育办公室和商务部批准，肥城被确定为全国农村商务信息服务试点县（山东省共8个）。按照“展区域农商风采，创特色农产品牌”的总要求，启用商务部新农村商网肥城专页，突出“肥城桃、有机蔬菜、畜禽养殖和特色经济”四大板块，380家农民专业合作社和131家农业龙

① 参见肥城市地方史志编纂委员会编：《肥城市志（1988～2002）》，方志出版社2006年版，第201页。

② 参见肥城市地方史志办公室编：《肥城年鉴（2003～2007）》，黄河出版社2009年版，第308页。

③ 参见肥城市地方史志办公室编：《肥城年鉴（2008～2011）》，黄河出版社2013年版，第332～333页。

头企业相关信息向全国推介发布，肥城成为全国第三个发布的县市。组织召开肥桃销售“农超对接”现场会，实现肥城桃高效快速流通。①

随着电子商务的发展，肥城桃加大“网上销售”业务。2015年，仪阳镇刘台村惠农肥桃销售专业合作社加入“全国农产品商务信息公共服务平台”，网上销售收入达200多万元，被评为“省级专业合作社示范社”。②阴丽云在北僧台村成立桃子姑娘有限责任公司，其优质肥桃的网上销售量日渐上涨。

2016年，肥城市委市政府继续围绕打造肥城桃金字招牌，开展肥城桃品牌宣传推介活动。通过举办“桃花旅游节”“金秋品桃节”“赛桃评优活动”，肥城桃开发总公司借助电视、网络、报刊等媒体宣传肥城桃。建成集品牌宣传推介、销售服务于一体的“肥城桃网”综合网络平台，组织参加各类品牌节、农交会、展览（销）会来宣传推介肥城桃品牌。与山东省电视台《乡村季风》栏目合作，拍摄制作肥城桃品牌宣传片《肥城桃的前世今生》，提高肥城桃的知名度和美誉度，营造良好的名牌氛围。发挥“肥城桃网”服务平台在肥桃销售工作中的桥梁纽带作用，及时为桃农和客户发布供求信息，

优质肥桃产业园

① 参见肥城市地方史志办公室编：《肥城年鉴（2008～2011）》，黄河出版社2013年版，第384页。

② 参见肥城市地方史志办公室编：《肥城年鉴（2012～2015）》，中国国际文化出版社2017年版，第290～291页。

联络引进外地客商。协助山东电视台生活帮支农团、顺丰快递肥城分公司开展肥城桃电视促销和网络平台销售，指导肥城桃生产经营者由传统销售方式向订单农业、电子商务和农超对接等现代营销方式转变，培植树立“九九桃园”“桃子姑娘”“天一农庄”等10余个肥城桃现代营销典型会员。[①] 推进实施肥城桃名牌销售战略，指导专业合作社和桃农由无牌、散装、低档销售向中高档品牌销售转变，鼓励桃农使用“肥城”桃地理标志驰名商标和地理标志品牌包装，实现肥城桃外销有名有牌，扩大肥城桃品牌影响力，拓宽销售市场，经济效益大幅度提高。

肥桃商标

广大桃农积极参加电子商务培训学习。桃农在互联网上开网店，利用互联网线上线下进行肥桃促销、建立肥桃销售网络平台。广大桃农优化组合、强强联合，实行产供销一条龙服务，建立桃产品销售物流中心。与数千家网站建立了信息互通联络机制，形成了庞大的信息发布网，及时发布产品信息，宣传肥桃系列产品，开创肥桃销售新模式。淘宝、微博、微信等均成为肥桃销售的重要渠道。全市网上销售肥城桃的企业、合作社、家庭农场、个人达200余家，网上销售占比较高的有新城街道西尚村，桃园镇北僧台村，仪阳街道刘台村、大栲村。

肥城市北僧台村农牧专业合作社充分发挥网络平台作用，在网站建立了肥桃销售中心，销售优质肥桃，不仅销往全国各地，而且远销俄罗斯、朝鲜、越南、新加坡、马来西亚等国。北僧台农牧专业合作社年销售收入150万元。2016年，肥城桃网络销售已占肥城桃销

① 参见肥城市地方史志办公室编：《肥城年鉴（2017）》，方志出版社2017年版，第236页。

售总量的40%。肥城市获评全国首批“互联网·经济林营销模式示范单位”。

2017年，肥城桃参加第十五届全国农交会，进一步拓宽销售市场，全年网络销售达到肥城桃销售总量的50%。①

2018年，借助肥城参加央视《魅力中国城》节目，将肥城桃作为贯穿节目始终的城市名片进行宣传推介。在高铁站、飞机场等公共场所通过宣传标语、滚动字幕等方式进行品牌宣传。借力康顿企业销售联盟，在大中城市的大型超市、商场设立肥城桃直销专柜或品牌代理商。借助正大果业公司的销售渠道，扩大肥城桃的销售范围。②全年网络销售占肥城桃销售总量的50%。③

2019年，桃园镇成立肥桃生产专业合作社8户，销售服务公司1户，销售专业网站15户，通过网站销售肥桃1.2万吨，占总销售量的20%。④肥城市委市政府在不断扩大肥城桃销售渠道的同时，加快建设肥桃高科技储藏设施。仅桃园镇就建有肥城桃冷藏厂22家，依托先进设备，把肥城桃的销售期延长至100天，更好地实现错峰售桃，既满足了市场需求，又带来非常可观的经济收益。

近年来，肥城市桃园的看护房全部增添了桃文化元素的绘画，有写实的生态之美，有充满乡情的田园牧歌，一幅幅鲜活生动的户外墙画掩映在盛开的粉嫩花海中，成为一道道赏心悦目的乡村美景。每届肥桃上市，在专门划定的肥城桃销售路段，摊位如同长龙，一字摆开，熙熙攘攘，好不热闹，成为一道别样的景观。

自中华人民共和国成立，肥城历届党委政府越来越重视肥城桃

---

① 参见肥城市地方史志办公室编：《肥城年鉴（2018）》，方志出版社2018年版，第227页。

② 参见肥城市地方史志研究中心编：《肥城年鉴（2019）》，九州出版社2019年版，第218页。

③ 参见肥城市地方史志研究中心编：《肥城年鉴（2019）》，九州出版社2019年版，第232页。

④ 参见肥城市《桃园镇志》编纂委员会编：《桃园镇志（1990～2019）》，黄河数字出版社2021年版，第108页。

品牌建设，通过加大宣传推广、改进包装手段、错时销售、网上营销等一系列举措，肥城桃的运销量逐年增长、市值不断提高，肥城桃品牌成为一块金字招牌，声名享誉天下。同时，带动了食桃、赏花、雕刻与文旅融合等肥城桃产业的兴盛，成为肥城市乡村振兴的特色产业和支柱产业之一。

二、肥城桃加工

肥城桃因果实个大、果肉厚，与其他桃相比加工利用率高。肥城桃加工历史悠久，加工产品主要有肥桃酒、肥桃罐头、肥桃汁、肥桃酱、肥桃糕点、肥桃果脯、肥桃糖果、桃胶、桃膏、肥桃果茶、桃叶茶、肥桃宴等。

肥桃酒的批量生产已有近200年的历史，清道光年间便有肥桃酿酒品牌——碧桃春。中华人民共和国成立后，肥城县酒厂研究加工的“肥桃酒”“肥桃露酒”“肥桃春”和“大佛桃酒”等都是具有浓郁的肥桃香气，味甘气香，很受欢迎，特别受江南人民的喜爱。1984年7月，肥城酒厂研制出的“肥桃酒”是以肥桃为主要原料，以蜂蜜、冰糖白糖为辅料，酿成25度肥桃酒，浅黄色，透明，味道清香、醇正、柔和、酸甜适口，当年通过省级鉴定，荣获山东省第一轻工业厅新产品三等奖。①

自1988年起，肥桃罐头厂、肥桃酒厂、肥桃果汁厂、肥桃果脯厂、肥桃糕点厂等先后在桃园镇建立。②

1988年，肥城县酒厂充分发挥本县肥城桃资源优势，开发研制出“全发酵型肥桃酒”③，并集中设备和原料大力增产适销对路的“康王

① 参见傅志亭主编：《肥桃史话》(《肥城文史资料》第六辑)，山东省出版总社泰安分社1991年版，第133页。另见张世培整理：《肥城县酒厂名优产品》，油印稿本，1988年，第26页。

② 参见山东省肥城市桃园镇史志编纂委员会编：《桃园镇志》，泰安市新闻出版局，1997年，第219页。

③《县酒厂立足内涵挖掘，在逆境中自我发展》，《肥城通讯》1989年第10期。

河老窖”和“肥桃白酒”。当年，肥城县酒厂在全县工业企业中第一个突破产值2000万元，利税500万元。

“大佛桃酒”是山东省食品发酵工业研究所和肥城县酒厂于1988年开发研制的科技成果。选用肥城大佛桃为原料，采用发酵新工艺酿制而成的低度饮料酒。具有酒色浅黄、清澈透明、果香酒香幽雅、酒质柔和爽口的特点，是一种深受国内外欢迎的滋补营养酒。1990年，获轻工部科技进步三等奖、首届全国轻工博览会银奖、第29届布鲁塞尔世界产品质量评选会金奖。

肥城佛桃源果酒有限公司是以肥桃为原料酿制果酒的高科技民营企业。2001年2月，在桃园镇米山设立桃酒技术开发实验室，于2002年12月研制成功并立项建设，2003年3月在老城工业区投资建厂，2003年12月建成投产。公司拥有固定资产1600万元，年产肥桃果酒2000吨，每年可消化加工肥桃12000吨。项目开发建设以来，与山东省食品发酵研究设计院及山东轻工学院等科研机构进行合作，开展了对以肥桃为原料酿制系列果酒的关键性技术研究，聘请国家级发酵和酿酒专家3名作为技术指导，并培养了中高级专业技术人员8名。引进国内先进的果酒酿造设备，采用独特的发酵、蒸馏和提醇工艺，利用剖切热处理、快速冷处理、下胶处理等新技术，开发研制了肥桃果白酒、肥桃干型酒、肥桃甜型酒三大系列十几个品种。

干酒：利用先进肥桃发酵独特工艺酿制而成，完全凝炼了肥城桃中的营养和有效成分，含有丰富的功能因子——果糖、蛋白质、人体必需的氨基酸、丰富的维生素和铁、钾、镁、锌等多种微量元素，男女老少皆宜。长期饮用，具有美容、养颜、增智益寿的功效。以佛桃酿制的干酒，能够促进消化，软化血管，使血管富有弹性，具有增强活力、疏通经络、活血化瘀、润泽皮肤、预防心脑血管疾病的作用，是一种营养丰富的饮用酒。

露酒：以佛桃干酒和桃花蜜精制而成，具有干酒的营养功能，又有桃花含有的山奈醇、香豆精、三叶豆甙等有机化合物，能扩张血管和末梢毛细血管，使血管富有弹性，具有增强活力、疏通经络、润泽皮肤、益颜悦色的功效，尤其桃花中含有丰富的维生素和铁、钾、镁、锌等多种微量元素，对人体有养颜益寿效能。

白酒：以纯桃发酵、蒸馏的肥桃果白酒，融桃的营养与酒的甘美于一体，不破坏桃对人体有益的营养成分，经精心发酵、蒸馏提醇而成。高度酒酒体清亮透明，入口甘洌爽口，果香浓郁，和谐悦人，回味悠长，风味独特。低度酒酒体丰满，入口净爽，低而不淡。果白酒具有抗疲劳、健脾开胃、软化血管等特点，长期饮用可预防心脑血管疾病发生的功效。

肥城佛桃源果酒有限公司开发研制的肥桃系列果酒，经山东省卫生防疫及质量技术监督部门检测，各项指标均符合要求，质量达标。为提高产品质量，公司着手培植无公害绿色肥桃开发基地，为肥桃加工产品创造优化条件，建立绿色肥桃生态园。该项目的研制开发填补了国内以桃为原料酿制果酒的一项空白。该项目获得肥城及泰安市科学技术进步奖，并被山东省科技厅列为科技攻关项目。国家著名酿酒专家教授在品尝肥桃干酒后给予高度评价，认为肥城桃酒的诞生

肥桃加工车间及产品

标志着我国水果发酵干酒的水平又提高到了一个新的高度。目前生产的肥桃系列果酒十几个品种，产品在满足当地消费市场的基础上，销往北京、沈阳、上海、广州等地，受到广大消费者青睐。

肥桃罐头从民国时期的奢侈礼品演变为当今老少皆宜的美食，也已有相当长的历史。自 1956 年起，肥城桃由南京、烟台、天津等罐头厂加工罐头，后来又由济南罐头厂、泰安罐头厂、济南蛋品厂等加工制作肥桃罐头，并大都出口创汇。多年来，肥城桃罐头作为传统出口商品，在国际市场上很受欢迎。[①]

党的十一届三中全会之后，肥城桃加工业得到了较快发展。肥城县供销社、肥城县园艺场、肥城县桃园镇西里村等先后建立了罐头厂，肥桃加工出口数量逐年增长。在保鲜加工方面，与美国西方农业集团公司草签了合作开发协议，与商业部北京食品机械研究所合作，成功研制出天然带肉桃汁和桃酱。

肥城县罐头食品厂为县属集体企业，于 1986 年建成，厂址在新城东 1 公里，占地 31 亩，建筑面积 11465 平方米。[②] 糖水肥桃罐头是肥城县罐头食品厂以肥城桃为原料，趁鲜加工而成，具有桃块硕大、味道香甜、营养丰富等的特点。据测定，肥桃罐头含糖量达 12% ～ 16%，果酸 0.2% ～ 0.24%，可溶性固形物一般在 12% ～ 14%，最高达 24%。此外还含有蛋白质、脂肪、胡萝卜素、硫氨酸、核黄素以及钙、磷、铁等微量元素，食用和药用价值较高，尤其对年老体弱者有益，属当时的滋补与馈赠佳品。产品采用玻璃瓶包装，每瓶净重 510 克，注册“雅美”牌商标[③]，经防疫和计量部门检测，质量与卫生指标均达到部颁标准。年生产罐头 331 吨，产值 101 万元，年利润 2 万元，产品批量

① 参见肥城县园艺场编:《提高肥桃品质》，山东省肥城县革委科学技术委员会编:《肥城科技》1978 年第 1 期。

② 参见山东省肥城县史志编纂委员会编:《肥城县志》，齐鲁书社 1992 年版，第 385 页。

③ 参见张绪印整理:《糖水肥桃罐头》，油印稿本，1988 年，第 16 页。

远销哈尔滨、沈阳、北京、济南、徐州等地，颇受欢迎。

肥城桃罐头商标（一）

肥城黄桃罐头商标（二）

肥城市园艺场下属的肥城泰西实业有限公司在肥桃系列高级饮料研制上取得突破性进展，研制成功肥桃果茶，填补了肥桃加工史上的空白。该产品具有生津、润肠、活血、消积等功效。1992 年 8 月生产出的第一批产品有 1000 公斤，投放市场后颇受消费者欢迎，远销哈尔滨、佳木斯、济南等地。为进一步开发肥桃系列高级饮料，1992 年 10 月，与美国 APS 国际先进技术投资有限公司签订了合资兴建“肥城天然饮料有限公司”的合同。①

“桃”牌汽水标

1992 年，肥城市酒厂走技改挖潜之路，增上万吨肥桃原汁系列饮料项目。利用独有的肥城桃资源，投资 1790 万元，与香港中兴贸易公司合资，形成 1 万吨商品饮料生产线，年产值达 5000 万吨，利税 1500 万元，创汇 600 万美元。② 该项目是山东省委下达的 1990 年第一批省重点技术开发项目，酒厂通过两年的反复试验，研究成功并获国家专利。产品较好地保持了肥城桃的各种营养成分，理化卫生指标均符合国家标准，是较理想的原汁食品饮料，其中 80% 远销东南亚各国。

---

① 参见《肥城年鉴》编辑部编：《肥城年鉴（1988～1992）》，中国书籍出版社 1993 年版，第 268～269 页。

② 参见《肥城年鉴》编辑部编：《肥城年鉴（1988～1992）》，中国书籍出版社 1993 年版，第 250 页。

1998 年，由台商投资 800 万元在桃园镇兴建年产 1000 吨的超盟酿酒有限公司。[①]2003 年 6 月，北京汇源集团与肥城市政府合作，在城区西部筹建果汁、果浆、果脯生产基地，为北京汇源肥城分公司。2004 年，收购华龙食品公司（原添成饮料公司、亨冠饮料厂）。2006 年，迁至市高新区，更名为肥城福宽生物工程有限公司。[②] 该公司生产肥桃系列食品、饮品等 10 余种，畅销海内外市场。

2016 年起，先后有泰安首康食品科技有限公司、宇希食品生态加工园、康顿公司等现代化高科技企业入驻桃园镇，开发肥城桃深加工食品 10 余种。仅泰安首康食品科技有限公司投产以来，优质桃汁年产量达到 1500 吨，不仅受到当地群众的喜爱，还远销北京、上海、广州等城市。

肥桃宴属于地道鲁菜，富有浓郁的桃文化元素，是肥城特色美食佳宴，极具地方传统风味特色。桃花鸡、桃花鳜鱼、肥桃肘子、佛桃献瑞、鸿运当头、桃胶养生盅、叩桃见喜等48道肥桃美食，菜名时尚、菜式新奇，让人垂涎欲滴，一直是泰西宾馆、宝盛大酒店、新合作国际酒店、富士康至尊商务酒店等当地知名酒店与特色小饭馆的招牌。

肥桃宴

2017 年 9 月 15 月，肥城市两节一赛组委会、市旅游局、市商务

① 参见肥城市《桃园镇志》编纂委员会编：《桃园镇志（1990～2019）》，黄河数字出版社 2021 年版，第 110 页。

② 参见肥城市地方史志办公室编：《肥城年鉴（2003～2007）》，黄河出版社 2009 年版，第 282 页。

局等单位联合承办第十届金秋品桃节系列活动之“肥桃宴创意烹饪大赛”。泰西宾馆、新合作国际酒店等12家单位的35名选手参赛。比赛中，评委会从选手“规定菜”“自选菜”的口味与质感、工艺与火候、色泽与形态、营养与卫生、创意与实用等方面对菜品进行评判，评出金奖2名、银奖3名、铜奖5名、优秀奖20名、优秀组织奖8名。大赛丰富了节庆活动内容，增进了烹饪技术交流，进一步提升了“肥桃宴”品牌知名度。

桃叶花茶由肥城鸿熹桃木文化用品有限公司王来新发明创造。近年间，随着桃木雕刻产业的做大做强，桃木雕刻的原材料也出现紧缺。作为山东省级非物质文化遗产桃木雕刻代表性传承人及山东老字号“泰山桃木王”品牌传承人的王来新，开始自己种植培养能作为木材的桃树。王来新改变传统的种植方法，让桃树少分叉，长得高大直立，提高桃木的成材率。为了不浪费剪掉的桃树叶和花瓣，王来新结合中国传统中医药典籍中对桃叶和桃花药性的记载，并借鉴吸收中国花茶的炒制工艺，历时四年多时间，经过上百次的尝试，摸索出桃叶花茶的制备工艺，并成功申请国家专利。桃叶花茶由桃叶、桃花和玫瑰花组成。桃叶花茶首先采集带叶桃花做成茶胚，再由上等玫瑰花进窨制，增加桃叶花茶浓郁的芳香。

桃叶花茶

桃叶花茶苦甘结合，性味平和，感官品质良好，色泽明丽，为色香味俱佳的饮品，具有美容养颜、减肥通便、安神静气等功效，对现代人高热量、

肥城桃花茶商标

高脂肪、高糖量的饮食习惯具有调理作用。品桃叶花茶，最好采用透明的玻璃茶具进行冲泡。冲泡次数以 2 ～ 3 次为宜，依个人口味，即取茶适量，冲入 90℃左右的开水，浸泡 3 分钟后滤出茶汤，闻嗅香气、察看汤色、品尝茶味。第二次冲入开水，浸泡 5 分钟后滤出茶汤，依次闻香、观色、品味。在闻香和品味的过程中，可透过玻璃茶具欣赏桃叶和桃花在水中优美的姿态，使人如沐春风，身心愉悦。

肥城桃的深加工主体中，不仅有国营企业和集体企业发挥引领作用，更活跃着外资企业和个体经济体。随着肥城桃科研开发的不断深入发展，肥城桃及桃系列产品将会更加丰富多彩。

第六节 肥城桃的异地栽培

肥城桃异地栽培，自古有之。到了近代，出现了桃苗热销的景象。中华人民共和国成立后，肥城桃的异地栽培更加普遍，全国各地甚至世界各国都引种栽培。1959 年，山东省果树科学研究所曾把肥城和泰安两地不同土质、地势所产肥城桃进行品质、单果重量的对比，证明肥城桃的适应性很强，只要在栽培后加强肥水管理，在自然条件较差的地区，也可以获得产量高、品质好的肥城桃。[①]1960 年以后，各地引种肥城桃者日多，国际上有美国、日本、缅甸等；国内北至黑龙江，南至云南，西至新疆，东至辽东半岛，均有引种试栽，但效果都不理想。异地肥城桃树常呈现出新生枝过旺，二次枝及空节增多，徒长，花芽少，落花严重，产量低而不稳，严重时枚果不得，有的则有其桃，无其味。[②]出现这种情况，主要是气候与土壤条件的不同所造成的，另外与技术管理也存在着重要的关联。因此，肥城桃异地栽培的成功与否，取决于生长环境与管理技术的综合影响。

1964 年，山东农学院孙中信、束怀瑞、辛培刚在《肥城桃品种组

① 参见山东省果树科学研究所编：《山东果树栽培技术·肥城桃》，山东人民出版社 1961 年版，第 10 页。

② 参见山东省肥城县史志编纂委员会编：《肥城县志》，齐鲁书社 1992 年版，第 356 页。

成及丰产性状的探讨》一文中，提出了“肥桃异地栽培问题的商榷”，对于肥城桃异地引种栽培很有参考价值。其主要观点如下：（1）肥桃生长健旺，根系较发达，要求较厚的土壤层。土层过薄，养分贫瘠，忽干忽湿，则生长不良。（2）肥桃虽性喜肥水，但要求肥水供应协调，并与肥桃物候期相适应。如只凭大肥大水或夜潮地或放任管理，则往往造成枝梢徒长，短枝太少，花芽稀疏，芽子质量差，或生长纤弱。温湿度变化波动会影响其生长节奏，二次枝增多，枝芽不充实。亦或忽旱忽涝，旱时无水补充，涝时排水不良，加之花芽不好，落花落果严重。（3）肥桃枝干较直立，生长势强，进入结果期和盛果期略晚。如采用有干开心形（如杯状形、开心自然形、疏散多主枝开心形），因修剪较重，树头较小，抑制较强，则更易偏于营养生长，推迟进入盛果期的时间，且产量水平较低。实践证明，肥桃采用丛状自然形是有一定道理的。（4）肥桃的修剪原则一般应掌握“轻剪疏剪”。轻剪能防止抽生过强的枝条，促进中短枝的数量。为减缓树势，必要时可留小辫，减弱生长强度。疏剪一方面能缓和骨干枝生长势力，另一方面改善树膛光照，同时打破了原有的根、冠的平衡，节约的养分，供保留的枝条生长壮大。疏剪的伤口有类似环剥的作用，削弱了母枝势力，促进伤口以下小枝的再生，降低秃裸的速度。① 如果对待肥桃像对待其他桃品种一样，对当年生枝行重短截，第二年往往抽生徒长性的旺枝，生长势及生长量并未减低，冠内郁闭，小枝枯死，内膛光秃，养分集中于树冠外围新生枝。而强壮新枝营养生长太盛，花芽少，质量差，结果能力更差。这样，内部既光秃，外围又不结果，因而产量极低。肥桃的“闷顶”（重压）应根据年龄、树势、骨干枝生长强度转移。一般在大量结果后营养生长较差，对势力较弱的骨干枝进行重短截，并要结合抽枝（疏条）以改善营养及光照状况，提高枝条再生能力。另外，

① 参见肥城县林业局编：《肥桃志（征求意见稿）》，油印本，1983 年，第 39 ～ 40 页。

肥桃的授粉也要求一定的品种，以各类毛桃做授粉树坐果率最高。肥城桃园内都混有毛桃，其他地区建园时亦应注意此点。总之，短果枝是肥桃结实力高的优良枝类。短枝本身物质贮备少，营养能力差，要求条件高，必须有足够数量的骨干枝作为物质后盾，良好的光照条件，较多的水分和无机营养，这就要求有相应的修剪技术。多选留骨干枝，多培养短果枝，控制树体的营养生长，防止骨干枝上强下弱，改善冠内光照，以保证生长和结果间的协调，使肥桃的丰产性状得以充分发挥，以解决肥桃异地栽培低产的问题。[①]所以说，肥城桃本身具有很多优良的生物学特性。在不同的环境条件下，如何使其得以充分发挥，是肥城桃异地引种栽培的关键。

改革开放后，肥城桃的异地引种栽培不断扩大，异地引种栽培成为常态。肥城桃向外发展较快，栽培面积迅速扩大，美国、日本等国家和国内一些省份相继引苗、引种。为进一步加强桃种交流，肥城县肥桃试验站（后更名为“肥城县肥桃研究所”）加大与各地桃专家的交流，对肥城桃的异地栽培技术进行分析研究，取得了丰硕的成果。

① 参见肥城县林业局编：《肥桃志（征求意见稿）》，油印本，1983年，第39—40页。

第七节 肥城桃研究机构

中华人民共和国成立后，党和政府高度重视肥城桃这一名产果品，多次拨款并成立研究机构，加强对肥城桃的栽培技术与培优研究，以提高肥城桃的产量和品质。

一、研究机构

1957 年，山东省果树科学研究所在肥城设立研究基点，负责人为尹纪元，技术员为李金风，重点研究肥城桃的栽培技术，编写了《肥城桃》一书，全书 21000 字，于 1961 年 10 月由山东人民出版社出版。

1958 年，山东省林业厅鲁中南果树资源调查组第二小组来肥城进行果树资源的调查，编写了《肥城桃品种检索表》。[1] 组长为李乙娥，技术员为张悦宪。

1960 年，山东省果科所在肥城建立肥桃试验站。试验站设在园艺场，由场长刘贵村兼任肥桃试验站站长，技术员有王守福、周君平。后因“文化大革命”而中止。1973 年，省果科所重新把肥桃列为主要科研项目，对肥桃的产量和质量做探讨性的研究，至 1984 年结束。

1980 年，省果科所、山东农学院、泰安地区科学技术委员会协作

① 参见肥城县林业局编：《肥桃志（征求意见稿）》，油印本，1983 年，第 16 页。

进行肥桃产量和质量研究。此项研究计划于 1984 年结束。

1980 年 10 月，在肥城县委县政府的领导下，成立肥城县肥桃试验站，隶属于肥城县林业局领导。站长为蔚润良（农艺师），农艺师为李淑英，技术员为刘庆莲，另有工人 2 名。此外，还聘请有实践经验的 8 名农民技术员为兼职技术员。试验站的主要任务是科研、技术指导和发展肥桃生产，指导思想是“以实用科学为主、理论研究为副，为生产服务，发展肥桃生产，保持和提高肥桃盛誉”。试验站建立之后，共制定出 10 项科研课题。试验站在搞好试验的同时，为全县肥桃生产做了大量的技术指导工作。建立肥桃科技网，根据不同生产环节，不定期召开技术交流会，布置任务。根据肥桃技术管理基础薄弱的情况，印发《肥桃树整形修剪技术和病虫害全年防治技术》，为社队搞技术训练提供依据。总结推广果园生产责任制，加强对桃园的管理。举办技术学习班，提高技术干部的业务水平。

1984 年 11 月，肥城县肥桃试验站更名为“肥城县肥桃研究所”，列二级事业单位，仍隶属县林业局。1986 年，移交县农业局。

肥城县肥桃试验站（研究所）在 1964 ～ 1966 年为基层培训技术员 40 名；1980 ～ 1985 年培训技术员 420 名；1986 ～ 1987 年培训技术员 3000 人次。同时，对肥桃进行了若干课题实验。1979 ～ 1983 年进行了“肥桃幼树整形修剪”研究。1984 年开展“1500 亩优株技术开发”。1987 年完成优株建园任务，实行优法管理。此外，还进行“肥桃资料搜集、整理、利用”“不同肥料试验”“肥桃物候期观察”“旱地新技术应用”“肥桃密植丰产园试验”“肥桃滴灌”“肥桃保鲜”等课题研究，均取得显著效果。

在肥城桃的主要产区桃园（时属肥城县第 11 区），自 1950 年起便由县建设科派员进行技术指导。1954 年，配有专职肥桃技术员，负责对肥桃生产的技术指导。后成立林业站，兼管肥桃生产工作。至

肥城市肥城桃研究所旧址职工合影

1987年，桃园镇成立果树站，设站长、技术员各1人，负责肥桃等果树生产。① 仪阳产区在中华人民共和国成立初期的林业由副区长和生产助理员兼管。1956年，区设林业技术指导站，配技术干部1人，负责本区林业和果品业。1958年成立公社绿化委员会，由一名党委副书记兼任主任。生产大队成立林业专业队，配林业队长、会计。1965年后，公社林业站设站长、技术员各1人。1980年以后，林业实行多种形式的责任制，行政管理由公社林业站和各村村委负责。1989年，仪阳乡政府增设果树管理站，果树由乡果树管理站负责管理，林业站只负责全乡绿化和林木管理。1993年，乡设林果站（林业站和果树站合并），专司全乡林、果业生产。1994年，乡林果站配工作人员4人，其中站长1人，工程技术人员3人。②

1988年，肥城县肥桃研究所与果树站联合办公，为二级事业单位，编制10人。主要业务是负责全县肥桃生产管理及技术指导，引进和推广果品新品种，重点承担优质肥桃品种的培育和更新换代。

1990年8月2日，山东省肥城桃开发总公司成立，注册地位于肥城县上海路10号，为科级事业单位，隶属肥城县林业局，主要承担肥城桃的销售服务、市场开拓及地理标志公用品牌的管理保护工作。经

① 参见山东省肥城市桃园镇史志编纂委员会编：《桃园镇志》，泰安市新闻出版局，1997年，第219页。

② 参见肥城市仪阳乡史志编辑委员会编：《仪阳乡志》，山东省地图出版社1999年版，第258页。

营范围包括肥城桃种植技术研究、开发、推广及相关技术服务，干鲜果品、蔬菜贮藏、批发零售，纸箱零售，房屋租赁。

1993年11月，肥城市肥桃研究所移至市园艺场。

1994年8月，肥城市肥桃研究所更名为“肥城市肥城桃研究所”。

2002年，肥城市肥城桃研究所在编8人，其中高级农艺师4人，中级农艺师2人。承担政府课题15项，其中省部级5项，市级10项，获奖12项。

2020年5月，肥城市肥城桃研究所、肥城市园艺场和原肥城市肥城桃产业发展中心合并成立副处级事业单位——肥城市肥城桃产业发展中心，业务主要是贯彻落实肥城桃产业相关政策，研究推广培优技术，保护种质资源，指导产业发展相关工作。

肥城市肥城桃产业发展中心办公楼

二、实验基地

肥城县园艺场为县果树实验基地，1956年2月由县农场改建，属全民所有制事业单位，实行企业管理，自负盈亏。建场时有固定职工12人，其中干部5人。园地140亩，其中城南60亩，玉皇山80亩，场部设在城南果园。后经1959年、1965年、1980年三次扩建，至1987年果园面积发展到497亩，果树16043株，其中肥桃298亩，11881株。有固定职工57人，其中干部7人。场辖4个队：老城队于1956年建立，占地100亩，果园85亩，其中肥桃54亩，2164株；玉皇山队于1956年建立，占地320亩，果园239亩，其中肥桃109亩，4522株；五里垢队于1965年建立，占地110亩，果园105亩，其中肥桃67亩，2565株；新城队于1981年建立，占地86亩，其中肥桃68亩，2630株。

肥城县园艺场建场之初，主要是整地、育苗、打穴，为栽培肥桃打基础。1959年栽植肥桃2000株，后逐年扩植，至1965年产桃27.69万斤，1966年产桃43.75万斤，1970年产桃101万斤，1976年产桃102万斤。1979年以后，因老树更新，产量下降。1981年仅产9.3万斤。1984年，产量又有提高，达到21万斤，1985年增至35万斤，1987年达到102万斤。其间，向外单位提供接穗8万根，成苗25万株①，并为科研单位提供大量有价值的数据。

2016年，在省果树所指导下，继续进行桃树"Y"字形和主干形树型试验，树型已成形，并已少量结果。从罗马尼亚引进桃矮化砧木70株，栽植在试验地，全部成活，于夏季嫁接红白里肥城桃，进行矮化栽培研究。在市农业局的引荐下，同北京林业大学合作进行小分子诱导试验。引进试用岭石铁肥、富硒宝叶面肥和松尔液态膜，有效解决黄叶病，富硒肥城桃生产效果明显。开展试验地各项管理工作。嫁接苗成活率达90%以上，移栽苗全部成活；开展全园病虫害防治、杂草清除工作，桃树生长正常；对园内品种进行细致的观察、登记；更新安农水蜜和中华寿桃；学习应用新树形主干型、"V"字型管理技术；雨季及时排水防涝，在年内两次水淹桃树时，加班加点抽水排水，保证桃树成活，没有造成严重损失。参与林业保险，获得理赔1万余元，弥补冰雹灾害等部分损失；修建冷风库1间，看园护园工作到位，在周边环境嘈杂的不利条件下，保证园内安全。

由肥城桃研究所采取租赁方式统一管理的西尚里村有机肥城桃示范园发挥示范带动作用，在8月中旬降水较多的情况下，示范园内

① 参见山东省肥城县史志编纂委员会编：《肥城县志》，齐鲁书社1992年版，第356页。

肥城桃仍然保持较好品质，最高可溶性固形物含量达26%。[①] 示范园生产的科技含量得到提高，并发挥辐射带动作用，示范园优质生产的影响力进一步扩大。

2017年，肥城桃研究所在西尚示范园与北京林业大学合作进行小分子试验，并独立进行细胞分裂素实验及硒施宝系列肥使用，初步开展对富硒桃的研究。委托山东农业大学肥业进行土壤成分检测，分析肥城桃生长的土壤年变化规律。开展营养套餐肥试验，在巨野进行现场考察，在办公楼西肥桃地试用土壤疏松剂，试验发现使用土壤疏松剂对土壤的透气性较好，保水性太差。将2013年上报的有机生产标准项目计划重新提交，并于12月在济南召开专家审定会审定。[②]

肥桃丰收

2018年，在西尚示范园与山东农业大学合作进行肥桃全营养套餐肥试验、水溶肥试验，对土壤、水分与肥城桃品质的关系进行初步研究。在西尚示范园进行赤霉素对肥城桃果柄长度的影响试验和肥桃树下覆盖试验。制定的山东省地方标准《有机肥城桃产地环境及生产技术规范》（DB37 ～ T3272 ～ 2018）于2018年6月1日由山东省质量技术监督局发布，自2018年7月1日实施。[③]

2019年，肥城桃研究所与市政府聘请的国家桃产业技术体系首

---

① 参见肥城市地方史志办公室编：《肥城年鉴（2017）》，方志出版社2017年版，第234～235页。

② 参见肥城市地方史志办公室编：《肥城年鉴（2018）》，方志出版社2018年版，第226页。

③ 参见肥城市地方史志研究中心编：《肥城年鉴（2019）》，九州出版社2019年版，第230页。

席专家姜全等 6 名专家成立的“肥城桃产业技术专家指导组”，合作攻关肥城桃产业发展和急需解决的重大关键技术难题。与山东农业大学合作实施省科技创新项目，在西尚村进行肥桃水肥气一体化和钙素示踪试验，研究肥桃果实缝合线软化机理。争取省经济林协会支持，在仪阳街道刘台村建设省经济林绿色生产智能化监测预警站肥城桃示范点，对病虫发生规律进行智能化监测。研究制定《关于推行佛桃标准化生产的实施意见》《关于佛桃标准化生产的管理办法》，明确佛桃标准化生产的工作目标、推进措施和扶持政策。结合当前的生产需要，新制定佛桃苗木标准化繁育技术等五项生产性标准规程，并组织专家进行评审，形成完善的标准体系。印制《佛桃标准化生产技术规程》手册，其中 2 项标准上报审定省地方标准。

山东农业大学助力肥城桃产业发展项目签约仪式

在技术推广上，先后举办巫溪县冬桃产业致富带头人培训、佛桃标准化生产技术培训、农民教育培训（肥桃）等培训班，培训 200 余人次。另外，利用“明白纸”、会员通、微信群和肥桃网等多种渠道加快技术推广。2019 年，共印发技术“明白纸”1500 余份，发送技术短信 5000 余条，网站及时发布管理月历，微信群实现与桃农的实时互动交流，及时解决实际问题。

坚持将“抓点带面、示范引导”作为推行标准化的关键来抓，集中优势资源和力量，高标准打造基地和园区。以肥城桃研究所肥桃培优示范园为引领，在新城、桃园、仪阳建设肥桃培优示范园 8 处，示

肥城桃产业高质量发展座谈会

范推广培优关键技术。为适应现代农业发展的需要，依靠引进工商资本，打造现代桃标准化生产示范基地，推行宽行密株、简化树形、行间生草、起垄覆盖、水肥一体化等现代栽培新技术，达到节水、节肥、节药、省人工、优质高效的目的。重点打造正大果业、桃都果业等肥城桃标准化基地10处。其中，新城街道西尚里村鑫源肥桃标准化生产基地、仪阳街道刘台村康益肥桃产销专业合作社肥桃基地被评为省级农业标准化生产基地。

三、科研成果

1990年，肥桃培优荣获泰安市科技进步二等奖。

1992年年初，省科委、标准计量局下达科技攻关项目“中国名优特产——鲜肥城桃标准”研究课题，经过研制人员的努力，研制出红里肥桃、白里肥桃内在质量和外观质量共8章68条分等标准。8月30日，省科委、标准计量局组织全省25名果树研究方面的专家、教授和工程技术人员对《鲜肥城桃标准》进行鉴定，认为该标准提供的技术资料完整齐全，数据可靠，具有科学性、可行性，达到了计划要求，填补了国内鲜肥城桃标准研制的空白，创出鲜果标准中的先进水平。[①] 同年，“肥桃优株开发试验”课题获得泰安市科委科技进

① 参见《肥城年鉴》编辑部编：《肥城年鉴（1988～1992）》，中国书籍出版社1993年版，第237页。

步奖二等奖。

1996年，肥城市肥桃研究所与中科院植物研究所合作，承担“生物技术培育肥城桃新品种”科技计划课题，利用生物技术培育肥桃新品种，培育成功4个，示范推广育成的肥桃新品种0.21万公顷，并在实践中总结出适用于新品种的配套技术规程。[①]2002年11月27日，经过山东省科技厅组织有关专家鉴定，指出该研究利用国内优良桃品种，对历史名产资源肥城桃进行品种改良，并培育出符合市场需求的新品种，在国内尚属首次，整体研究达到国内领先水平。

2003年8月，全国第一家水果网站——中国肥桃网站开通，建成肥桃生产销售网络，以肥城桃研究所为中心，与肥桃生产销售大村实行微机联网。5年间发布各类技术、市场销售信息800多条，开展网上技术咨询服务300多人次，间接销售肥桃2000万公斤。[②]以科技情报作为龙头，吸收各乡镇科委、农技站人员、各村科技副主任加入服务网络，共传递农业科技信息600多条，推广新技术50多项。

2007年，生物技术培育肥城桃新品种研究项目分别被山东省和泰安市评为科技进步一等奖。[③]2008年，肥城佛桃源果酒有限公司承担的山东省自主创新成果转化重大专项“山东省肥城桃研究开发中心建设”，直接或间接为1000人提供就业机会，带动相关产业链条的发展。“公司+基地+科技+农户”的产业化组织形式得到全面推广，对肥桃产业的可持续发展具有重要意义，同时带动旅游、餐饮、包装、运输、桃木工艺品开发等相关产业发展。

---

① 参见肥城市地方史志编纂委员会编：《肥城市志（1988～2002）》，方志出版社2006年版，第560页。

② 参见肥城市地方史志办公室编：《肥城年鉴（2003～2007）》，黄河出版社2009年版，第366页。

③ 参见肥城市地方史志办公室编：《肥城年鉴（2003～2007）》，黄河出版社2009年版，第256页。

2016年4月，由肥城桃开发总公司、肥城桃产业协会组织实施的肥城桃申报国家农产品地理标志登记，获农业部2384号公告批准，正式依法予以保护。这成为肥城桃被国家工商总局注册为地理标志商标之后，获得的又一项国家级地理标志区域保护成就。肥城桃地理标志地域登记范围主要包括肥城市境内新城街道、仪阳街道、桃园镇、安临站镇等镇街的90个行政村，保护面积7000公顷，质量控制技术规范编号AGI2016～01～1821。[①]肥城桃地理标志成功登记，对于进一步做好肥城桃生产区域保护，稳定特色优良品质，提升名优品牌价值，提高产品竞争力，促进农民增收、产业增效具有十分重要的意义。

2016年是肥城桃提质增效工程的最后一年，为加快成果的推广应用，对试验进行了系统总结，编写《肥城桃提质增效栽培技术》一书，邀请山东农业大学教授彭福田和省果树所研究员张安宁进行审阅，并同山东科技出版社达成出版意向。肥城桃研究所邀请专家对“肥城桃资源收集整理及提纯复壮”“肥城桃原始种质资源保护与示范推广”“肥城桃现代栽培模式研究与示范”3个省级项目进行验收。根据泰安市科技局的要求，对泰安市“肥城桃科技示范园建设”项目进行验收，并获得优秀等次。

在科研实验方面，续签西尚示范园合同，在示范园及试验地内进行梨小迷向保、松尔保护膜、富硒宝、岭石铁肥、施肥枪、滴灌、罗马尼亚矮砧苗、水分子试验等多项实验。在山东农业大学教授彭福田指导下开展精准施肥研究，由山东农业大学对肥城土壤进行精准测量，通过土壤元素分析专门配置水溶性肥料，用施肥枪精准定量施用，已完成施用工作。

在科研基础设施建设上，新设计和建成含有天平台、观察台、操

---

① 参见肥城市地方史志办公室编:《肥城年鉴(2017)》，方志出版社2017年版，第72页。

作台、培养箱等设施完备的实验室 1 处，清理规范实验设备，加强实验用品的管理，提高科研实验分析能力。

2018 年，由肥城桃研究所采取租赁方式统一管理的西尚里村有机肥城桃示范园继续发挥示范带动作用，通过加强统一管理，落实培优技术，示范园的优质生产条件不断完善，所产肥桃品质逐年提高，得到各级领导的普遍好评，先后被确定为国家“十三五”现代农业产业技术示范基地（编号：CARS-31-37-10）、“山东农业大学教学基地”、“山东省农业科学院肥城桃科技示范基地”和泰安市“林业科技示范园”，提高示范园生产的科技含量，发挥辐射带动作用。

桃树嫁接

2019 年，继续围绕提升肥城桃名优品牌社会影响力，突出抓好肥城桃品牌宣传推介和名牌打造。利用桃花节、肥城桃网及各种媒体，多渠道、多形式广泛开展肥城桃品牌宣传。印制宣传彩页 20000 册，制作广告宣传版面 300 平方米。开展肥城桃“国”字号名牌争创，成立专门班子，组织业务骨干，参与全国地标公用品牌争先创优活动，肥城桃成功入选《中国农业品牌目录》和“2019 中国农产品区域公用品牌榜”。

2020 年 7 月，肥城市肥城桃研究所、肥城市园艺场编著《肥城桃产业技术规程》一书，由中国农业科学技术出版社出版。

中华人民共和国成立以来，肥城桃产业的发展特别是肥城桃品质与品牌的提升，与肥城市委市政府采取的一系列政策措施息息相关。历届市委市政府不断加大财力、人力、物力投入，通过科研机构的升级、实验基地的扩展、科研成果的转化等手段，让肥城桃变成了“科技桃”。步入 21 世纪，市委市政府以“文化引领”为手段，不断提升肥城桃的文化内涵与文化价值，肥城桃同时也成为名符其实的“文化桃”。肥城桃的科技元素与文化元素不断升华，成为“中国桃都美好肥城”现代化建设新征程的见证与实践。

附：

肥城市历年肥桃科研攻关项目（2000年前）

序号	项目名称	承担单位	起止年限	拨款（万元）	贷款（万元）	备注
1	肥桃保鲜技术研究	肥城县政府、哈工大	1986~1989	9.00		省级
2	肥桃优株增产技术研究	肥城县林业局	1988~1989	1.00		省级
3	肥桃产品的研制	肥城县罐头食品厂	1988~1990	1.00	5.00	
4	肥桃优质高产低成本栽培优化模式研究	肥城县农经站	1989~1990	0.20		
5	肥桃流胶病的防治研究	肥城县园艺场	1989~1990	0.15		泰安市
6	肥桃及山区经济林综合开发	新城镇东尚村	1989~1991	1.00		
7	肥桃病虫害及天敌普查与防治研究	肥城县农技推广中心	1990~1991	0.20		泰安市
8	肥桃系列包装的研制	肥城县果品公司	1990~1991	2.00		
9	肥桃负栽量对其质量和树体生长发育的影响	肥桃研究所	1991~1992	0.60		
10	肥桃专用肥的研制	肥城县农技推广中心	1991~1992	0. 40		
11	利用线虫防治桃小食心虫	肥城县湖屯张店科技队	1991~1992	0.50		

续表

序号	项目名称	承担单位	起止年限	拨款（万元）	贷款（万元）	备注
12	肥桃保鲜药纸的研究	肥城县造纸厂 果品公司	1992~1993	2.00		
13	万亩肥桃优株增产技术开发	新城镇人民政府	1992~1993	2.00	45.00	国家级
14	肥桃果茶的研制	泰西实业有限公司	1992~1993	2.00		省级
15	肥桃原汁系列饮料	肥城县酒厂	1992~1993	10.00		省级
16	肥桃肥料吸收量比例研究	桃园镇科委	1992~1993	0.40		
17	肥桃园立体种植试验	新城镇西尚村	1992~1993	2.00		
18	不同立地条件对 肥桃品质的影响	肥桃研究所	1992~1993	0.40		省级
19	《肥桃标准》的研制	肥城县技术监督局	1992~1993	1.00		省级
20	PP333在肥桃上的促控效应	肥城县园艺场	1992~1993	0.40		
21	肥桃工厂化快速育苗 及脱毒技术	良种繁育技术开发中心	1993~1994	3.50		
22	肥桃保鲜运输设备的研制	肥城桃开发公司	1993~1994	1.00		
23	绿色食品肥桃研究 （BT光合微肥的应用试验）	肥城市农业局植保站	1993~1995	1.00		
24	扩大桃的品种延长 市场供应的探讨	新城办事处西尚村	1993~1994	1.00		
25	肥城桃果茶	肥城市民族天然饮料厂	1993~1994	0.50	1.00	国家级
26	肥桃优质剂的研制与开发	科技开发中心 肥桃研究所	1993~1994	8.00		省级
27	肥城桃原汁试制	肥城市天然饮料有限公司	1993~1994	1.00		省级

续表

序号	项目名称	承担单位	起止年限	拨款（万元）	贷款（万元）	备注
28	肥桃宝试验	肥城大发实业公司	1993~1994	1.00		
29	肥桃优质增产攻关	果树站、园艺场	1994~1995	1.40		
30	肥桃着色晚熟新产品系研究	肥城桃研究所	1995~1997	30.00		
31	智能气功在肥桃上的应用	肥城市智能气功协会	1995~1996	0.50		
32	标准肥桃优质园建设研究	桃园镇人民政府	1995~1996	2.00		
33	生物技术培育肥城桃新品种研究	肥城桃研究所	1996~2000	120.00		泰安市
34	其他自选项目16项	农业局、各乡镇				

肥城市历年肥桃科研攻关项目（2000年后）

序号	年份	项目名称	来源及类别	下达资金（万元）	到位资金（万元）	承担单位
1	2004	肥城桃新品种推广	泰安市财政农业专项资金	20	20	肥城桃研究所
2	2005	肥城桃科技示范园建设	泰安市科技发展计划 一般计划	5	5	肥城桃研究所
3	2005	肥城桃新品种中试与示范	省财政厅	15	15	肥城桃研究所
4	2005	肥城桃优系选育及精品生产技术研究	省农业良种工程	20	20	肥城桃研究所
5	2006	红色耐贮肥城桃新品种试验和示范	省农业科技成果转化资金	30	30	肥城桃研究所

续表

序号	年份	项目名称	来源及类别	下达资金（万元）	到位资金（万元）	承担单位
6	2006	名特优果品肥城桃精品示范研究	泰安市科技发展计划 专项计划	10	2	山东农业大学
7	2006	山东省肥城桃研究开发中心的建设	省重大科技专项	100		佛桃源果酒有限公司
8	2006	优质肥城桃示范基地建设	省农业财政资金	40		肥城市林业局
9	2007	肥城桃优质、安全、高效生产技术集成创新与示范	泰安市科技发展计划 一般计划	6	6	肥城桃研究所
10	2007	优质肥城桃产业化开发	省科技富民强县专项行动计划	40	3	新城办事处
11	2008	泰安市肥城桃工程技术研究中心的建设	泰安市科技发展计划 专项计划	5	5	肥城桃研究所
12	2008	国家标准化管理委员会肥城桃标准化示范区	国家标准委			肥城市人民政府
13	2009	肥城桃资源收集整理及提纯复壮	省农业良种工程	20	20	肥城桃研究所
14	2009	肥城桃高光效栽培技术研究与示范	泰安市专项计划	10	10	肥城市肥城桃研究所
15	2010	肥城桃种质资源收集保护和提纯复壮	泰安市良种工程	5	5	肥城市肥城桃研究所
16	2010	有机肥城桃害虫生物防治技术研究与示范	泰安市科技计划	5	5	肥城市肥城桃研究所
17	2011	泰安市肥城桃工程技术研究中心	泰安市专项计划	10	10	肥城市肥城桃研究所

续表

序号	年份	项目名称	来源及类别	下达资金（万元）	到位资金（万元）	承担单位
18	2011	肥城桃原始种质资源保护与示范推广	省科技厅		20	肥城桃研究所
19	2011	肥城市肥城桃品质提升技术示范推广	省财政	30	30	肥城桃研究所
20	2012	肥城桃现代栽培模式研究与示范	省科技发展计划	30	16	肥城桃研究所
21	2012	肥城市肥城桃品质提升技术示范推广	省财政	30	30	
22	2012	肥城桃提质增效工程	泰安科技局 肥城市政府	30	30	
23	2013	肥城市肥城桃品质提升技术示范推广	省财政	30	30	
24	2015	肥城市肥城桃品质提升技术示范推广	省财政	30	30	
25	2020	优质高档桃突破性新品种选育				

第八节　当代桃文化的传承

据《左传》等记载，2500多年前的春秋时期，肥城境内就有桃树种植。肥桃是在原产毛桃的基础上，经过千年精心培育而成的特有品牌产品。到明清时期，肥桃已经名扬四海，成为皇家特供果品。在长期的培植过程中，肥城人民吸收借鉴中国传统文化的多种元素，创立了奇葩独放的肥城桃文化，以其全新的文化内涵，给人以耳目一新的精神享受。肥城桃文化是肥城文化最鲜明的特色。绚丽多彩的别样肥桃文化，渗透到社会生活的各个方面，影响着一代代肥城人见贤思齐，里仁为美。①

其一，由情感寄托升华为桃仙崇拜。肥城桃文化中的桃仙崇拜，源自中国桃文化中的情感寄托。桃花的娇妍美丽是历代文人墨客笔下吟咏唱和的永恒题材。在中国文学史上，最先将姑娘出嫁与桃花盛开联系在一起的诗歌，当推《诗经·周南》中的《桃夭》篇，大意是在春光明媚、桃花盛开的季节，一位颜若桃花的妙龄女子即将走进婚姻殿堂，借用桃花的“灼灼其华”，寄托了主人公美好的生活憧憬和愿望。纵观文学百花园中的桃花诗文，文学家无一不是借花抒情，以花言志，或寄情托思，或伤春悲秋。唐代刘希夷的“洛阳城东桃李花，

① 参见何敬鹏主编:《肥城文化通览》，泰山出版社2012年版，第31～35页。

飞来飞去落谁家”；王维的“雨中草色绿堪染，水上桃花红欲然”；杜甫的“桃花一簇开无主，可爱深红映浅红”；李贺的“桃花乱落如红雨”；宋代欧阳修的“桃李无言花自红”；苏东坡的“水面桃花弄春脸”；等等，均是桃花诗的名句，意蕴各异，韵味迥然。最让人浮想联翩的是陶渊明在《桃花源记》中描绘的胜景：“忽逢桃花林，夹岸数百步，中无杂树，芳草鲜美，落英缤纷。”为世人勾勒了一幅“世外桃源”的美妙幻境。五彩纷呈的中国桃文化汇聚到肥桃之乡，衍生出许多美丽动人的民间传说。其中广为流传的“桃花仙子”故事，叙述了英武善良的山乡青年邢好为搭救被妖精掠去的桃花公主与魔鬼展开殊死搏斗的经历，弘扬了正义，讴歌了善良，抨击了邪恶，谴责了不义。[①]动人心弦的美丽传说最终演变为肥桃崇拜，将肥桃推上了神坛，实现了桃神的人格化，形成了膜拜桃仙的特有风俗。民国年间，青岛画家苏竹影在《竹影杂记》一书中收录有一篇《谈肥城桃》的文章，其中写到了仙桃崇拜，言“园中皆供桃仙，香火供奉，不敢有忤……”陈天赐的《肥城桃》一文，也记“对于‘桃王’（指园中最大的桃子）尊敬非凡，非但不敢在未成熟时预先摘下，甚至有的焚香祈祷，求它保佑全园桃子的生长和安全”[②]。桃农拜桃仙，视肥桃为神灵，认为神的法力无穷无尽，能够带来风调雨顺，神助桃园兴旺，丰产丰收。升

中国酒王——康王陈酿宣传品

① 参见王霞主编：《文化肥城·民间文学卷》，山东人民出版社 2011 年版，第 10 页。
② 陈天赐：《肥城桃》，《新闻报》1938 年 6 月 30 日。

华后的肥桃文化，桃花不再仅仅是文人笔下的情感寄托，桃子也不再是纯粹的美味佳品，而是被赋予了全新的人文精神。现代社会，随着科学知识的普及，肥城的桃仙崇拜风俗已经退出历史舞台，但那些栩栩如生、感人肺腑的民间故事却代代相传，在坊间津津乐道。肥桃的神圣地位永远镌刻在肥城人民的心中，释放出的道德光辉照亮了人们的灵魂，铺就了文明之路。

其二，由祝寿习俗演变为孝道文化。作为孝道文化理想载体的肥桃文化，来自民间以桃祝寿的风俗。肥城素有“君子之邑”的美誉，民风淳朴，性情敦厚，自古就有以桃祝寿的良习。因为桃子甘甜味美，营养丰富，有滋补强身、抗衰延寿的功效，所以乡间流行“桃养人，杏伤人，花红果子抬死人”的谚语。上古药书《神农本草》中亦有“玉桃服之，长生不死”的记载，进而为以桃祝寿提供了理论依据。从心理学、审美学视角观察，桃形似心，体态丰盈，为长者敬桃，象征着奉献一颗纯情孝心，寄托着晚辈的美好夙愿。人们以桃祝寿，选的桃子是越大越好，体形越美越好。肥桃的问世，满足了人们的愿望，于是就有了年画上老寿星抱一个特大桃的象征意义，有了麻姑献寿的美学创意，有了西王母蟠桃会众仙的传说故事，又有了孙悟空偷食天庭仙桃、大闹天宫的文学想象。肥城人育出体硕味美的肥桃后，之所以很快弛名华夏，受到朝野青睐，引发轰动效应，其中最主要的因素是人们的梦寐以求得到了实物满足，将理想化为现实，使敬老者如愿以偿，被敬者心满意足。肥桃作为上等的寿果，担当了弘扬传统孝道文化的有效载体。肥城民间在肥桃收获季节以桃飨老约定成俗，为老人做寿必先敬肥桃，深得长辈欢心可意。肥桃承载的孝道文化，在和睦家庭、稳定社会、友善人际诸方面起着春风化雨的滋润作用。

其三，由桃木避邪化境为吉祥文化。桃木承载的吉祥文化来自桃木辟邪民俗。桃树在中国民间作为辟邪之木由来已久，桃符文化极为

挂面商标中的仙桃

盛行。《礼记》《左传》《山海经》《风俗通义》《汉书》等典籍均有记载。作为象征降魔镇妖、保佑平安的桃木制品，真正获得文化新生始于肥桃的脱颖而出。因为肥桃均为嫁接而生，故树枝粗壮，木质坚实，适宜制作各类桃木工艺品，且经久耐用，不易变形干裂。唐代以降，随着肥桃栽培技术的日臻成熟，种植面积不断扩大，肥城出现了桃木制作行当，各种精美的桃木佩饰挂件和大型雕品应运而生，使玲珑剔透的桃木工艺品走进千家万户，渗透于人民群众的日常生活，并伴同人际交往和商贸流通传播到天南海北，深受各地人民的喜爱，成为人们精神生活中不可或缺的组成部分。明清时期，随着肥桃名声的远播，桃木工艺得到迅速发展，种类繁多，雕艺精巧，题材广泛。这时的桃木工艺内容不再局限于辟邪驱妖保平安，而是演化为美轮美奂的艺术品，被赋予了全新的吉祥文化内涵，表现形式多种多样，文化蕴意更加丰富，极具观赏、把玩和收藏价值，因而也得到了更广泛的传播和发展。桃木剑悬挂于门后，寄存的是平安愿望，象征的却是吉祥意义。桃木如意制品意味着吉祥富贵，平安如意，用于贺岁、婚嫁等喜庆活动，平添了许多祥和气氛。桃木福寿制品将富贵康泰、德厚流光等吉祥含义寓于其中，作为祝寿礼品，表达晚辈祝愿长辈福寿的由衷之情。桃木台屏“一品清廉”，示意公正廉洁，乃旧时百姓对清官的向往，官吏摆放案头能起到自警自律的座右铭作用，并预示着仕途畅顺，宦海吉祥。肥城的桃木吉祥文化集民俗、观念、装饰、艺术、观赏于一体，与儒学文化、道教文化、佛教文化相互融合，代代相传。琳琅满目的桃木工艺品走进寻常百姓家，或挂于墙壁，或摆放桌几，或佩带身上，或把玩掌中，营造了浓厚的吉祥文化，在潜移默化中引导人心趋善，民意思安，为构建和谐社会创造了文化氛围。

“桃乡寄意”明信片

肥桃为世人提供了优质的美味果品，肥桃文化在中国民俗文化大观园中也特别出彩。她源于民间的桃文化而又高于普遍意义上的桃文化，是伴随着肥桃诞生而升华的崭新肥桃文化，是中国桃文化发展过程中推陈出新、不断扬弃的靓丽结晶。她是肥城富有特色的文化资源，随着历史的推进不断得以发展和开发利用，并在实践中不断丰富。

随着肥桃蜚声海内外，肥城的知名度渐渐提升。作为中国著名的肥桃之乡和中国桃文化的发源地，肥桃和肥城在中国桃文化传播中居于核心地位，肥桃文化以其深厚的历史渊源和相对完整的传承过程，成为中国桃文化的缩影。

一、民间传说

肥桃传说故事是当今肥桃文化的重要组成部分，在民间流传甚广。传说故事的产生、完善、流传的过程，也是肥桃文化弘扬远播的过程。在肥城民间津津乐道的肥桃传说故事有上百个[①]，流传较广、影响较大的，当属《肥桃的传说》。这是一个桃乡版的“割股疗亲”故事。白云山下桃农王老汉的儿子王小为了给老母亲治病，把种的桃

① 参见何敬鹏主编：《肥城文化通览》，泰山出版社 2012 年版，第 359 页。

子全部卖了，但钱还是不够，有一味贵重的药配不上。大夫说腿上的肉也可代替这味药。王小回家取出菜刀，从腿上割了一块肉，给母亲煎药服用，母亲的病果然就慢慢好了。王母娘娘感动于此，施舍桃种，遂有肥桃。

孝道是中华民族丰厚文化积淀的重要组成部分。历史上各地有众多的“割股”的记载，在肥城其实也确有其事。清乾隆年间，肥城南部安驾庄镇洼里村出了一位大孝子刘子乐。他母亲生病想吃肉，但无钱去买，刘子乐就从自己大腿上割下一块肉，弄熟之后给母亲吃。他母亲的病很快就痊愈了。泰安知县程志隆在修县志时听说了刘子乐的事迹，将其编入志中。后来，一传十，十传百，真事变成了传说，将刘子乐误传成了王小，内容也进行了虚构，并收入《肥城民间文学集成》。由此可见，《肥桃的传说》中“割股疗亲”的说法并非空穴来风。这个故事与硕大甘甜的肥桃联系在一起，既有劝人尽孝的教化意义，又表现了肥城人民祈福祝寿的美好愿望。在肥桃传说中，还有歌颂爱情、崇神敬佛、向往吉祥、反映培优、反抗贪官污吏等主题，内容丰富，涉及面广，无不具有启迪教育意义。

传说故事是肥桃文化的人性体现。这些传说故事，有的以树为载体，有的以花为比喻，有的以桃为依托，铺延开来，构成一部生动形象、富含哲理的肥桃故事集。故事背景或在北部县城（老城）一带，或在西北陶山脚下，或在南部望鲁山前，或在中部桃林深处，遍布桃乡各个角落。每个肥桃故事都与桃木、桃子、桃花有关，体现了肥城人朴实的性格和绚烂的智慧，构成了肥桃文化的特殊风景。千百年来，肥桃和培育它的这片土地上的人民一起生息繁衍。它的价值早已超出了食用的范畴，演变成一种普遍和自觉的文化现象，承载起一个民族对美好生活的渴望与追求。

本节选载几个具有代表性的传说故事，这些故事口口相传，承载了丰富多彩的桃文化内涵。它们作为山东省非物质文化遗产的文献文本，曾载于《肥城春秋》《肥城民间文学集成》《肥城风物》《文化肥城》《汶阳田农耕文化研究》《左丘明文化》等书刊中，代表性的传承讲述人有程兆奎、李津生、赵绪森、赵学法、李玉洋、路民、孔庆珍、冯伟、李武刚、李书轩等。

故事一

肥桃的传说

在肥城的西尚里村桃园，有一棵古老的桃树，谁也说不清这棵粗壮的桃树活了多久。听当地的老人说，这棵桃树与当年王母娘娘举办的一次蟠桃会有关系。

相传在肥城的白云山下，住着一户姓王的人家。王老汉个子瘦小，年逾花甲，家贫如洗，在山坡上用茅草搭起了三间破草房，艰难度日。

王老汉日子虽然过得艰难，但他特别喜爱桃树，房前屋后、地头坡下都种上了一棵棵桃树。每到清明前后桃花盛开和中秋前后桃子成熟的时候，王老汉都坐在桃树下，叼着旱烟袋，有滋有味地吸着烟，享受着一份别人无法理解的快乐。

有一年，天大旱，地里庄稼颗粒不收，桃树也像得了瘟疫一样无精打采。当地百姓无法生活下去，王老汉一家也只好随着逃荒的人流到处乞讨。后来王老汉终于支撑不住，病卧不起。临终前，他爬到庙前，祈求老天爷下点雨，救救天下百姓。但老天爷始终没有睁眼，龙王也没有抬头。王老汉含恨死去了。

王老汉死后，王家的日子更加艰难，王老婆婆也一病不起。为了给老母亲治病，儿子把种的桃子全部卖了，但钱还是不够，还有一味贵重的药配不上。儿子想，药不全，治不好病，便焦急地问大夫：“这味药有什么可以代替吗？”大夫回答道：“有，需要你腿上的二两肉即可。”儿子听罢，二话不说，回到家中，取出菜刀，从腿上割下了一块肉，为母亲煎药让她服用，王老婆婆的病真的就慢慢好了。

这件事正好给准备参加王母娘娘蟠桃会的七仙女看到了。七仙女禀告了王母娘娘，并请求降福人间。王母娘娘听后很是感动，便将一颗硕大的仙桃核投落到肥城白云山前王老汉的桃园中。后来，桃核长出一株桃树，结的桃硕大、汁甜，每个都重半斤以上，人们啧啧称奇。

从此，这一家、这一带逐渐富裕起来，桃树在这里繁衍开来，一片一片铺满百里山坡，这里成了驰名中外、群桃之冠的肥桃之乡。

故事二

桃花仙子

很久以前，陶山脚下住着一个年轻人，名叫邢好，他和母亲两人，靠打柴为生。

有一天下大雪，邢好卖柴回家，半路发现一个老妈妈冻倒在雪地里，就把她背回家去，给她烧汤做饭，救了她。老人临走时剪下一个纸船说：“明年今日，这里要发大水，老天爷要灭这带人烟。”说着就把船交给邢好，又嘱咐说：“到时候，可别随便救人，这是天意。”说完就走了。这老人原来是泰山圣母。

转眼到了第二年，那天早晨万里无云，到午时三刻，忽听“咔嚓”一声雷响，大雨倾盆而下，就和黄河开了口子一样，不大一会儿，平地水深一丈，树上挂淤泥。

邢好母子看见水快到门口了，拿出纸船，那船见风就长，见水就变成一条大船。邢好扶母亲上船，随水漂荡起来。船在水中漂呀，漂呀，邢好看见水中有只蜜蜂，伸手捞到船上，接着又捞到一只蚂蚁、一只蜘蛛。突然看见一个人从前面漂来，邢好伸手去救，被母亲按住了：“儿啊，你忘记老人说不让随便救人吗？”“娘，哪有见死不救的。”说着把人救上船来。一会儿那人还省过来，原来是个白面书生。两人拜了干兄弟，书生名叫王恩，大仨月为兄，二人定下山盟海誓：不愿同生，但愿同死。

大水退后，母子三人来到陶山脚下安了家，山上很多桃树，就靠种桃度日。

这一天，兄弟俩上山修理桃树，忽然刮了一阵妖风，紧接着传来一阵阵女子的呼叫救命声。邢好抬头一看，有一个妖精扑过来，他举斧子就砍，只听“呼”的一声，妖精腾在空中。邢好一看，将斧子朝着妖精扔去，正砍中肩膀，只听“呷”的一声怪叫，妖精随即腾空而去。

这妖精原来是一只九十九个头的乌鸦精，嘴里叨的是当今皇上的独生女儿桃花公主。这天正逢百花生日，公主和娘娘去御花园赏花，妖精见她长得俊，想娶她当媳妇，一阵妖风把她掳走了。

桃花公主原来是天庭分管桃花的仙子，因思凡投胎来到人间，下生时带着个粉红桃花，公主时时挂在胸前，从不放下。因此，皇上封她为桃花公主。皇上只有这么一个宝贝女儿，待她如掌上明珠一样。这一被妖精偷去，整个皇宫乱成一团，满朝文武和发丧一样。皇上传下一道圣旨：谁能找回公主，就招谁为驸马。全国各地都张贴了皇榜。

邢好叫王恩一起去追妖精，王恩害怕不去。他只好自己提着板斧，追寻着血迹找到朝阳洞。到这里血迹消失了，他走到洞口一看，只见黑洞洞不见底，冷风嗖嗖叫人不寒而栗。邢好下又下不去，看也看不见，干着急，最后决定回家叫王恩来帮忙。

话说王恩自己溜回了家，第二天进城卖柴，看见了皇榜，馋得直淌口水。心里想，能娶到公主当媳妇，死了也心甘情愿了。

邢好赶回家一见到哥哥，就请他帮忙去救人，王恩别有打算，就答应了。兄弟俩来到洞口，王恩一看如此险境，回头想跑，被邢好拉住。“哥别怕，我下去。”他们把吊筐上拴条绳子，邢好坐到筐里，王恩把他放到洞底。洞里黑乎乎的伸手不见五指，邢好只好摸索着向前走，走了很长一段路，拐了几个弯，突然发现一丝光亮，走进跟前一看，一个女子正在烧水，边续柴火，边流泪。邢好要救她出洞，那女子说：“不行，妖精这就来，叫我给他疗伤，你想救我，必须……”邢好依话躲到暗处。刚躲好，妖精来叫公主疗伤，用鼻子一闻：“嗯，好像有股生人味呀？”公主说：“奴家是凡人，能没生人味？”妖精信以为真。这时公主轻轻地给妖精烫伤口，妖精一会儿坐在椅子上睡着了。公主抬了抬手，邢好蹿上来用斧子把妖头砍了下来，紧接着又冒出个头来，就这样冒一个砍一个，一气砍掉了九十八个，邢好累得浑身酸软，摔倒在地。这时妖精的第九十九个头冒出来了。“哈哈哈，多管闲事，自己找死！”说着就要吃邢好。

这时公主急坏了，忙把胸前桃花摘下，扔给邢好：“邢哥！快接桃花。”邢好接在手，猛吸一口，只觉浑身是劲，一跃而起，举斧把妖头砍掉，提着妖头跑出百步开外才把它扔掉，妖精这才倒地死了。

邢好背着公主来到洞口，先把她扶进筐里，摇晃绳子。王恩听到铃响，就往上拉，一看上来一位天仙一样的姑娘，知道就是公主，他大声喊道：“妖精来了，快逃命啊！”背起公主跑下了山，去城里揭了皇榜，于是被皇上宣进宫殿，当场封为驸马。

邢好在洞里一等不见吊筐下来，二等也不见下来，急得在洞里转圈。突然，他发现一条小长虫被钉在洞壁上，就拔出钉子救了它。小长虫一打滚变成个白衣公子，说：“我是东海龙王三太子，被妖鸟打败，叼进洞来，钉在这里活受罪，多谢救命之恩。”说着二人拜了干兄弟。小白龙说：“兄弟，我背你出去吧！”邢好趴在小白龙的背上，小白龙说："闭上眼睛，不叫你睁别睁。"邢好答应着，只听得一声霹雳响，两耳生风，不大功夫，小白龙说："睁眼吧，到了。"邢好睁眼一看，"好家伙，这么好的房子，这是什么地方？""这是京城，皇帝住的地方。""不背我回家，来这里干什么？""王恩今日成亲，我帮你把公主夺回来。"邢好听了有些犹豫。小白龙说："兄弟，别害怕，有我呢。"说着变成一条小虫，钻进了邢好的口袋。

邢好按照小白龙的指点，告了御状。皇帝把他宣进金殿，邢好说公主是他救的，王恩负义。王恩说是他救的，俩人争论不休。皇上心想："他二人出身下贱，都不合我的心意，不如趁机退掉婚事。"就说："你二人各说各有理。孤家一时难断。我在金殿设下三关，谁闯过去就招谁为驸马，过不去谁也甭想。现在过第一关。"侍卫挑来两桶水，朝地一泼，水流满地，皇上下旨："你二人谁能把水复收满桶，算胜第一关。"王恩拼命地用手捧水，捧了几下，水就被地皮吸干了。邢好想：这分明是有意赖婚，泼出去的水哪能收复，干脆不去捧。只听小白龙说："快请蜘蛛哥哥帮忙。"话音未落，黑压压地来了一群蜘蛛，不一会儿就吸满了桶。而王恩连泥带水都没盖过桶底来。邢好胜了第一关。

到了第二关，侍卫抬来两斗小米、两斗细沙，倒在一起搅和了搅和，皇上说："半个时辰，谁先把沙和小米分开，就算谁胜。"

邢好又为难了，刚才蜘蛛哥哥帮了忙，现在怎么办？他又听小白龙说："请蚂蚁兄弟帮忙。"话音刚落，来了无数只蚂蚁，一只含一粒米，不大功夫，就都分清了。再看王恩还在对着一堆沙和小米发愣呢，邢好算是又闯过了第二关。这时，只听小白龙说："兄弟，第三关帮不上忙了，就靠你自己啦。"一阵小风过后，邢好一摸口袋，小白龙走了，他暗暗叫苦。皇上又说："王恩、邢好听旨，现在宫女九十九人，加上公主整一百人，都在御帘后面，只把手伸出来，每人手里拿着一枝桃花，谁要认出公主就招谁为驸马，当场成婚。”圣旨一下，只见竹帘后面伸出一百只手来。皇上叫王恩先确认，王恩上前接了一枝桃花站在一边等着，看花了眼，连认也没敢认。轮到邢好了，他的心快要跳出了胸口，一百只手，一百枝桃花，一模一样，他暗暗埋怨起小白龙：“龙哥呀，龙哥，你既然要帮我，就帮到底呗，不该半途又走了。”正在没办法的时候，突然飞来一只小蜜蜂，嗡嗡嗡，嗡嗡嗡。邢好心里一亮，啊，蜜蜂姐姐。只见蜜蜂围着他转了三遭又飞走了，邢好又为难起来，只好硬着头皮碰运气，上前一看，那只蜜蜂正在一枝桃花上采蜜呢！只见那个拿花的手向他招了三下，邢好二话没说接过了花。

皇上命侍卫卷起御帘，公主笑嘻嘻地向邢好走去……

这时候，皇上也傻了眼，不知如何是好。公主拉着邢好的手走上金殿。拜见皇上，要立即成亲。皇上说：“今天天色不早了，明天再议！”公主一看，父皇又想反悔，便拜倒在地说：“父皇、母后在上，常言说，人不可无信，邢好是女儿真正的救命恩人，现又过了三关，你要再不答应，女儿当场撞死！”皇上没法，只好下旨当场成亲。

皇上下旨将王恩轰出金殿，但因背公主有功饶他一命不死。王恩刚到中天门，被一个大蜘蛛缠住了，接着飞来一群蜜蜂将他乱蜇一气，又来了一群蚂蚁，你一口，我一口，可真是碎尸万段了。这正是恶有恶报，善有善报；不是不报，时候不到；时候一到，一切都报。

再说邢好夫妻俩，因过不惯宫廷生活，就双双回到乡下老家。母亲以为儿子早死了，谁知不但没死，还领回来了一个天仙般的儿媳妇，高兴得一直念佛。在自己的门前，邢好把公主赠给他的那枚桃核种上，桃核很快就发芽、生根、开花、结果。

故事三

“养姑洞”与肥桃

熟透的肥城桃，用一根麦秸秆插进去，麦秆的一头放在嘴里，可把清香甜蜜的汁水吸净，只剩下薄薄的皮和一个硬核。这虽有些夸张，但肥桃品质确实堪称上乘。民间流传着这样一段故事：

传说在很久以前，白云山一带连续几年干旱，庄稼未收一粒，草根树皮都被人吃光了。当地有一名叫王淳的青年，从小失去双亲，靠他姑母抚养成人。在这朝不保夕的灾荒年月，一老一少，在家乡实在混不下去了，只好逃荒要饭，奔走他乡。由于长时间奔波，再加上姑母年纪大，脚又小，没多久就走不动了。于是王淳背起姑母赶路。白发苍苍的姑母看到饿死在路边的一具具尸体，又看看消瘦的侄儿，说：“王淳，我年纪大了，活不了几天啦，扔下我这把老骨头，自己去奔条活路吧。”这时，王淳说道：“姑母把我拉扯大，不容易。羊都有跪乳之恩，我连个羊也不如吗？”说完就背起姑母继续赶路，任凭姑母絮叨，他全不在意。

后来，他们姑侄二人由于吃不上饭，再加天气炎热，姑母病倒了，他们只好在附近的一个山洞住下来。白天，王淳讨饭送给姑母吃，晚上守护在姑母身边。这一天，他转了几个村，也没讨到一点饭。回到洞里，看到躺在铺草上的姑母一动也不动。他喊了几声，也没回音。知是姑母饿昏了，急得王淳团团转。他想在洞口附近寻找野菜充饥，忽然发现不远处的一棵桃树上结满了果子，虽然不熟，不是也可以充饥吗？他急忙爬到树上摘下几个，带回洞内。桃子又青又硬，还酸苦呢！王淳知道姑母年迈，牙齿脱落，就把桃子放在自己嘴里嚼碎，并把苦水吐出，又嘴对嘴地喂姑母桃渣吃。

姑母渐渐醒过来。王淳看到老人睁了眼，心里宽慰了些。他扶姑母坐起来。姑母揉揉眼，对侄儿说：“刚才，我迷迷糊糊看到山坡上有一位仙女，她说她是西天瑶池王母娘娘的女儿，因羡慕人间的自由，便偷了蟠桃来到人间，种下桃树一棵，已长大结果。又从九天引来银河水，只因自己千金弱体，无力挑水浇灌，使得桃子至今又小又青。仙女托我找个勤劳能干的人，从山顶挑水浇这棵树。”

王淳听了姑母的叙说，二话没说，找了副水桶上山，果然在山顶一块巨石旁，发现一股淙淙泉水，清澈见底。他不顾肚子饥饿，挑起满满的两桶水，顺着崎岖的山路下来，用水浇了桃树。只见水很快滋润下去，他又担来两桶，又很快滋润下去了，于是又继续去担，累得他腰酸腿疼，汗流浃背，衣服也被路边的荆棘划破了，脚底磨出了钻心痛的水泡。他不停地担，等挑到第十一担水时，他刚放下水桶，突然，两个长得茶碗口般大的桃子，不偏不斜，正巧掉在前后水桶里。他拿起一摸，是熟透了的、软软的。他高兴得忘记了疲劳，拿起桃子欢快地跑到姑母跟前：“桃子熟了，快把它吃下去。”姑母急忙接过侄儿双手送过来的桃子，喜得合不拢嘴，这还愁没牙吗？果汁是稀粥样的，那个香，那个甜，就没法说了。姑母吃了一个桃子饱了，而且顿时觉得耳聪目明，神清气爽。姑母又让王淳吃了另外一个，他也觉得身上更有劲了。

后来，王淳每天去担水，辛勤浇灌那棵桃树，每天都能得到两只熟透了的桃子，一个给姑母吃，一个留给自己吃。在王淳的细心照顾下，姑母的病好了，腿脚比过去更硬朗了。

王淳的勤快能干和孝敬老人的美德，在附近很快流传开来。一天，来了一位姑娘，自称父母双亡，只身一人来到此地，无依无靠，愿跟王淳结为夫妻。王淳拿不定主意，来问姑母。老人看着这姑娘甜甜地喊了声姑母，使她老人家欢喜异常，美得她腿脚都轻了。再想，王淳也到了成家的年龄，就满口答应了这门亲事。小两口结婚后，这姑娘和王淳一样勤快，一样孝敬姑母。白发苍苍的姑母，跟着他们幸福地生活了好多年。

那棵在苦难的日子里拯救了他们姑侄性命的桃树，在王淳两口子的精心护理下，长势越来越好。后来，经过世世代代的改良培育，发展成现在举世闻名的肥城桃。后世还把王淳和他姑母住过的那个山洞，取名为“养姑洞”，流传至今。洞口的一块石碑上，还记载着这段美丽的故事传说呢。

故事四

仙桃的故事

从前，在肥城西陶山脚下，住着一户人家，家中有一个老母亲、兄弟两个，哥哥叫陶大，弟弟叫陶山。他们住着三间破堂屋，东厢是两间破草房，院中栽着三棵桃树。

后来哥哥成了家，找了个胖大嫂，哥嫂好吃懒做，太阳上了树梢还不下地干活。天长日久，地也荒了，颗粒不收，日子越来越难过。

弟弟陶山看到老母亲又黄又瘦，心里很难过，常常唉声叹气，悄悄流泪。

一天，母亲把陶山叫到炕头说：“儿呀，你也十六七岁了，娘一把屎一把尿地把你拉扯这么大不容易，咱不能眼看着都饿死在一起。你也该给娘争口气，出去闯一闯，挣个仨瓜俩枣的，也顾一顾我这条老命。”说完，流下两行老泪。陶山听后心里一酸，说：“娘，你别急，我出去干活挣点钱，买点好饭给你吃。”

陶山背着行李，上了路，翻过了九座山，趟过了九条河，最后，走到葫芦谷中一家桃园，恳求园主留在桃园干短工。园主看陶山面善心实，便满口答应了。

陶山在桃园干活很卖力，手脚勤快，起早贪黑，不怕苦，不怕累，很受园主的赏识。不久，陶山便把种桃的技术学到了手。秋后，桃子大丰收，园主很高兴，便赏给了他一点碎银子。陶山打点了一个小包袱，往肩上一搭，回家了。

在日头偏西的时候，陶山走到家门口，叫了几声娘，就听见娘有气无力地唉了一声，见她慢慢腾腾摇摇晃晃地拄着拐杖走出来，两眼泪汪汪地说："儿呀，再不回来，就把娘想坏了。"陶山把从桃园挣来的银子交给娘。娘擦着泪说："自从你离开家，娘很后悔，眼巴巴地盼你回来，恐怕临死也见不到你了。这次你就别再出去了。"

过了几天，陶山娘躺在床上快要死了，就把儿子叫到跟前："儿呵，我眼看不行了，你哥嫂心肠不好，我死后你自己另过，不要挨着他们。别忘了，在我的坟上多栽些树，娘就喜欢树，最喜欢桃树。"说完就断了气。陶山埋了母亲。三天后，就在坟前栽了各种各样的桃树苗苗，还养了一只小狗。

母亲死了后，哥嫂就把弟弟撵出了家门，陶山只好在离母亲坟不远的山坡下，盖了一间小草房。不久，他娘坟前的树越长越高，常常有成群的鸟儿叽叽喳喳地飞来飞去。

陶山看着鸟群愣了神，要是这些鸟能在树上搭个窝，下个蛋，该多好呀。陶山想着想着，把小柳条割下来，编成小筐挂在树杈上，接着唱起歌来："南来的雀，北来的雁，飞到筐里下个蛋。"鸟儿听到歌声飞来了，落到筐里，下了蛋就飞走了。一会儿筐里的鸟蛋满了。陶山高兴极了，把蛋挑到集上卖了，手头上有了零花钱。

这件事被哥嫂知道了，趁弟弟到集上卖鸟蛋之机，也编了小柳筐，跑到树下喊叫："南来的雀，北来的雁，飞到筐里猛下蛋。"一会儿飞来一群鸟，围树转了一圈，落到树上便拉屎，还拉了哥嫂一身。气得陶大把鸟筐烧了，把看家狗也打死了。

弟弟赶集回来，见鸟筐被烧了，狗被打死了，伤心极了，到母亲坟上抱头大哭。可巧，这时孙悟空在天宫蟠桃园偷桃吃，把一枚桃核扔落人间，刚好掉在陶山的面前。陶山捧着桃核觉得奇怪，心想这是否是天意。便在娘的坟边挖了一个深坑，把死狗、鸟粪、筐灰都埋在里面。然后，把这枚桃核种在坑中。

不久，桃核冒了芽，长起来，只三年便结出又大又甜的蜜桃。陶山挑到集上，被抢购一空，品尝后人人称赞“真是仙桃”。从此，陶山发了家，还娶了一个美丽贤惠的妻子。

这件事传遍了当地村庄，惊动了当地财主们，他们对仙桃都垂涎三尺。为了把仙桃弄到手，财主们买通了财迷心窍的哥哥。一天深夜，趁陶山睡熟的时候，陶大伙同几个地痞把仙桃树挖走了。他们把仙桃树栽到家里，只两天，仙桃树便枯萎了。

陶山得知仙桃树被偷走后，哭得死去活来。就在陶山绝望之时，他妻子忽然想起小时母亲曾告诉她，树苗可以接活，便立即跑到陶山面前安慰他，并告诉他仙桃树枝可以嫁接。一句话使陶山开了心窍。陶山收拾起残落的桃枝，和妻子连夜逃到深山老林之中，把仙桃枝芽嫁接在本地桃树上。

从此，天桃和地桃结合在一起，慢慢发展成了甜美可口的肥城大桃。直到今天，肥城桃还是靠嫁接育苗。

故事五

桃奴与“弃母泉”

很久以前，白云山下住着一位李大娘，她心地善良，手脚勤快。她四十岁上生了儿子后，丈夫却因劳累过度离开人世。从此母子二人相依为命，靠经营一片桃园过日子。

李大娘老来得子，把孩子视为掌上明珠。她怕孩子受委屈，进门出门总把孩子背在身上。她每天背着孩子，还要去挑水，浇灌山坡上那些快要结果的桃树，长年累月，从不间断。

在她辛勤的管理下，每年的桃子长得又大又圆，又香又甜，挑到集市上，价钱好，还卖得快。这时，李大娘平常忧郁、淡漠的脸上露出了笑容。她用卖桃得来的钱，去给儿子买些好吃的好穿的或好玩的。儿子要什么，她就给他买什么，百依百顺。也难怪，这个独生子，就是李大娘的命根子，又没有他爹，能不依着他吗？

转眼十几年过去了，儿子已经长到十五六岁，还没有挑过一担水。每当孩子拿起扁担要去挑水，李大娘总是喊：“哎呀，宝贝，你放下吧，身骨嫩，挑不得。”然后自己挑起水桶干起来，满桶水挑不动，就挑半桶，再苦再累，也没在儿子面前哼过一声。儿子看母亲不让干活，时间长了，只知吃了玩，玩了吃，或到山泉去戏耍。

这山泉从来没干过，每天从早到晚都有穿红着绿的妇女，来这里挑水洗衣裳。这对渐渐长大了的李大娘的儿子很有吸引力。他经常背着母亲，在泉边不是用石子投掷人家，就是使坏把人家的水弄脏，等人家生了气，他就很得意地跑开。人家要是找上门来说：“李大娘你要管管你这个儿子。”李大娘就对人家说好话：“请您原谅吧，孩子小，不懂事。”后来找上门来的人多了，说：“你的这个小祖宗，竟敢在大白天拉拉扯扯，调戏人家的大姑娘、小媳妇。”李大娘这才真生气了，就对儿子说：“你也大了，娘也老了，你去浇树吧。”儿子抬头看看满脸皱纹的母亲，无可奈何地挑起水桶走了。虽说已是十七八岁的人，却从小没干过活，挑起两桶水如担两座山，压得他腰酸腿麻，肩膀钻心地疼，他怎么吃得了这份苦呢？挑了一趟，就坐在树荫下琢磨：一天少挑几趟，有什么关系，树又不会说话。就这样，说是去挑水，实际是在泉边和人家胡闹。

李大娘为了稳住儿子的心，想托人家介绍媳妇。谁知人家一打听儿子的行为，没有一个愿意上门的。

一天，儿子又在泉边调戏大姑娘，被李大娘瞧见。她把儿子叫到跟前训斥道：“咱祖祖辈辈都是老实庄稼人，你可不要这样不正干呀。”儿子放任惯了，这些话哪能搁到心上，就顶撞起来：“我不用你管，我……”李大娘举杖就打，棍子还没落下来，已被儿子顺手夺过去扔了。李大娘看着自己家的桃树旱得叶黄枝细，桃子又小又稀，儿子又这样不争气，气得坐在地上，长吁短叹，只抹眼泪。

儿子好吃懒做，胡作非为，越来越严重。李大娘算是没法了。她呆呆地望着山坡上自家的桃树，叹着气。这时，儿子在旁边看到母亲站在窗后，以为又是在监视自己，心里骂道：“这老不死的，处处碍我的眼。”一股邪心顿起，趁他母亲不注意，过去猛地抱起李大娘的腿从窗户扔了出去。李大娘被摔在地上，顺着山坡一直滑滚到山脚的泉水里，断了气。

说也怪，李大娘死后，这个山泉也就很快干涸了。附近的人们不再到这里挑水洗衣。这处遗址，后来被叫做“弃母泉”。因缺水，李大娘那些桃树生长不良，桃子也没有长大，变得又小又硬。如今桃园里，还有的树上结些被称为“桃奴”的毛桃，像小枣一样大小，据说就是那时传留下来的种子。这虽是民间传说，却无情地讽刺了那些不孝之子，还有那些教子无方的父母。

故事六

老城城墙无西门与桃木辟邪的传说

相传，元朝初年，肥城县城刚刚落成，它北枕五岭，南蹬肥水，东瞻岱岳，西观陶峰，形似卧虎，气势磅礴。后经数年续建，城关一带街道纵横交错，沿街店铺林立，已成为全县政治中心，又是全县物资集散地。因而此处过往行人众多，车水马龙，熙熙攘攘，一派繁荣景象。

唯有西城门内，空旷非常，独有一座城隍庙在此。庙院内外，松柏遮日，风吹枝叶，呼呼作响。殿堂内立有众塑像，有的牛头马面，有的目露凶光，有的咧嘴獠牙，耀武扬威，令人望而生畏。又传说这里夜间常有鬼作祟，故人迹罕至。

后来有一宁氏县令来肥上任，为显示自己的能力，非要改变西城门的荒凉景象。于是指令在此起会，会期十天，自农历六月六日始，提前派人四处张贴告示，招揽客商前来赶会，又着专人安排会场。

会期来临，各地商贾陆续到达，搭棚摆摊，各类杂耍，设场招人。冲城隍庙有一高大戏台，请来戏班，白天唱，晚上还唱，招得四里八乡的男女老少。他们有的结伴，有的独行，逛会听戏，多至夜半方才离城归去。

会期第二天早晨，差役向宁县令禀报：据四方地保来城汇报，昨晚部分单人归家途中，遇一些美貌少女，要求结伴而行，有几个图谋不轨者，被少女们诱入山涧水塘，而少女们却杳无踪影。这些贪者折腾半夜，弄得泥头垢面，浑身湿透，天亮后方清醒过来，狼狈归家。不知谁家女子，如此戏弄别人，特向老爷汇报，请老爷处理。宁县令沉默一会儿，令差役退去，决定当晚亲自赴会，弄个水落石出。

是日晚，宁县令着便服只身一人至会上四处巡视，一会儿，见前面有着装鲜艳之少女，三五成群，有时相互嬉戏，有时窃窃耳语，时而搭肩并行，时而你追我赶。宁县令正欲弄个究竟，一眨眼，前边少女却踪影皆无。宁县令站立原处，揉揉眼睛，仔细回想，刚才确实没有看错。他急忙追至戏场，只见戏场内男女左右分坐两边，中有差役来回巡视，秩序井然，别无异样。

宁县令已疲倦身乏，起身回县衙，行至大邑门（县衙前第一道大门）约百余步时，听得有少女们的嬉笑声。宁县令不由得生气：何家女子，敢在此地胡闹，真是胆大妄为。疾步上前一望，不由一怔，正是刚才会上那群少女。正欲发问，那群少女却又飘然而去。

宁县令回到内宅，反复琢磨，那群少女是人是鬼？为何如此捉弄我？左思右想，总是理不出个头绪。他茶饭不思，倒在床上辗转难以入睡。三更已过，四更来临，忽闻呼呼作响，不时狂风自西而来，飞沙走石，尘土扬，推墙揭瓦，折树掀房，直到黎明，才风止尘落。

宁县令忙着差役去打听实情，不一时，差役回来禀报：西城门楼掀去半截，城墙垛口全部掀翻。城隍庙前凡朝西开的大殿，皆被掀翻。县衙的大邑门，房脊被刮平，门窗全部撞碎。但庆幸的是会场无损，全城无人伤亡。宁县令独坐衙内，百思不得其解。忽有差役前来禀报，有一老者求见，愿解县令烦闷。宁县令一点即通，忙让差役引老者书房相见。

宁县令见老者须发皆白，两眼炯炯有神，虽持竹杖，但步稳幅大。相互问候客套一番，老者谈吐自如，声如洪钟，言道：“吾闻昨夜风犯城池，刮了西门削了大邑门，故来进言。现留柬一封，待我走后拆阅，希县令照办，以免全城遭受涂炭。”言罢告辞，待县令送至衙外，一转眼，老者去向不明。

宁县令望空而拜后，急回转书房拆柬取信笺，只见上面这样写着：

一、堵西门

迎陶峰，望陶峰，惹怒隐仙，

扮美人，装美人，巧设机关，

拆西门，堵西门，不留痕迹，

心平静，衙平静，可保万年。

二、西虎坎植桃林

桃林冬似火，

红花春争艳。

夏秋蟠桃六，

鬼祟吓破胆。

三、改建大邑门

杨木梁来榆木檩，

杏木窗户桃木门。

门旁栽植佛桃树，

辟邪驱祟保安宁。

宁县令依照老者所嘱全部照办了。直到抗日战争爆发前，老城的城墙依旧无西门，整个城隍庙街，没有开正西大门的。西半城内外遍是桃林。后来因战火摧残，城墙扒平，桃林灭迹，然种植栽培桃树在肥城附近已成传统。肥桃逐渐成当地名产。

故事七

桃符的由来

相传很早很早以前，东海有一个风景秀丽的度朔山，山上有一片很大很大的桃林。桃林里有一棵又高又粗的桃树，树下有两间青石屋，石屋里住着兄弟俩。哥哥叫神荼，弟弟叫郁垒。兄弟俩力大无比，雄狮见了自愧，恶豹见了吓得胆破瘫地。有老虎为这兄弟俩守山看林，鬼邪惧之。

兄弟俩相依为命，和桃林建立了深厚的感情。天旱了，他们挑来泉水；生虫了，他们细心去捉。培土整枝，辛勤劳作，不辞劳苦。功夫不负有心人，那桃林终于结下累累硕果。那片大桃林结的果格外大，格外甜，人们都说是仙桃，吃了能延年益寿，成为神仙。

在度朔山的东北面，有一座野牛岭，岭上有个野王子。这野王子他有股笨力气，仗着自己力大人多，占山为王。他心毒如蛇蝎，吃人心、喝人血，可把这一带的老百姓害苦了。野王子听说度朔山上有仙桃，吃后能成仙，便垂涎三尺，派人上度朔山，喝令神荼、郁垒兄弟俩献寿桃。兄弟俩冷冷一笑说:“俺这仙桃只送穷人不贡王。”说完即把来人赶下山。

野王子知道后，气得七窍生烟，即带三百人马上了度朔山。神荼、郁垒兄弟带着守林虎迎战，双方一场恶战，野王子被打得狼狈逃窜。

野王子吃了败仗，逃回岭上，茶不饮，饭不香，一门心思报仇，昼夜难眠。终于想出了一个坏主意。

在一个漆黑的夜里，风呼呼地叫着，神荼、郁垒正睡得香的时候，忽听外边有响动，急忙起身，开门一看，只见从东北方向过来几十个鬼怪，个个青面獠牙，红头绿眼，奇形怪状，“啊啊”乱叫着向他们扑来。兄弟俩毫不畏惧，勇敢应战，神荼随手提了根桃枝迎上去，郁垒抓了一把草绳跟在后面。哥哥在前面抓，弟弟在后面捆，不多一会儿，几十个红毛鬼怪全被捆了起来，个个喂了老虎。

原来这些鬼怪是野王子和他手下人装扮的，本想把神荼、郁垒兄弟俩吓跑，谁知毒计不成反丧了命。

第二天，这件事马上传开来，神荼、郁垒兄弟二人的名字也名扬四海，传遍神州。

至于兄弟俩后来干什么去了，什么时候去世的，无人知晓。传说兄弟俩上了天堂，被老天爷封为专门惩治恶鬼的神仙。他们过去种下的桃林也能驱鬼辟邪。后来，黄帝效法，创立了“大桃木人”等驱除鬼邪的法术流传于世。在民间桃乡，逢年过节，人们纷纷削制两片宽一寸余、长七寸余的桃木板，画上神荼、郁垒和虎，挂在门的两边，以驱灾压邪，保护家人平平安安。这种用桃木制的木条，就叫“桃符”。到了五代时期，桃符有了新的发展，后蜀的官廷里开始在桃符上题写联语。再后来，就发展成现在我们常见的春联，并渐渐形成一种春联、楹联文化。

故事八

温凉泉与桃花姑娘

在泰山西南不远的地方，肥城安驾庄古刹精礼寺旁边，有温、凉二泉。在温泉旁边，有一清澈见底的凉泉。无论是酷暑盛夏，还是数九寒冬，凉泉里流出的水都是甘甜的，饮之沁人心脾，让人浑身舒服。

这温凉泉还有一个美丽的传说。温凉泉来自望鲁山，望鲁山海拔近 280 米，登绝顶可望兖州。相传春秋时鲁王的女儿嫁到齐国，后来因为齐鲁两国争夺地盘，短兵相接，鲁王的女儿无法回娘家看望父母。在怀念亲人的时候，她就站在山顶上遥望，流泪不止，死后葬于山下，所以这座山就叫做望鲁山。

在望鲁山脚下有一个小村庄，庄上有一个名叫桃根的少年，桃根幼年父母双亡，在一名远房亲戚的照顾下艰难为生。岁月流逝，桃根已长成一个身强力壮的美男子。一天，勤快的桃根又去山下泉池边挑水，走着走着，就被眼前的景色惊得两眼发呆发直。

原来，已经初蒙男女之情的桃根看见在泉池边有一群美少女正洗澡玩耍。老实的桃根却也上了顽皮心，大着胆子悄悄地开起了一个天大玩笑，他将一女子的彩衣藏了起来。少女们洗完澡都争着穿衣佩饰，一阵轻烟化

桃花盛开（宿梅香摄）

为白鹤飞去，独独剩下没有衣裳的少女无法离开。桃根见状，心里既高兴又难过，十分矛盾。他难过的是看见众少女都飞走了，只剩她一人，孤单寂寞；高兴的是自己若与她成双成对，岂不是享人间艳福吗？最终，桃根将彩衣送还给少女，好言相劝，愿留姑娘在人间生活三年。少女也留恋人间的自由自在与桃根的大胆痴情，答应了桃根的请求，与桃根回了村庄。

成亲那天，春光明媚，桃花盛开。全村老少欢天喜地，少女头戴桃花，面若桃花，羞羞答答，与桃根走入洞房。从此，人们称这少女为桃花姑娘。婚后，桃根、桃花夫妇相敬如宾，恩爱无比，小日子过得和和美美。转眼间，三年过去了，按照约定，桃花姑娘含泪依依不舍告别桃根，在彩霞中慢慢飞去。桃根悲伤不已，泪流不止，仰望远空，化为石人。桃根流下的行行热泪变成了源源不断的温泉，桃花姑娘洒下的行行泪水化为了淙淙的凉泉。从此，温凉泉无论天多么旱，从来不断，流淌至今。

故事九

肥城万亩桃园的传说

肥城有“万亩桃园”的称号，这都是上了吉尼斯世界纪录的。可是，你知道万亩桃园是怎么起来的吗？其实啊，肥城的万亩桃园和左丘明关系大着呢。

相传，左丘明年纪大了以后，从曲阜回到他的家乡肥城都君庄，也就是今天的石横衡鱼村。他一边种地一边写书，过着很滋润的日子。后来，他的两眼看不见了，但还是写出了《春秋外传》，也就是《国语》这本书。

每年春上的时候，左丘明就带着家里人在陶河边上种桃树，渐渐地种了好几百亩地，成了很大的桃园。桃花一片一片的，到处香飘飘的，彩蛾子满天飞。一到秋天，结的那个桃儿，又大又甜，可香来。他叫家里人专门摘大个的，给村里老人吃，还时（shā）时地叫左邻右舍的街坊来桃园里自己摘着吃，拉呱凉快。桃儿的味道喜甜喜甜的，年纪大的吃了长寿，小青年吃了干活总有使不完的劲儿，小孩们更是滋得了不得，和喝奶似的。

传说咱这肥城桃连天上的神仙都偷偷地下来摘着吃，他们都一边啃一边伸大拇指头，嘴里还一个劲地嘟噜什么“仙桃仙桃”。说来也巧，正好叫藏老猫猴儿的毛蛋孩子听见了，一传十，十传百，“仙桃”的名儿就叫起来了。咱刚才不是说了嘛，因为老人吃了桃子能长寿，“寿桃”的名儿也传得挺响。这不，咱肥城的桃还叫仙桃、寿桃哩。

桃子好吃了，四外八乡的老百姓也都栽起桃树来，面积越种越大。北边的福山、万灵山、陶山、牛山、夹子山，东边的米山、凤山、白云山、刘台山、布金山，南边的岈山、肥猪山，基本上是村村有桃树，一下子就成了上万亩的桃园。因为咱肥城是肥子国的旧地，肥城桃也就叫成了肥桃，越叫越响。

有一年，孔圣人领着弟子来都君庄找他的老伙计左丘明，走到白云山的时候下起了大雨，把带的书全都淋湿了。一刹儿，天就大晴了，孔子向四下里一看，路边满是个儿不高的桃树，就叫弟子把书挂在桃树上晾晒。这时候，正好有两个小孩看到了。其中，东边的那个赶紧过来帮忙，孔圣人见

桃花盛开（李书轩摄）

他助人为乐，称赞他“懂礼”。而那个西边的小毛孩只会看热闹，不来帮忙还傻笑，孔圣人便和弟子们说，那个小娃不懂礼貌，得“习礼”。后来，桃园镇“东里村”“西里村”的村名就源于这回晒书呢，咱肥城人为了纪念圣人在这里晒过书，还盖起了一座庙来纪念，这就是桃园“晒书城”。

桃树老死之后，左丘明舍不得烧火，请来木匠把桃木制成刀、剑、枪、棍等，挂满了屋。邻居们不明白这是啥意思，就都问他。他嘻着说：“世上所有的么（指东西、物品）都要尽其所用啊，把桃木做成这些物件，既能观赏，也能镇宅，去灾避邪呢！”街坊们听他这么一说，都跟着学，家家挂起桃木剑、桃木刀、桃木枪和桃木棍子。慢慢地，挂桃木避邪就成了咱肥城万亩桃园的一个习俗。

二、逸事趣闻

在肥城桃发展史上做出积极贡献的大有人在，他们都为肥桃文化增添了光彩。其中，冯玉祥将军和吴耕民教授恰成文武双璧，辉映桃乡，传为佳话。罗荣桓元帅之子罗东进对肥桃也有深情的回忆。

中华人民共和国成立后，肥城桃农经常把精选的大肥桃寄给党中央领导，以表达对共产党的无比热爱。[①] 桃园公社尚里大队（今新城街道尚里村）自 1954 年以来即有向中央送桃的惯例。城关公社（今老城街道）桃农张圣本，出身贫苦家庭，在旧社会饱受剥削压迫。1949 年后，在共产党的领导下，分到了田地，日子越过越好。他和其他桃农一样，从心里感激共产党、毛主席让他翻身获得解放，过上了幸福生活。1955 年以来，他每年都精心挑选果大质优的肥桃寄给毛主席。1958 年 8 月，张圣本挑选 18 个肥桃，共计 22 斤，寄至中央办公厅转给毛主席。这是他去世前最后一次献桃。中央办公厅回信赞扬

① 参见肥城县林业局编：《肥桃志（征求意见稿）》，油印本，1983 年，第 10 页。

了张老先生热爱共产党、热爱毛主席的深情厚谊，并附寄人民币50元以示酬谢。

1986年9月10日上午，肥城县新城镇东尚里小学全体少先队员收到由北京邮政一七〇二信箱邮来的一封信。顿时，校园里欢呼四起，少先队员们争相传告："邓奶奶来信了！邓奶奶来信了！"邓奶奶即邓颖超同志。这就是"红领巾给邓奶奶献桃的故事"。

1986年3月，共青团山东省委号召全省少先队员开展"有理想、有道德、有文化、有纪律"的"四有"小金星活动。东尚里小学全体少先队员就怎样开展活动进行了热烈讨论，最后集中到家乡的肥桃上来。为了掌握肥桃的习性特点，探索科学管理技术，进一步提高肥桃质量，大家决定成立一个"红领巾果园"，从小学习肥桃的管理技术，并决定在肥桃成熟后，选择最大最好的献给关心少年儿童的邓奶奶尝尝，以表达少先队员们对邓奶奶的真诚敬意。少先队员们的这一建议，得到了辅导员和村干部的支持。东尚里村党支部和村委会研究选定了地势、土质和水利条件较好的地块作为红领巾果园场地，还拨给他们原来生长得最好的部分优质桃树进行管理。肥桃熟了，队员们精选了20多个重1斤以上的色泽米黄的肥桃，装满一个肥桃包装专用箱，系上一条鲜艳的红领巾，还写了一封题为"肥桃献给邓奶奶"的信，表达全体少先队员献身山区、建设桃乡的决心。9月1日，于翠玲、陈红旗将满载全体少先队员共同心愿的肥桃，送到了首都北京，交给国务院办公厅，请工作人员转交给邓奶奶。邓颖超收到肥桃后，不仅表扬孩子们边学习边劳动，勉励孩子们好好学习，掌握科学知识，成为祖国建设的有用人才，还称赞肥桃"好吃极了"，一时传为美谈。①

1990年9月，第十一届亚运会在北京召开。亚运会召开前夕，肥城县新城镇李志文等11位桃农，把精心培育的11个"桃王"（每个

① 参见王霞主编：《文化肥城·肥桃与桃文化卷》，山东人民出版社2011年版，第59～61页。

重 1 斤以上）献给亚运会。这是李志文等桃农第五次向国家献肥桃。时年 74 岁的李志文原是新城镇西尚村党支部书记，他从小跟着爷爷、父亲学种桃技术。在旧社会，李志文家没有自己的桃园，辛辛苦苦不得温饱。1949 年，他入了党，分了土地，有了自己的桃园，过上了好日子。1953 年，他代表互助组的 17 户桃农，挑选了 13 个大肥桃（共 14 斤多），寄给国务院转交毛主席。周总理亲笔回信，并寄来 50 元钱。以后他曾三次进京给党中央、毛主席送肥桃。当他得知要在北京举办第十一届亚运会的喜讯后，就和其他桃农商定，选 11 个最大的肥桃向亚运会献礼。他们挑选了 11 个特大的肥桃，并特制了一个装桃的木箱，木箱上一面写着：转交亚运会筹委会收，山东省肥城县新城镇李志文等十一位桃农敬献。另一面写着：十一个肥桃十一颗心，颗颗红心献亚运。他们还给亚运会组委会一封信，信中说道："桃乡人民祝愿亚运会胜利成功，祝中华体育腾飞、国家昌盛！"桃子转赠中国体育代表团后，袁伟民团长感动不已，语出不凡："11 颗肥桃 11 颗心，代表 11 亿中国人民，献给 11 届亚运会！"肥城桃农献桃亚运会的消息，一度成为亚运村和首都新闻界的热点。题为《家乡的桃》《肥桃传友情》《肥桃献北京》《台胞喜得肥桃》《"桃王"进京传佳话，鲁籍台胞倍觉亲》等新闻报道在《人民日报》《中华老年报》《工人日报》《大众日报》等媒体报道。9 月 9 日，北京亚运会即给李志文等 11 户桃农寄来了纪念证书。第十一届亚运会基金办公室给肥城县新城镇政府的回信中，高度赞扬了肥城桃农无私奉献的爱国主义精神。[①] 肥城县委县政府向 11 位桃农颁发奖状并给予奖励。

关于肥城桃的逸事趣闻还有很多，它们不仅为肥城桃添了彩，也早已转化为肥城人的精神动力和心灵慰藉。

---

① 参见傅志亭主编：《肥桃史话》(《肥城文史资料》第六辑)，山东省出版总社泰安分社 1991 年版，第 198 页。

三、“两节一赛”

肥城十万亩桃花园，春季桃花遍野，争奇斗艳，秋来果实累累，香飘万里，是真正的世上桃源、人间仙境。自2002年以来，肥城市充分发挥桃文化旅游的资源优势，按照“政府引导、企业主导、社会参与、市场运作”的办节思路，发挥商业化运作的潜力，倾力打造“两节一赛”，即桃花旅游节、金秋品桃节、全国桃木旅游商品创新设计大赛。“两节一赛”在社会上引起了强烈的反响，对于推介宣传肥城、提高肥城在全国的知名度和美誉度起到了极大的推动作用。特别是对每届桃花旅游节、桃木旅游商品创新设计大赛都精心策划，先后确定了“游桃园、品桃花宴、洗桃花浴、购桃木剑”“走进桃花园、亲近大自然”“传播吉祥文化、打造中国桃都”等不同的主题。节庆内容丰富，活动创意新颖，有农家小院农家饭、桃树认领进桃园、特色餐饮桃花宴等。经过多年的不断努力，肥城桃花旅游节已逐步发展成了肥城市节企互动、经济旅游互动的综合性平台，并且已被省旅游局列为全省知名的旅游节庆活动，成为全省四大“花之旅”之一和全国著名的四大桃花节之一。①

“桃花效应”给肥城带来了巨大的经济效益和社会效益，促进了肥城桃产业的发展，增加了农民的收入，提升了肥城城市建设和管理水平，加快了城市建设步伐，提升了市民素质，丰富了群众性的文体活动，展示了肥城人民良好的精神风貌，促进了全市的精神文明建设。

十余年来，全国桃木旅游商品创新设计大赛已成为国内桃木旅游商品前行的风向标和桃文化旅游商品行业发展的盛会。肥城企业借助大赛平台，创新开发出一批工艺精良、与老百姓生活密切相关、

① 参见王霞主编：《文化肥城·肥桃与桃文化卷》，山东人民出版社2011年版，第67页。

市场销售前景好的桃木旅游商品，为全市桃木商品产业的转型升级起到积极的促进作用。

在举办桃花旅游节和桃木旅游商品创新设计大赛之前，肥城市委市政府为拉动肥城经济，推动肥城旅游，于 1991 年、1992 年、1993 年分别举行了中国肥城桃节。近年来，为拉长产业链条、拉动乡村旅游，又从 2008 年开始于每年的 8 月底 9 月初举办金秋品桃节。

肥城金秋品桃节与桃花旅游节、全国桃木旅游创新设计大赛一起成就了“两节一赛”旅游节庆品牌，促进了肥城旅游经济发展。

四、桃木工艺

桃木辟邪文化、长寿文化和吉祥文化推动了肥城桃木工艺的发展。桃木辟邪文化由来已久。《庄子》记载：“插桃枝于户，连灰其下，童子入不畏，而鬼畏之。”秦汉时期演变为由人扮作桃木人来驱鬼，应劭《风俗通义》明确记载：“县官常以腊除夕饰桃人，垂苇茭，画虎于门……冀以御凶也。”应劭是东汉著名学者，曾任泰山郡太守，时肥城属泰山郡管辖，这段文字应是对肥城当时桃木辟邪民俗的描述。随着汉代道教文化的形成，道家把桃木作为驱鬼辟邪的必备法器，广泛使用。据史料记载，汉时泰山一带逢遇大旱，便有请道人登坊设坛，焚香设幡，手持桃木剑求雨，或杀牲、唱戏、修庙，还有将桃木枝或桃放在城隍庙求雨的习俗。《汉书·王莽传》记载，西汉末年，王莽篡权建立新朝后（公元 9 年），惧怕汉高祖神灵会来袭扰，于是“遣虎贲武士入

王来新桃木加工

高庙……桃汤赭鞭，鞭洒屋壁”，表明时人相信桃木汤可驱凶避鬼。后来，民间又演化出新年正月初一，合家同饮桃木汤来驱邪的习俗。至此，在山东、河南等中原一带奠定了最初的桃木雕刻民俗文化的基础，并广泛流传。①

隋唐时期，肥城桃栽培技术相对成熟，面积逐渐扩大。从那时起，便有民间的能工巧匠创新加工雕刻桃核、桃木为小佩件，戴在手腕上以示得到“佛祖”“神灵”的保佑之意。这时桃木加工开始了。桃木雕刻民俗伴随着唐代文化的繁荣亦得到了较大的发展。五代时，桃符有了新的发展。桃木雕刻民俗不再局限于驱凶辟邪保平安的含义，而是被赋予了吉祥、喜庆、祝祷等全新的象征意义，其形式更加多样，文化内涵更加丰富，因而也得到了更广泛的传播和发展。

元末明初，中原大地战事不断，瘟疫蔓延，连年灾荒，民不聊生，百姓死伤无数，一片萧条悲凉境况。此时，人们非常渴望安居乐业的社会环境以繁衍生息。桃木辟邪作为民俗文化的载体，正适应了人们这种生活信念，因而得到了迅速发展和广泛的传播，被人们奉为瑞气盈门的吉祥之物而请回家中，以保家人祥和安康，成为重要的民俗事项。在肥城，春节时门两侧普遍悬挂桃符，或下书左郁垒、右神荼，或写春联，或书祝祷之语，寓意驱鬼辟邪，除旧迎新，祝福祈祷，平安吉祥。农历五月初五即端午日五更，民间习惯在此时采摘东向的山桃枝回家辟邪，故有“三五充阳辰，东桃制百鬼”之说。取东向桃枝是以为其阳气最盛。桃枝拿回家，一方面用于悬挂辟邪，一方面则煎汤浴饮治病，端午节还使用单枝桃印符或佩带小桃木剑辟邪。另外，老人生日时送桃木制品祝寿、中堂悬挂桃木剑镇家宅等习俗也不断衍生出来。

明清时期，肥桃栽培技术更加成熟，种植面积不断扩大，为桃木雕刻民俗文化的发展提供了得天独厚的条件。桃木雕刻益加盛行，各

① 参见王霞主编：《文化肥城·肥桃与桃文化卷》，山东人民出版社 2011 年版，第 74 页。

种佩饰应运而生，并随移民、朝岱的香客以及官吏、商人传播到全国各地汉民族聚集地，形成汉民族具有普遍意义的民俗文化，并更进一步流传到海外华人中。清末民初，随着民间雕刻技艺的创新和发展，各种大型桃木挂件、摆件开始在民间流行，其刀功、刀法、雕刻技艺更加娴熟和精湛，桃木雕刻制品种类及文化内涵日趋丰富多彩，备受人民喜爱和崇信。外地来客到肥城总要带些桃木雕刻制品或摘些桃枝回去分发给亲朋好友、左邻右舍，以驱邪消灾，瑞示吉祥，保佑家庭和睦、人寿安康。

中华人民共和国成立初期，桃木雕刻民俗屡受反封建反迷信等政治运动的冲击，桃木雕刻技艺也一度衰微。尤其在“文化大革命”十年动荡中，大批从事桃木雕刻的民间艺人被迫改行，桃木雕刻惨遭灭顶之灾。改革开放以来，中国传统文化和传统工艺得到了恢复和发展。特别是进入 21 世纪，桃文化的弘扬宣传进一步深入人心，桃木辟邪的民俗进一步发扬光大，桃木工艺品的市场越来越广。2006 年，桃木雕刻民俗列入山东省首批非物质文化遗产名录项目。

为进一步做大做强桃木旅游商品加工业，肥城市建立了中国桃木旅游商品城。商品城达到国家 AAAA 级景区标准，建筑面积 2.7 万平方米，成为集桃木旅游商品开发、生产、展示、商贸、旅游、餐饮、娱乐、会展于一体的大型专业桃木旅游商品生产加工基地。桃木工艺品作为肥城市的一个新兴旅游产业，从无到有，从小到大，蓬勃发展，吸引了众多来自五湖四海的游客，也吸引了全国各地的工艺品制造商前来参观学习，切磋交流。目前，以肥城银泰隆商业广场为中心的全国桃木旅游商品精品展销区可容纳经营业户 500 余户。经营商品以桃木工艺品为主，分为桃木宝剑、宝刀、如意、拐杖、桃木挂件、十二生肖等十大系列，100 多个品种，产品畅销全国各地，并远销日本、韩国、新加坡、马来西亚等国家。

桃木工艺品展厅

为了更好地组织开发桃木工艺品生产，不断提高桃木工艺品的文化内涵和产品质量，肥城市成立了“肥城市工商联桃木工艺总商会”。总商会自成立以来，秉承自我发展、自筹资金、自我提高的发展原则，带领从事桃木工艺品生产的厂家团结奋进，互利共赢，共同发展，并经常组织商会会员外出参观学习，使广大会员开阔了视野，提高了境界，得到了启发。聘请专家教授、资深雕刻师交流技艺，讲解市场现状及前景，使广大会员业务素质不断提高。总商会还积极配合省市旅游部门和一年一度的桃花旅游节活动组织开展全国桃木工艺品创新设计大赛，并多次获金奖、银奖和铜奖。

肥城的桃木雕刻工艺制品与人们的社会生活、传统信念紧密地联系在一起，寄托了人们向往平安、幸福、吉祥、长寿等美好的生活愿望，集民俗、装饰、艺术、观赏于一体，成为人们精神文化生活的重要组成部分。

“肥城桃木雕刻”以肥城境内独有的佛桃木为原材料，木体清香、色泽金黄，呈八卦螺旋形花纹。以传统平面浮雕为基本雕刻技法，包括浅浮雕、深浮雕、高浮雕、多层叠雕等手法，采用散点迹视构图、线面结合、保留平面，以构图饱满、层次丰富见长。桃木雕刻制品，题材广泛，样式繁多，种类齐全，大到数米，小到不足一厘米，图样各异，具有不同的象征意义和观赏价值。主要桃木工艺品种有：

辟邪类（1）桃木剑、桃木斧：镇家宅、纳万福、避凶祸，保子孙吉祥、人寿安康。（2）桃木梳子：三十多个品种，既能用来梳头健身，又可带在身上辟邪。（3）桃符：有十余种，长约七八寸，上面刻有神荼、郁垒像或名字，挂在门上以驱凶辟邪、消灾免祸，保平安祥和。（4）桃木人：也叫“桃梗”“桃偶”，用桃树梗刻成的圣物，状如人形，大小随意。农历除夕立门侧，辟凶邪。（5）桃印：又叫“桃印符”，用桃木刻成的印钮，涂以红、蓝、黄、白、黑五种颜色，并写有辟邪咒语，钮面穿孔。逢端午节时，单只使用，用彩绳将桃印系门上或帐屏间，驱凶逐鬼。（6）桃木貔貅：风水吉祥物，镇宅辟邪，化灾纳财。（7）桃木碗：辟邪，免做噩梦、遭侵扰，方法是往桃木碗内倒半碗水，放置床前。

吉祥类（1）桃木如意：象征福寿千秋，吉祥富贵，平安如意，作为节日、寿诞、婚嫁礼品。（2）桃木摆件：有龙、凤、花、鸟、人物等，大多摆在客厅或书房，象征家道兴旺，瑞气祥和，福寿安康。（3）桃木龙凤呈祥：龙、凤乃中华民族崇拜的吉祥物，龙至则风调雨顺，五谷丰登；凤来则国泰民安，百姓有福。（4）天官赐福：吉祥图案，寓意称心遂愿，赐福人间。（5）桃木牡丹：牡丹以其特有的富丽、华贵和丰茂，被视为繁荣昌盛、幸福和平的象征。（6）桃木泰山北斗：是聪明、智慧和文明的象征。（7）桃木葫芦：葫芦的谐音是“福禄”，即福禄齐全，是吉祥之物。（8）桃木一帆风顺：寓意前程非常顺利。（9）桃木鸡：鸡自古为吉祥的灵禽，有大吉大利之意。（10）桃木喜鹊登枝：有“喜来逢”“喜在眼前”“欢天喜地”“喜上眉梢”“喜事连连”等寓意，带给人们吉祥之兆。（11）桃木麒麟送子：是吉祥和福瑞的象征，多用于喜庆场合。

长寿类（1）桃木佩饰：多为十二生肖，小孩子系在手腕或挂在脖子上，姑娘系在荷包上，老人挂在烟袋上，更多的人系在腰带、钥匙扣上，以求驱凶祸避灾难、平安健康、幸福长寿。（2）桃木五福寿：五福（五只蝙蝠）捧寿。五福为长寿、富贵、康宁、好德、善终。（3）桃木福寿双全：由蝙蝠和寿字组成的图案，象征幸福长寿。（4）桃木松鹤延年：寓意无灾无难，延年益寿。（5）桃木八仙庆寿：寿庆场合使用，有幸福长寿之意。（6）桃木松鹤寿星：长寿百岁，又为飞升成仙之象征。

实用类（1）桃木镇纸、笔架、笔筒：上刻有“春风大雅能容物，秋水文章不染尘”“新年纳余庆，嘉节号长春”等佳句，用以告诫人们为人处世要大度，和睦共处；学习要刻苦努力，才能功成名就，做出一番事业，过上美好生活。（2）桃木风水镜：以八卦图为中心，周边配龙、凤、鱼等多种吉祥图案。（3）桃木龙凤镜：主卧室专用。增进夫妻感情的专用吉祥法器，寓意百年好合，白头偕老。（4）桃木平安瓶：厨房或卧室用，避凶祸化平安，正对厨房或次卧室安放。（5）桃木僧头：厕所专用，逢凶化吉，正对厕所门安放。（6）桃木台式镜：却角专用，避凶纳吉，正对却角位置。（7）桃木富贵鱼：寓意吉祥、平安、健康，安放于客厅，正对主人卧室。（8）桃木大钱币：聚财，寓意财运兴旺，置于办公室，正对经理座位。（9）桃木双龙：公司聚财，寓意生意兴隆，财运顺达，置于办公室，正对大门。（10）桃木大双龙：汇聚人气，寓意事业腾达，财源滚滚，置于公司大厅，正对大门。（11）桃木神龙戏水：大企业专用，寓意汇聚人气，生意兴隆。

其他类（1）台屏一品清廉：莲与廉同音，寓意公正廉洁，乃旧时百姓对清官的称颂。（2）龙珠工艺系列：用桃木刻龙珠，聚财、富贵又辟邪。(3)桃木竹子系列：民间以除旧迎新，除邪恶保平安，有节节高升之寓意。(4)桃木梅花系列：气韵高洁，战胜邪恶，不怕艰难，是自强不息的象征。(5)桃木文财神：财神赵公明，能祛病，主持公道，寓意做生意可获大利。(6)桃木武财神：关云长，讲信誉、重义气，商人以他守护家财，招财进宝。[①]

2000年以来，肥城以“打造国内领先、国际知名的桃木雕刻工艺品生产研发基地”为目标，推动肥城桃木雕刻行业发展、品牌打造和市场推广，通过打造建设中国桃木旅游商品城、中国桃文化博物馆、桃木旅游商品一条街，举办全国桃木旅游商品创新设计大赛、全国桃木旅游商品开发研讨会，实施“肥城桃木雕刻流派”培树工程、“肥城桃木雕刻”整体品牌营销战略，发展“互联网+”电子商务平台等多项举措，推动桃木旅游商品产业集群化发展，构建起“一城一街一馆一赛一会一品牌”的“六个一”产业发展平台。走出一条县级旅游商品开发的成功之路，形成国内旅游商品开发的“肥城模式”，促进“肥城桃木雕刻”旅游商品产业的发展壮大。[②]至2018年，全市桃木生产加工企业已达到160多家，从业人员4万人，全国连锁加盟企业突破1500家。桃木旅游商品已发展到30多个系列，4000多个品种，全年桃木产业销售收入突破20亿元，占全国桃木商品市场80%以上的份额。肥城已发展成为“全国桃木旅游商品研发、生产、销售集散中心”。2018年获得“中国桃木旅游商品之都”称号，“全国桃文化产业联盟”落户肥城。肥城市桃木雕刻协会会长程银贵入选文化和旅游部2019年乡村文化和旅游能人支持项目。

肥城桃木雕刻企业积极参加各类旅游商品顶级展会和赛事，使品牌影响力和市场关注度持续提升。[③]“肥城桃木雕刻”地理标志证

① 参见王霞主编：《文化肥城·肥桃与桃文化卷》，山东人民出版社2011年版，第77～79页。
② 参见肥城市地方史志研究中心编：《肥城年鉴(2019)》，九州出版社2019年版，第234页。
③ 参见肥城市地方史志研究中心编：《肥城年鉴(2020)》，方志出版社2020年版，第224页。

明商标参加第十一届中国国际商标品牌节，获得2019年中华品牌商标博览会金奖。在2019年中国特色旅游商品大赛中，肥城市正港木业工艺品厂参赛作品“桃木雕——君子闲情雅致”系列获得旅游工艺品类金奖。在第十一届中国（山东）工艺美术博览会上，肥城市桃木雕刻协会会长程银贵创作的“吉祥盆景”系列作品和副会长王来新创作的“好事成双”均获得山东省工艺美术精品奖金奖。在首届山东省文化和旅游商品创新设计大赛中，肥城市正港木业工艺品厂参赛作品“风韵茶香”荣获金奖，“欧风·百鸟朝凤”获得银奖，肥城市李氏桃木工艺坊参赛作品“精品桃木杯”系列获得铜奖。先后参加第二届中国国际进口博览会、第十一届中国国际商标品牌节、第六届中国非物质文化遗产博览会、第五届中国（四川）国家旅游投资大会暨第六届四川国际旅游交易会、第八届山东国际文化产业博览交易会、2019年山东（济南）国际旅游交易会、2019年中国高铁经济带旅游博览会、2019年第十一届中国（山东）工艺美术博览会暨一带一路非物质文化遗产展、2019年山东·泰山旅游商品与装备博览会和“中华老字号故宫过大年展”活动、走进德国“感知中国”开放日活动、2019年中国北京世界园艺博览会“山东省日”活动。

肥城桃木雕刻成为肥城的特色文化名片，桃木雕刻民俗成为首批省级非遗项目。

五、旅游景点

桃文化是肥城最具特色的地域文化，其文化资源深厚。桃花节、品桃节、桃木工艺品开发展销会等大大推进了肥城桃产业发展。[①] 自2000年开始发展桃文化旅游产业，2002年举办首届桃花节，桃文化旅游产业开始发展。经过20年的开发建设，肥城桃文化旅游产业得

① 参见刘伟等：《肥城桃产业的发展现状及发展建议》，《落叶果树》2019年第3期。

到较快发展。截至2018年年末，成功创建国家AAAA级景区1处，国家AAA级景区9处，国家AA级旅游景区12处，国家级工农业旅游示范点2个，全国乡村旅游模范村1个，省级工农业旅游示范点14个，旅游强乡镇6个，旅游特色村11个，山东省“好客人家”三星级农家乐39家。①

刘台桃花源景区　位于仪阳街道刘台村，景区内有万亩桃园，为肥城十万亩桃花的精品观赏园。景区三面环山，沟壑纵横，每年春天桃花漫山遍野，自然错落，隔而不绝，姹紫嫣红，给人“层林尽染，万山红遍”之感，被誉为“世外桃源”“人间仙境”，先后被评为“中国乡村旅游模范村”“全国首批农业旅游示范点”“山东省自驾游示范点”和“国家AAA级旅游景区”。

刘台桃花源景区入口

中央桃行景区　位于新城街道西尚里村，原为肥城规模最大的桃园，肥桃的主要发源地之一，以肥桃种植面积大、品质佳驰名。历史上曾被中共中央、国务院授予“全国农业合作化建设先进集体”荣誉称号。此地群众曾先后三次进京给党中央、毛主席送肥桃，中央桃行也因此名扬四海，每年前来赏花、品桃的游客络绎不绝。

中国桃文化博物馆　位于肥城市春秋古城景区，是中国首家桃文化和专业旅游商品展览展示博物馆。博物馆以桃文化为主要展览展示内容和方向，建筑面积1500平方米，馆藏桃木工艺精品3000余件，主要分为肥城桃文化产业展示区、桃文化内涵展示区、桃文化民俗

① 参见肥城市地方史志研究中心编:《肥城年鉴(2019)》，九州出版社2019年版，第232页。

展示区、肥城桃木产业展示区、多媒体展示区、全国桃木旅游商品创新设计大赛区六个展区。分别对中国和肥城桃文化的发展进行探源，集中展示桃文化的基本内涵、社会民俗、物质载体以及肥城桃文化产业发展情况，肥城历年在国内外旅游商品大赛上的获奖作品、历届全国桃木旅游商品大赛获奖作品和桃木雕刻精品。多媒体展示区通过动态方式对肥城吉祥桃文化、桃木旅游商品和产业发展等方面的成就进行展示。

桃文化博物馆

桃木旅游商品城 中国肥城桃木旅游商品城位于肥城市泰西大街 038 号，肥城汽车站对过，是肥城市委市政府根据肥城特有的桃木资源和吉祥文化底蕴，立足资源优势，为做大做强桃木旅游商品加工业，打造肥城文化品牌，提高肥城知名度，改善旅游业内部结构，促进经济和社会发展而批准兴建的。中国肥城桃木旅游商品城于 2007 年 4 月开城，占地面积 3.9 万平方米，总投资 1.2 亿元，总建筑面积 5.7 万平方米。按照国家标准旅游景区进行建设，内有桃文化展示区、信息服务平台、餐饮服务区、休闲娱乐区、灯具家饰商城等八大部分。自开城运营以来，先后被山东省委宣传部、省文明办、省工商局等八部门授予“百城万店无假货文明示范一条街”，被山东省旅游局命名为“山东省桃木旅游商品开发生产基地”“山东省旅游商品研发基地”和“山

中国肥城桃木旅游商品城

东省十佳大型综合旅游购物场所”。桃木旅游工艺品已形成三十大系列、4000个品种，著名的商家有“正港木艺”“泰山桃木王”“桃艺轩”“祥瑞工艺”“鲁宝阁”“弘鑫木艺”“悦灵仙桃木艺雕”等。产品远销至东南亚，有的多次在旅交会、林产会、工艺品展销会上获奖。

近年，肥城市委市政府注重以肥城桃悠久历史文化的挖掘与普及为主题的旅游开发，注重人与自然的融合，以桃乡观光、采摘品尝为旅游主题，延伸独特的肥城桃文化产业，开展与桃相关的吉祥符号在建筑、园林工艺中的应用，以及与桃相关的饮食文化开发，展现丰富多彩的桃文化内涵，将肥城桃产业打造成集优质桃果生产、加工、销售和与桃文化相关衍生产品为一体的全国桃产业领军品牌。

六、书目辑存

中华人民共和国成立后，随着肥城桃产业的逐步振兴，关于肥城桃的研究文章和著作越来越多。研究性文章和著作主要包括种植管理上的科学技术和桃文化上的探索、发掘与弘扬，其他则有歌颂桃子、桃花和颂扬桃乡人的诗歌、散文和小说，以及咏桃（花）的诗集、画集、书法集等。肥城桃作为全国知名的地方特产，志书中对其进行了较为全面的记载，当地的书刊或记肥桃，或咏桃花，成为桃乡人民的永恒话题。现将相关著述做分类整理如下：

1. 期刊类

刘瑞轩：《肥桃姑娘》，《山东文学》1960年第6期，这是以桃农为素材创作的短篇小说，是今知第一篇以肥城桃为主题的小说。

孙中信、束怀瑞、辛培刚：《肥城桃品种组成及丰产性状的探讨》，《园艺学报》1964年第3期。

园艺场：《提高肥桃品质》，《肥城科技》1978年第42期。

《肥桃选优品质鉴定会简报》，《落叶果树》1975年第2期。

石荫坪、王强生:《肥城桃花粉母细胞的减数分裂——我国重要果树资源细胞学研究之一》,《落叶果树》1979年第4期。

李津生:《油画·丰收》,《肥城文艺》1979年创刊号。该油画是当代本土画家较早的肥城桃题材创作。

罗新书、黄镇:《关于肥城桃果实品质问题的研究》,《落叶果树》1985年第1期。

石绪常、王庆丰:《肥城桃》,《肥城春秋》第一辑,1984年。该文从肥城桃品系、桃业今昔、销售包装运输、异地引栽等方面系统介绍了这一水果名产。

县志办公室编:《肥城县概况·肥桃》,《肥城春秋》第二辑,1984年。

于敏序:《肥城蜜桃产销报告》,《肥城春秋》第三辑,1985年。“民间传说”收《肥桃的传说》《桃农智斗唐知县》等篇。

程兆奎:《小桃奴的来历》,《肥城春秋》第四辑,1986年。

乐年:《肥城桃》,《肥城春秋》第五辑,1987年。“传说”收《肥城桃的故事》,“补白”有《肥城桃花摄入〈黄河颂〉》新闻稿。

《1988年“桃王”照片》,《肥城春秋》第六辑,1988年。

《县酒厂立足内涵挖掘,在逆境中自我发展》,《肥城通讯》1989年第10期。该文介绍了“全发酵型肥桃酒”的生产研发与销售情况。

李津生:《“肥桃”今昔》,《民俗研究》1989年第4期。作者从肥桃的历史、肥桃的经济价值、肥桃的信仰与文化、肥桃的现在等方面对肥桃进行了介绍。

傅志亭主编:《肥桃史话》(《肥城文史资料》第六辑),1991年。专辑分桃史探源,桃业发展,品系与栽培,肥桃采收、包装、运销及加工,肥桃与桃文化,肥桃轶事轶文六部分。

程兆奎:《肥桃的故事》,《肥城名胜古迹》(《肥城文史资料》第九辑），1996 年。

李淑英、刘庆莲、尉云良、师法萍：《不同肥料对肥桃幼树生长结实的影响》，《落叶果树》1987 年第 1 期。

李淑英、尉云良、刘庆莲：《幼龄肥桃整形修剪试验初报》，《科技论文汇编》，1987 年。

张莲君：《广谱增产菌在肥桃丰产上的应用》，《山东林业科技》1990 年第 4 期。

林祥平：《肥桃当年苗栽植管理技术》，《落叶果树》1990 年第 4 期。

李淑英、赵德三、王春第、刘广生：《肥城桃密植丰产研究》，《落叶果树》1991 年第 3 期。

孙孟科：《提高肥城桃座果率试验》，《落叶果树》1992 年第 1 期。

张连忠、赵春芝、罗新书：《肥城桃硬枝扦插试验初报》，《落叶果树》1993 年第 4 期。

贺新、杨成全、常毓英：《肥城桃丰产栽培技术》，《西北园艺》（蔬菜专刊）1994 年第 4 期。

韩瑞堂、张迎春、陈波、王德科、施洪云：《优质肥桃的水土管理研究》，《山东农业科学》1994 年第 2 期。

杨竹轩、李晓军：《肥桃早期落叶病防治研究初报——肥桃宁 1 号田间试验防病效果》，《落叶果树》1994 年第 2 期。

汪光义、苏胜茂、唐茂芝：《肥桃产运销中的几个问题》，《落叶果树》1994 年第 3 期。

贺新、杨成全：《肥城桃丰产栽培》，《落叶果树》1994 年第 4 期。

伏健民、张培正、王延、王瑛：《肥城桃防腐保鲜技术研究》，《食品科学》1994 年第 12 期。

施岗陵、骆洪义、聂俊华、邵良东、韩秀香：《肥桃》，《植物杂志》

1995 年第 1 期。

李进荣：《肥桃的春季管理要点》，《落叶果树》1995 年第 2 期。

马桂英、赵圣文、武家斌、肖云丽、张联军：《肥桃病虫害综合防治技术》，《植保技术与推广》1996 年第 1 期。

李晓军、杨竹轩、史绪堂、张秀云、李传鲁：《肥桃早期落叶致病原因研究》，《落叶果树》1996 年第 1 期。

《桃奴是怎样产生的》，《山西果树》1997 年第 1 期。

单明清：《提高肥城桃产量和品质的技术措施》，《烟台果树》1999 年第 4 期。

王秀丽：《肥城桃优质丰产栽培技术》，《种子科技》1999 年第 3 期。

马庆虎、王莉梅、宋艳茹、朱至清：《肥城桃中多聚半乳糖醛酸酶基因的分离及其表达研究 (英文)》，《植物学报》1999 年第 3 期。

宋红日、师法萍、刘庆莲：《提高肥城桃品质的几项技术措施》，《落叶果树》1999 年第 2 期。

李传鲁、史绪堂：《肥城桃优质丰产栽培技术》，《落叶果树》2000 年第 4 期。

刘玮红：《群桃之冠——山东肥桃》，《生物学教学》2000 年第 12 期。

王军：《肥城桃的栽培管理技术》，《特种经济动植物》2001 年第 7 期。

秦盈、顾杰：《关于肥城桃产业的营销策略分析与对策研究》，《商品与质量》2011 年第 6 期。

陈文玉：《无公害肥城桃标准化栽培技术》，《河北果树》2002 年第 4 期。

孙衍国、孙祥远：《桃系精品——紫红肥桃》，《农村实用技术与信息》2002 年第 10 期。

杜宪臣、孔令泉、吴丽杰：《肥城桃的生长期修剪》，《河北果树》2003 年第 3 期。

胡淑芳、张联军、赵勇、周光峰：《早熟着色新品种肥城桃 1 号》，《落叶果树》2004 年第 1 期。

薛炳烨、束怀瑞：《肥城桃两品系果实细胞壁成分和水解酶活性的比较》，《园艺学报》2004 年第 4 期。

张云英、孙本壮、田宝竹、桑刚：《肥城桃 1 号的高接表现》，《落叶果树》2004 年第 6 期。

孙衍国、孙祥远：《红肥桃个果达 500～1000 克的关键栽培技术》，《安徽农业》2004 年第 3 期。

孙衍图、孙祥远：《红肥桃长到 500 ～ 1000 克的关键技术》，《农业科技与信息》2004 年第 4 期。

孙衍国、孙祥远：《红肥桃杂交新品种培育技术》，《江西园艺》2004 年第 1 期。

孙衍国：《优质特大果——系列红肥桃》，《农家参谋》2004 年第 1 期。

单明清：《肥城桃优质丰产栽培技术》，《烟台果树》2005 年第 4 期。

蔡丽霞：《肥城市桃产业可持续发展对策研究》，山东农业大学硕士学位论文，2006 年。

康桂玲、杨秋荣、曹积飞、王金芳、冯景志：《山东肥城桃优质高产与地质环境的关系》，《河北农业科学》2008 年第 12 期。

刘树奎：《不同管理方式对肥城桃品质的影响》，山东农业大学硕士学位论文，2013 年。

陈文玉、宋红日、武猛：《肥城桃品质下降的原因分析及对策》，

《落叶果树》2015 年第 4 期。

屈宜宝:《肥城桃产业发展问题及建议》,《中国果菜》2016 年第 7 期。

张强:《肥城市桃特色休闲观光农业发展研究》,《山东理工大学学报》2018 年第 3 期。

张文芹:《肥城桃栽培存在的问题及解决对策》,《中国果菜》2019 年第 2 期。

吕孟辕:《肥城桃树流胶病病原鉴定及发病因子分析》,山东农业大学硕士学位论文,2019 年。

刘伟、李桂祥、董晓民:《肥城桃产业的现状及发展建议》,《落叶果树》2019 年第 3 期。

彭兵、王恒均、王兵:《肥城桃标准化栽培技术》,《农业科技通讯》2020 年第 3 期。

周郢:《中国文学中的肥城桃》,《左丘明文化》2021 年第 1 期。另有孙其昌《肥城桃文化探析》、李津生《肥族后裔——肥城人的肥桃世界》、李书轩《肥城万亩桃园的传说》等文。

吴元胜:《重新认识肥城桃》,《肥城春秋》第二辑,2022 年。另有李武刚《汶阳田民风民俗》涉肥城桃文化信仰民俗。

2. 著作类

《桃园诗选》,中共肥城县委宣传部编印,1960 年 9 月 12 日出版。收录肥桃诗 58 首,“前言”记桃园人民公社肥桃种植情况 ,并记群力放水洞建设。

《肥城桃》,山东省果树科学研究所编,山东人民出版社 1961 年 10月出版。该书从概况、肥城桃的主要品种、肥城桃的生长结果习性、肥城桃适合栽培在什么地方、肥城桃的育苗和嫁接技术、肥城桃桃园的建立和栽植、肥城桃的整形修剪技术、桃园管理的主要措施八个方面总结了当时肥城桃的栽培经验。

《肥城县综合农业区划报告（讨论稿）》，肥城县农业规划办公室编印，1982 年 11 月。收录肥城桃的栽植面积与分布情况。

《肥桃志》（征求意见稿），肥城县林业局编，1983 年 5 月。分历史、现状、桃艺和肥桃的异地栽培四章，追溯肥桃历史，记载肥桃生产现状、桃树园艺和异地栽培。

《肥城县农业区划》，肥城县农业区划办公室编印，1983 年 5 月。记录肥城桃的生产情况、亩产与收入情况、分布情况及新规划。

《花经》，黄岳渊、黄德邻合著，上海书店，1985 年 6 月。记载肥城蜜桃特点等。

《肥城县水土保持普查、区划、规划综合报告》，肥城县水土保持委员会办公室编印，1987 年 3 月。记录肥城桃的产区分布、规划与生产情况。

《肥城县林业发展规划方案（1991 ～ 2000）》，肥城县林业局编印，1991 年 10 月。记载肥城桃作为中外名产的历年栽培面积和产量。

《肥城县志》，山东省肥城县史志编纂委员会编，齐鲁书社 1992 年 4 月出版。书中以“肥城桃”作为一编（第 16 编），分五章十节记载肥城桃的生产概况、品系类型与选优、栽培、销售和肥桃研究。“工业编”记载了佛桃酒、肥桃罐头等肥城桃深加工产品。

《肥城年鉴（1988 ～ 1992）》，《肥城年鉴》编辑部编，中国书籍出版社 1993 年 9 月出版。大事记、乡镇（办事处）概况、工业、农村经济、科学技术等类目记述了 1988 ～ 1992 年五年间肥城桃发展情况。前彩页有第二届肥桃节盛况照片。

《肥城市志（1988 ～ 2002）》，肥城市地方史志编纂委员会编，方志出版社 2006 年 1 月出版。第六编第四章分科研机构、发展现状、品系、栽培管理、品牌包装、加工销售六节，记述 1988 ～ 2002 年肥城桃发展情况。另外，大事记、工业、文化·旅游等编目记述了桃花节、肥城桃加工及桃园文旅情况。

《肥城年鉴（1993 ～ 1997）》，肥城市史志编纂委员会办公室编，齐鲁书社 1999 年 3 月出版。大事记、乡镇（办事处）概况、农村经济、科学技术等多个类目，记述 1993 ～ 1997 年肥城桃发展情况。前彩页有肥城桃、桃园、品桃会、仙女献桃城标等照片。封面为肥城桃照片。

《肥城年鉴（2003 ～ 2007）》，肥城市地方史志办公室编，黄河出版社 2009 年 10 月出版。大事记、乡镇（办事处）概况、农业、文化·旅游等多个类目，记述了 2003 ～ 2007 年五年间肥城桃发展情况。前彩页有桃园、桃花节等照片。

《肥城年鉴（2008 ～ 2011）》，肥城市地方史志办公室编，黄河出版社 2013 年 10 月出版。大事记、镇街概况、农业、科学技术、文化·旅游等多个类目，全方位介绍了 2008 ～ 2011 年间肥城桃产业情况。前彩页有肥城桃、桃花节等照片。

《肥城年鉴（2012 ～ 2015）》，肥城市地方史志办公室编，中国国际文化出版社有限公司 2017 年 12 月出版。大事记、农业、科学技术、文化·旅游·体育、镇街概况等多个类目，记述了 2012 ～ 2015 年间肥城桃发展情况。

《肥城年鉴（2017）》，肥城市地方史志办公室编，方志出版社 2017 年 10 月出版。该书首次把肥城桃按产业单设栏目，包括栽培与管理、品牌建设与保护、宣传营销、旅游开发和桃木雕刻五个分目。另外，在大事记、农业、科学技术、文化·旅游·体育、镇街概况等多个类目中全面记述了 2016 年度肥城桃的发展情况。

《肥城年鉴（2018）》，肥城市地方史志办公室编，方志出版社 2018 年 10 月出版。该书把肥城桃作为一个专题类目进行记载，包括栽培与管理、品牌建设与保护、宣传营销、旅游开发、桃木雕刻和桃叶花茶六个分目。另外，在大事记、农业和农村工作、科学技术、文化·旅游·体育等多个类目中，全面记述了2017年度肥城桃的发展情况。

《肥城年鉴（2019）》，肥城市地方史志研究中心编，九州出版社2019年11月出版。该书把肥城桃作为一个专题类目进行记载，包括栽培与管理、品牌建设与保护、宣传营销、旅游开发和桃木雕刻五个分目。另外在大事记、农业和农村工作、科学技术、文化·旅游·体育等多个类目中全面记述了2018年度肥城桃的发展情况。书的环衬部分图文并茂地介绍了肥城桃的历史与文化。

《肥城年鉴（2020）》，肥城市地方史志研究中心编，方志出版社2020年9月出版。该书把肥城桃作为一个专题类目进行记载，包括栽培与管理、品牌建设与保护、宣传营销、旅游开发和桃木雕刻五个分目。另外，在大事记、农业和农村工作、科学技术、文化·旅游·体育等多个类目中全面记述了2019年度肥城桃的发展情况。

康熙十一年、嘉庆二十年《肥城县志》，肥城市市志编纂委员会办公室整理翻印，1995年8月。物产志记述有肥城桃。

光绪十七年、光绪三十四年《肥城县志》，肥城市市志编纂委员会办公室整理翻印，1996年8月。物产志记述有肥城桃。

《肥城商业志》，肥城县商业局编，油印本，1983年6月。内有肥城传统名吃蜜汁肥桃。

《肥城县医药志》，肥城县药材公司编，1987年12月。第四章“药材经营”第四节“国营药材收购”中有20世纪60年代湖屯大中泉村代销员王家志自编自唱的《收购药材顺口溜》：“打着竹板唱起来，今到你村收药材。收枣仁、收杏仁，收购桃仁桔子皮。金银花、鸡合皮，香附薄荷和茵陈。栝楼皮、冬瓜仁，苏子苏叶桑白皮。黄柏皮、苍耳子，荆芥黄芩蔓荆子。”此顺口溜说明，桃仁在肥城中药材中的历史悠久以及肥城植桃之广泛。

《肥城桃种植区农业地质背景调查及宜种性研究》，山东省地质矿产局遥感技术应用研究中心编著，山东省肥城县科学技术委员会1991年12月出版。该书是由山东省地质矿产局遥感站、山东省肥城县科学技术委员会、山东省肥城县肥桃研究所、山东省肥城县土肥站担任第一完成单位，由曹洪松、唐孟武、齐怀林、刘庆莲等担任主要完成人的科研项目。

《中国果树史研究》，辛树帜编著、伊钦恒增订，农业出版社1983年7月出版。

《国民经济统计资料（1949～1983）》，肥城县统计局，1984年9月出版。记载肥城桃生产情况。

《仪阳乡志》，肥城市仪阳乡史志编纂委员会编，1999年10月出版。第十二编“林果业”第五章记述肥城桃的生产概况、品种系列与培优、栽培、销售。

《桃园镇志》，肥城市桃园镇史志编纂委员会编，1997年9月出版。卷四“肥桃”，记生产概况、品系类型与选优、栽培、采收、包装、销售、加工、肥桃研究。

《肥桃栽培》，李淑英、仲崇福、季英宗编著，山东省出版总社泰安分社1987年10月出版。

《桃树丰产栽培》，周慧文编著，金盾出版社1991年10月出版。

《肥城桃栽培新技术》，李淑英、仲崇福编著，泰安市新闻出版局，1992年7月出版。

《肥城民间文学集成》，山东省肥城县文化局、肥城县民间文学集成办公室编，1988年4月出版。收《佛桃的传说》《桃花仙子》等肥桃传说故事多篇。

《可爱的家乡肥城》（乡土系列教材），宿传江主编，上海文化出版社 1989 年 1 月出版。第五章“独具特色的土特产”收《举世闻名的肥城桃》一文。

《首届中国肥城桃节》，肥城县委编，1991 年出版。收孔利民《物华天宝话肥城，神州桃乡展新姿》、蔡衍柱《肥城资源多富有，开发前景更诱人》《溢香天下肥城桃，千年珍品负盛名》等文，并有肥城桃、肥城桃罐头、大佛桃酒等照片多幅。

《驰名中外数桃乡》（“可爱的泰安”丛书），肥城县委宣传部编，山东省出版总社泰安分社 1991 年 9 月出版。内有名产肥桃介绍、肥桃传说故事多篇。

《世上桃园书画集》，杨宪金主编，中南海画册编辑委员会 1992 年 4 月编辑出版。

《肥城桃花甲天下世上桃园歌·泰山·肥城》（文学丛集），伊明著，泰安市新闻出版局，1992 年 8 月出版。此书为“献给中国肥城桃节”而出版的诗文集。

《兴林富民集》，泰安市新闻出版局，侯庆祥主编，1993 年 11 月出版。内收仲崇福、辛显民、田宝珠撰《搞好肥桃生产，促进经济发展》一文，介绍当时肥城桃的培优与销售情况。

《肥城地理》，宿传江主编，泰安市新闻出版局，1994 年 4 月出版。“农业”一章收肥城桃。

《北仪仙村志》，肥城市北仪仙村志编纂委员会编，方志出版社 1998 年 12 月出版。第三编“经济”第四节“林果业”记载冯玉祥派员在该村发展肥城桃种植。

《辉煌的 50 年》，中共肥城市委党史资料征集委员会办公室编，泰安市新闻出版局，1999 年 9 月出版。内有路玉山《发展肥城桃，富裕桃乡人——争取肥城桃列为国家名特优产品侧记》一文，前彩页有桃园丰收照片。

《希望的田野——肥城市农村致富100例》，张茂珍主编，2000年9月出版。内《王甲珍——“桃经纪”名传桃乡》一文，介绍20世纪90年代肥城桃的运销情况。

《中国肥城桃文化研讨会发言材料汇编》，2010年8月出版。收录有刘晓峰《桃文化在日本的传播与影响》、杨秀《浅说桃的文化象征》、王作楫《桃缘》、张士闪《辟邪求寿：“桃文化”的民俗意象及其当代资源转化》、马知遥《桃文化的文化寓意及艺术创意之可能》、吕继祥《从泰山地区王母娘娘信仰论及肥桃》、周郢《中国文学中的肥城桃》、张鹏《桃文化与女性及情缘》、傅志亭《肥桃与肥城桃文化发展初探》、王来新《让桃木雕刻民俗发扬光大》等文章。

《肥桃与中国桃文化》，郑敏著，中国文联出版社2000年10月出版。内有千年肥桃和肥桃传说故事。

《中国果树志·桃卷》，汪祖华、庄恩及主编，中国林业出版社2001年2月出版。记肥城桃及肥桃照片。

《烟村诗选》，李灏著、李颜整理，自印本，2001年12月。内收肥桃诗两首。

《神州桃乡——肥城》，杨锡轩主编，山东画报社。内有肥桃、肥桃酒、肥桃罐头、桃园等图片多幅。

《绿色农产品生产技术规程》，肥城市新城办事处编印，2003年2月。记肥城桃土肥水管理、整形修剪、花果管理和病虫害防治四个方面的生产操作技术规程。

《桃文化研究》，王焰安著，中国档案出版社2003年6月出版。记李津生肥桃文。

《泰西地下情报总站解密》，郭长灿著，作家出版社2004年7月出版。第四十一章《礼轻义重，千辛万苦送肥桃》，记述1946年肥城桃作为谈判期间礼物的故事。

《老城镇志》，肥城市老城镇志编纂委员会编，2006 年 9 月出版。第五编《果树》一节记述肥城桃的栽培历史。

《在那桃花盛开的地方——肥城历史文化名人及风物故事》，李津生著，大众文艺出版社 2007 年 12 月出版。书以连环画的形式收《肥桃的传说》《桃木剑的故事》。

《天门诗风》，张晓峰著，作家出版社 2008 年 12 月出版。内有贺桃花节诗词。

《肥城文化揽胜》，中共肥城市委、肥城市人民政府编著，山东画报出版社 2009 年 3 月出版。“赏世上桃园，品千年肥桃”，记述肥城桃的栽培历史、优质品种、栽培技艺、吉祥文化、桃花景观、节庆活动、逸闻趣事。

《肥城市文化产业发展规划（2010 ～ 2020）》，中共肥城市委宣传部编印，2010 年 5 月出版。规划打造中国桃文化之都。为此，提出以“中国桃文化工艺之都”为主题，形成工艺品创意、生产、营销产业链和以“国际桃文化之乡”为主题，形成节庆、演艺、娱乐、会展等产业链。

《肥城概览》，肥城市地方史志办公室编，中国图书出版社 2010 年 10 月出版。内有肥桃史话、科研机构、栽培技艺、优良品种、标准化生产、产业科技园、品牌包装、龙头企业、加工销售、桃花节、品桃节、桃木旅游商品创新设计大赛、肥桃照片等。

《肥国沃土》，周郢主编，2011 年 1 月出版。第八章《肥桃文韵》收《文学作品中的肥城桃》部分章节。

《文化肥城 · 肥桃与桃文化卷》，王霞主编，傅志亭、聂建民编著，山东人民出版社 2011 年出版。有肥桃的历史与栽培、桃文化的内涵与精髓、肥桃的传说与逸闻、肥桃文化的开发四部分，附中国肥城桃与桃文化文牍汇编《中国肥城桃文化研讨会发言材料汇编》。

《桃文化精萃及研究》，王焕欣、戈春源编著，中国文联出版社2011年12月出版。记述肥城桃花节。

《桃花盛开的地方——肥城》，山东省肥城市旅游局、肥城市政府外事侨务办公室编。内有仙女献桃城标、桃园、肥城桃、桃花节、桃木工艺品等照片。

《泰安区域文化通览·肥城市卷》，刘长香、何敬鹏主编，泰山出版社2012年10月出版。“绪论”中，“文化特色”部分以“别样的肥桃文化”为题，记述肥城桃文化特点。下编第三章以“享誉九州的肥桃文化”为题，记述肥桃及其栽培技术、民俗中的肥桃文化、文学作品中的肥桃文化、物质变精神。

《肥城文化通览》，何敬鹏主编，泰山出版社2012年3月出版。内容同《泰安区域文化通览·肥城市卷》。

《史海漫笔》，石峰、郭庆莲著，中国文化出版社2013年10月出版。内有《集合多种元素，发挥资源优势，肥城做大培强桃文化产业》一文。

《历代咏桃诗词选》，李福杰主编，新华出版社2015年5月出版。收录了黄恩彤、冯玉祥等肥桃诗。

《名山古城——泰山·泰安文史拾零》，周郢著，五洲传媒出版社2015年9月出版。收《文学作品中的肥城桃》一文。

《仪阳历史文化纵览》，明春华主编，2016年1月出版。第十三编“特产名吃”收肥桃肘子。

《肥城人咏肥桃诗词选》，陈衍斌主编，团结出版社2016年11月出版。

《灼灼其华——桃文化的前世与今生》，刘任力著，山东画报出版社2018年5月出版。第五部分“肥城桃文化的形成与发展”，记悠久的肥桃文化史、丰富多彩的桃文化传说故事、“居不可无桃”的生活习俗。

《肥城桃产业技术规程》，宋红日主编，中国农业科学技术出版社2020年7月出版。

《桃园镇志（1990～2019）》，肥城市桃园镇志编纂委员会编，黄海数字出版社2021年4月出版。第二编“世上桃园”记肥桃生产、肥桃销售、肥桃储藏、肥桃加工、桃木加工、桃乡旅游，并有大量肥桃、桃园照片。

上述关于肥城桃的著述，虽然仅仅是肥城桃发展史上的部分研究成果，却为我们留下了重要史料，成为《肥城桃发展史》一书的基石。

附 录

十八届桃花旅游节

第一届肥城桃花旅游节 2002年4月2日第一届肥城桃花旅游节在仪阳刘台桃花源风景区开幕，中央、省、市领导，肥城籍外地领导、老乡，有经贸关系的合作伙伴，有关方面的专家、教授，中央、省、市新闻单位的记者，驻肥单位负责人及干部群众共一万余人参加开幕仪式。本届桃花旅游节接待赏花游客超过20万人次，接待内外商客200余人，引进外资7000多万元[①]，旅游综合收入超过400万元，带动了旅游业及其相关产业的发展。

首届肥城桃花旅游节开幕式

第二届肥城桃花旅游节 2003年4月7日泰安东岳庙会和第二届肥城桃花旅游节在仪阳刘台桃花源风景区举行隆重而热烈的开幕式。以“走进桃花园、亲近大自然”为主题，是泰安东岳庙会的重要组成部分。省、市领导，外地客商以及一万余名群众出席开幕仪式，著名相声演员唐爱国应邀在开幕式上表演了精彩的相声。除开幕式

---

① 参见肥城市地方史志编纂委员会编:《肥城市志(1988～2002)》,方志出版社2006年版,第25页。

及文艺演出外，还组织策划了14项丰富多彩的活动。吸引赏花游客突破25万人次，接待旅行社团100多个，实现旅游综合收入1000多万元。

第三届肥城桃花旅游节 2004年4月6日在仪阳乡刘台桃花源风景区开幕，时任国家环保局局长、全国人大环境与资源保护委员会主任委员、中华环保基金会理事长曲格平参加开幕式。[①] 历时20天，以“以花为媒、广交朋友、招商引资、加快发展”为主题，以“政府主导、企业主办、市场运作”为宗旨，由北京汇源集团、肥城矿业集团、石横发电厂、石横特钢公司主办，共设计开展民族风情表演、特色旅游商品展销、老年书画展、高空杂技表演等18项活动。

第四届肥城桃花旅游节 2005年4月1～20日举办，开幕式于4月4日在肥城体育馆举行。开幕式上，著名歌手江涛、李琼等表演了精彩节目，受到广大游客的欢迎。本届桃花旅游节以“桃花、旅游、招商、开放”为主题，开展了“桃乡之春”招商引资推介会、“汇源之夜”桃花旅游节文艺晚会、全国农业旅游示范点揭牌仪式、旅游商品创新设计大赛及展销活动、名人名作书画展、火树银花不夜城、桃花旅游节文艺演出活动、全市职工文艺演出、赏花系列活动10项。[②] 桃花旅游节期间，全市接待赏花游客52万人次，接待旅行社团队100多个，旅游综合收入2200多万元。

中国肥城第四届桃花旅游节会刊

---

① 参见肥城市地方史志办公室编:《肥城年鉴(2003～2007)》,黄河出版社2009年版,第36页。

② 参见肥城市地方史志办公室编:《肥城年鉴(2003～2007)》,黄河出版社2009年版,第38页。

中国肥城第五届桃花旅游节 2006年4月7日，中国肥城2006“桃乡之春”招商引资推介会举行。4月8日，中国肥城第五届桃花旅游节在市体育场隆重开幕。国土资源部规划司，山东省国土资源厅、旅游局、机关党委，泰安市委、市人大、市政府、市政协，泰安军分区领导及各界朋友出席开幕式。11日，中国文联组织部分知名艺术家在刘台桃源世界风景区举办“聚焦新农村、文艺为农民”为主题的慰问演出和采风活动。① 中国音协、美协、曲协等11家协会近60名艺术家随队来肥城演出、采风。活动期间，张业法等书法家、画家在笔会上挥毫泼墨。在慰问演出中，姜昆、刘全和、刘全利等国内知名曲艺家带来群众耳熟能详的相声、小品；殷秀梅、郁钧剑等歌唱家放歌肥城；中国杂技团表演了多次随国家领导人出访的顶尖杂技节目。新华社、人民日报、光明日报、中央电视台等媒体对整个演出、采风活动进行了跟踪报道。

第五届桃花旅游节门票

第五届桃花旅游节共吸引赏花游客62万人次，接待旅行社团150多个，旅游综合收入2600多万元，达到了对内鼓舞士气、凝聚力量，对外扩大影响、树立形象的目的。

中国肥城第六届桃花旅游节 2007年3月20日至4月20日举行，主题是“世上桃源、和谐肥城”。4月6日，在新城办事处西尚里村中央桃行景区举办开幕式文艺演出。中共中央宣传部新闻局，山

① 参见肥城市地方史志办公室编：《肥城年鉴（2003～2007）》，黄河出版社2009年版，第41页。

东省地震局、农科院、林业局，泰安市人大、市政府、市政协，泰安军分区以及肥城市委、市人大、市政府、市政协领导，中铁二局集团公司、山东省浙江商会、北京汇源集团、肥矿集团、石横特钢厂、石横电厂等企业负责人出席开幕式，中央电视台《激情广场》栏目组举办了大型文艺演出活动[①]，实行全程录播，给全国人民献上了一份视觉盛宴。

《肥城看桃花》是一首赞美肥城，歌唱十万亩桃花美景的民歌。这首歌曲由著名词作家乔羽作词，著名作曲家孟庆云谱曲，二炮文工团著名青年女歌唱家李丹阳演唱。这首歌曲诞生于2006年第五届肥城桃花旅游节。优美流畅的乐曲声让人们品味出十万亩桃花竞相绽放时令人流连忘返的美好景色。同时，也体现和表达了肥城人民向往新生活、歌唱新生活的美好愿望以及敞开胸襟喜迎八方来客的无比喜悦之情。歌曲旋律优美动听，体现了浓厚的乡土风情，在省、市电台、电视台演播，深受群众喜爱。

另外，还组织策划2007年“桃乡之春”招商引资推介会、第二届“依可馨”杯旅游商品创新设计大赛、“走秀桃花源”大型时尚新品展示、赏花系列游等十余项精彩的节庆活动。本届桃花旅游节期间，共接待赏花游客80万人次，接待旅行社团队180多个，旅游综合收入3000多万元。

中国肥城第七届桃花旅游节暨2008年全国桃木旅游商品创新设计大赛 2008年4月8～15日举行，在仪阳乡刘台桃源世界风景区开幕，主题为“传播吉祥文化、打造中国桃都”，由中国旅游协会支持，山东省旅游局、泰安市人民政府主办，山东省旅游商品开发服务中心、泰安市旅游局、肥城市人民政府具体承办。第七届桃花旅游节主

① 参见肥城市地方史志办公室编：《肥城年鉴（2003～2007）》，黄河出版社2009年版，第45页。

要有四个显著特点：一是总体策划档次高，创意新颖，开幕式规模大。二是节庆活动丰富多彩。桃花旅游节期间，精心策划了开幕式及中央电视台“乡村大世界”大型文艺演出、2008年全国桃木旅游商品创新设计大赛、范蠡经济思想研讨会暨“走进肥城、共谋发展”经济合作洽谈会、张志银酒文化剪纸艺术收藏展等11项活动。三是突出地方特色，桃花源景区建设进一步完善。四是节庆经济成果丰硕。拉动了服务业发展，促进了招商引资。桃花旅游节成为展示肥城、推介肥城、提升肥城的重要平台，促进了全市旅游经济的发展。全市各景区共接待游客105万人次，门票收入108万元，接待旅行社团队260多个，实现旅游综合收入1.5亿元。

旅游节期间，举办2008年全国桃木旅游商品创新设计大赛，大赛共收到来自北京、河北、安徽、陕西、山西、黑龙江、辽宁、江苏等15个省、自治区、直辖市的60多个参赛企业的1000多件桃木实物作品和近百件桃木设计作品，涵盖桃木宝剑、桃核微雕、桃木如意等十余个系列200多个种类。来自中国旅游协会、清华大学美术学院、山东大学、山东轻工业学院等科研院所的7位专家、教授、权威人士组成评选委员，对参赛作品进行严格、认真、公平的评选，共评出金奖3个、铜奖15个、优秀奖44个、优秀组织奖11个、特殊贡献奖1个。肥城市旅游局被授予“特殊贡献奖”。

中国肥城第八届桃花旅游节暨2009年全国桃木旅游商品创新设计大赛 2009年4月10日在仪阳乡刘台桃源世界风景区开幕。省、市有关部门领导，中央、省、市媒体记者，兄弟县市区有关领导，参加2009年“走近肥城、共谋发展”经济合作洽谈会和全国桃木旅游商品创新设计大赛的有关领导和客商，驻肥企业的领导和社会各界群众参加开幕式，举行了主题为“女儿节·桃花缘祈福迎春盛典”大型文艺演出。演出重在突出肥城的地域特色和文化特色，以少女的成人仪式为主线，把文化演出与祈福迎春盛典有机结合，打造了一场有主题、有意境、群众参与性强的户外大型情景剧，把肥城桃花所寓意的吉祥、美好、爱情、长寿等文化内涵进行了充分表现。

全国桃木旅游商品创新设计大赛暨全国桃文化旅游商品博览会于4月10～15日举行，以“吉祥桃木、吉祥文化、吉祥桃都”为主题，中国旅游协会为支持单位，由山东省旅游局、泰安市人民政府主办，省旅游商品开发服务中心、泰安市旅游局、肥城市人民政府具体承办，在肥城桃木旅游商品城举行。本次大赛共收到来自北京、河北、安徽、陕西、山西、黑龙江、辽宁、江苏、浙江等20个省、自治区、直辖市80多个参赛企业的1500多件实物作品，有十余个系列400多个种类。30多个企业参加桃文化旅游商品博览会，受到广大游客的欢迎。共评出4个金奖、8个银奖、24个铜奖、50个优秀奖，有5个单位获得优秀组织奖，肥城市旅游局获得特殊贡献奖。大赛期间，肥城本地桃木旅游商品销售量较往年同期提高了近70%。参赛作品展示期间，参观桃木旅游商品展的观众有7万多人次，外地游客占40%，订货客商近3000人，共签订长期供货协议350个，成交额4000多万元。大赛的成功举办为全国旅游商品生产企业提供了一个交流学习的平台。

中国肥城第九届桃花旅游节暨2010年全国桃木旅游商品创新设计大赛 2010年4月8日正式开幕。省、市有关部门领导，中央、省、市媒体记者，兄弟县市区有关领导，参加2010年“走进肥城、共谋发展”经济合作洽谈会和全国桃木旅游商品创新设计大赛的有关领导和客商，驻肥企业领导和社会各界群众参加开幕式。第九届桃花旅游节共接待赏花游客124.26万人次，旅游收入3.6亿元，其中门票收入206万元。

“好客山东”2010年全国桃木旅游商品创新设计大赛暨文化旅

游商品博览会于 4 月 8～20 日举行，以“好客山东、吉祥桃都”为主题，共有来自北京、河北、广东、陕西、江苏、河南、浙江等 25 个省、自治区、直辖市的 100 多家企业和个人参赛，有桃木如意、桃木宝剑、桃核微雕等十余个系列 600 多个品种近 2000 件桃木实物作品和 200 件设计作品参与展出和终评，最终评出各类奖项 106 个。大赛期间，肥城本地桃木旅游商品销售量较往年同期提高了近 70%。参赛作品展示期间，参观桃木旅游商品展的观众有 8 万多人次，外地游客占 40%，订货客商近 4000 人，共签订长期供货协议 350 个，成交额突破 5000 万元。

中国肥城第十届桃花旅游节暨 2011 年全国桃木旅游商品创新设计大赛 2011 年 4 月 12 日在仪阳刘台桃源世界风景区开幕。省市有关部门领导，中央、省、市媒体记者，兄弟县市区有关领导，参加“走进肥城、共谋发展”新兴产业重点项目招商推介会和“好客山东”2011 年全国桃木旅游商品创新设计大赛暨中国（肥城）国际桃文化旅游商品博览会有关领导和客商，驻肥企业领导和社会各界群众参加开幕式。开幕式后，举行“欢乐桃都花歌会”大型文艺演出。11 日，在中国桃木旅游商品博物馆举行“好客山东”2011 年全国桃木旅游商品创新设计大赛评奖活动，共有来自全国 200 多家企业的 3000 多件参赛作品参赛。共评出 9 个金奖、14 个银奖、24 个铜奖、50 个优秀奖、8 个特别奖项、12 个优秀组织奖、1 个特别贡献奖。12 日，在泰西会议中心举行颁奖典礼。同日，举行中国桃木旅游商品博物馆开馆暨国际桃文化旅

第十届肥城桃花旅游节门票

游商品博览会开幕式。中国旅游协会、山东省旅游局、泰安市政府有关领导出席仪式。肥城市委书记单传海，市委副书记、市长张成伟为博物馆开馆暨国际桃文化旅游商品博览会开幕剪彩。[①] 同年，肥城桃花旅游节荣膺“全国十大品牌节庆”。[②]

中国肥城第十一届桃花节暨2012年全国桃木旅游商品创新设计大赛 2012年4月13日在仪阳刘台桃花源景区开幕。中国旅游协会旅游商品与装备分会秘书长，北京汇源集团董事长、党委书记，京粮集团总经理，佛山市企业联合会、企业家协会会长，山东省贸促会副会长，泰安市委常委、政法委书记，市人大常委会副主任，副市长，政协副主席，泰安军分区副司令员，国电山东分公司副巡视员，山东省旅游局旅游商品开发服务中心副主任，肥城市委副书记、市长，市委副书记，政协主席，人大常委会党组书记、第一副主任，浙江省山东商会，中资研究集团，中国太平洋建筑集团，驻肥企业负责同志，山东省贸促会，山东省浙江商会，佛山市企业联合会、企业家协会，济南市温州商会的客商朋友，参加全国桃木旅游商品大赛的专家、评委，全国各地的大赛参赛企业代表，省内部分县市代表，泰安市各县市区有关领导，肥城市大班子领导和离退休老领导，人民日报、新华社、中新社、经济日报、光明日报等新闻媒体的领导和记者，社会各界群众参加开幕式。开幕式后，举行“吉祥桃都，好运肥城”大型文艺演出，并举办“走进肥城，共谋发展”新兴产业重点项目推介会。

“好客山东”2012年全国桃木旅游商品创新设计大赛颁奖典礼在肥城举行。本次大赛共征集桃木实物作品近3500件和设计作品近200件。评选出金奖9个、银奖14个、铜奖24个、优秀奖50个、特

① 参见肥城市地方史志办公室编：《肥城年鉴（2008～2011）》，黄河出版社2013年版，第67页。

② 参见肥城市地方史志办公室编：《肥城年鉴（2008～2011）》，黄河出版社2013年版，第470页。

别奖项6个、优秀组织奖5个、特别贡献奖1个。大赛期间，举办的山东省民间手工艺制作大师（桃木雕刻项目）评选和2012年肥城桃木雕刻技能竞赛获奖者同时领奖。两项活动共评选出桃木雕刻手工艺制作大师4名，桃木雕刻技能竞赛一、二、三等奖及优秀奖31人。

中国肥城第十二届桃花节暨2013年全国桃木旅游商品创新设计大赛 2013年4月9日在仪阳刘台桃花源景区开幕。中国旅游协会旅游商品与装备分会秘书长，中国民间文艺家协会党组成员、副秘书长，全国政协委员、省工商联副主席、省民营企业家协会副会长，清华大学化学工程系主任，山东省旅游局副局长，省广播电视台党委副书记，齐鲁频道总监，泰安市政府特邀咨询，中国民间文艺家协会办公室主任，肥城市大班子领导和离退休老领导，中央、省市媒体领导和记者朋友，参加“魅力桃都、合作共赢”经济合作洽谈会的省内外客商，驻肥企业负责人，参加2013年全国桃木旅游商品创新设计大赛的领导、专家及省内外客商，参加中国桃都桃花节书画笔会的书画家朋友以及各界干部群众共计1万余人参加开幕式。开幕式上举行题为“好运花开、吉祥桃都、美好肥城”大型文艺演出。2013年“魅力桃都，合作共赢”经济合作洽谈会在宝盛大酒店举行，共签署项目40个，投资总额226.1亿元。

此前，4月2日举行中央桃行风景区赏花游园活动暨“女儿节”成人礼启动仪式。

本届桃花节呈现出与往届不同的亮点，打造成为开放式、参与性节庆活动。“桃都送吉祥，休闲桃乡行”系列文化之旅，丰富了节庆内容，增强了游客的参与性、趣味性，策划推出“桃都送吉祥”三项系列活动。“吉祥三宝”踩福增寿活动，突出“福、寿、缘”三种吉祥元素，在景区深入开展“欢欢喜喜踩福路”“至爱孝心人增寿”等主题民俗活动。桃花节期间，每天举办“女儿节”成人仪式，吸引年满18周岁的女孩到肥城参加成人礼。人们踏春桃园自驾游，吸引自驾车游客到肥城十万亩“桃花海”观光、赏花。“四月桃花开，肥城等你来”赏花活动通过省旅行社协会，联合各地旅行社推出肥城赏花“一日游”“两日游”线路，吸引游客来肥城赏花观光。在桃花园内还有桃园祈福会，游客可以将寓意吉祥的红飘带系在桃树上，实现为自己和家人、亲朋好友祈福的美好愿望。

中国肥城第十三届桃花节暨2014年全国桃木旅游商品创新设计大赛 2014年4月3日在仪阳刘台桃花源景区开幕。中国旅游协会、山东省旅游行业协会、肥城市大班子领导，中央、省、市媒体记者，参加“魅力桃都、合作共赢”经济合作洽谈会的省内外客商、驻肥企业负责人，参加2014年全国桃木旅游商品创新设计大赛的领导、专家及省内外客商以及社会各界群众参加开幕式。此次开幕式没有领导讲话和致辞，文艺演出不请明星，节俭办节，还节于民。开幕式后，举行以“吉祥桃都、好运肥城”为主题的文艺演出。大会期间，举行“好客山东”2014年全国桃木旅游商品创新设计大赛颁奖典礼。

“魅力桃都、合作共赢”经济合作洽谈会上，无锡市投资管理协会、中船重工新能源有限公司、中油金鸿能源投资有限公司等80多家企业集团和商会代表参加会议。[①]肥城市领导出席会议。共签约项目42个，投资总额215.63亿元，肥城市政府与中国华电国际电力股份有限公司签订投资10亿元的华电风力发电项目协议，与香港冠源投资公司签订了丰泉二期扩能项目协议。

中国肥城第十四届桃花节暨2015年全国桃木旅游商品创新设计大赛 2015年4月2日在仪阳刘台桃花源景区开幕。中国少年儿童文化艺术基金会会长，中国旅游协会旅游商品与装备分会秘书长，国

① 参见肥城市地方史志办公室编：《肥城年鉴（2012～2015）》，中国国际文化出版社2017年版，第26页。

中国肥城第十四届桃花节暨全国桃木旅游商品创新设计大赛开幕式

家非物质文化遗产专家委员会副主任委员，文化部恭王府中心传统技艺研究保护中心主任、中国非遗生产性保护系列活动组委会办公室主任，中国华夏文化遗产基金会传统文化教育专项基金主任、中国炎黄文化基金会副秘书长，中国少年儿童文化艺术基金会秘书长，山东省贸促会党组书记，山东省文联副主席，泰安市人大常委会副主任，泰安市政府特邀咨询，山东省旅游行业协会专职副会长，肥城市大班子领导，中央、省市媒体领导和记者朋友，参加“新常态，新发展，新桃都”经济合作洽谈会的省内外客商、驻肥企业负责人，参加2015年全国桃木旅游商品创新设计大赛的领导、专家及省内外客商以及肥城市各界干部群众共计1万余人参加开幕式。开幕式上，举行“中国梦·桃乡情”全国歌曲征集颁奖文艺演出。“中国梦·桃乡情”全国歌曲征集活动吸引全国29个省市的音乐爱好者踊跃参与，收到全国各地作者提交的作品1495件，经由中国音协创作委员会、山东省音协邀请的专家评选委员会评选，共评出二等奖3名、三等奖3名、优秀奖5名、入围奖19名。

“好客山东”2015年全国桃木旅游商品创新设计大赛暨全国桃文化旅游商品评展活动颁奖典礼举行。大赛共有来自全国26个省、自治区、直辖市的4000余件实物作品、200余件设计作品和1000余件桃文化主题作品参与展出和终评，评选出金奖10个、银奖18个、铜奖37个、优秀奖112个、特别奖项3个。大赛期间，举行2015年山东省民间手工艺制作大师（桃木雕刻项目）评选，共评出桃木雕刻大师10名。

中国肥城第十四届桃花节“新常态，新发展，新桃都”经济合作洽谈会的举行，在重点项目签约仪式上，共签约项目40个，投资总额131.65亿元。[①]

中国肥城第十五届桃花节暨2016年全国桃木旅游商品创新设计大赛 中国肥城第十五届桃花节以“同抒桃乡情、共筑五城梦”为主题，于2016年3月25日至4月20日举行。本届桃花节坚持“简约节俭、企业主办”原则。[②]4月6日，举办中国肥城第十五届桃花节暨“好客山东”2016年全国桃木旅游商品创新设计大赛开幕式文艺演出，以反映肥城地域文化和经济社会发展成就为主要内容，以“中国梦·桃乡情”歌曲征集活动中优秀原创作品为基础，同时邀请日本、韩国友好国家城市选派优秀艺人献艺。其间，举办“好客山东”2016年全国桃木旅游商品创新设计大赛暨全国桃文化旅游商品评展活动、2016年“魅力桃都、合作共赢”经济合作洽谈会、山东省第六届全民健身运动会大型户外健步走等活动。本届桃花节精心策划了20多项文化活动，其中有“微拍肥城桃花节”摄影大赛和桃花美术写生活动、中国桃都桃花书画笔会、全国曲艺名家书画展、休闲采摘季活动、春秋古城文化旅游周、相约桃都桃花诗会、“人间四月天，最美桃花仙”评选等。

4月7日，2016年中国肥城第十五届桃花节“魅力桃都、合作共赢”招商引资·招才引智洽谈会在宝盛大酒店举行，共签约40个招商引资项目和12个人才科技项目。[③]其中，副市长与碧桂园集团

① 参见肥城市地方史志办公室编：《肥城年鉴（2012～2015-）》，中国国际文化出版社2017年版，第31页。

② 参见肥城市地方史志办公室编：《肥城年鉴（2017）》，方志出版社2017年版，第371页。

③ 参见肥城市地方史志办公室编：《肥城年鉴（2017）》，方志出版社2017年版，第72页。

经理签订白云山片区综合开发项目协议，副市长与齐鲁工业大学副校长签订齐鲁工业大学与肥城市全面战略合作协议。山东省贸促会党组书记、秘书长，齐鲁工业大学校长、副校长，泰安市经合局局长，肥城市领导出席洽谈会。来自全国80多家企业协会的客商朋友和20多家高校科研院所的专家教授，各镇街区和市直有关部门主要负责同志参加洽谈会。

中国肥城第十六届桃花节暨2017年全国桃木旅游商品创新设计大赛 中国肥城第十六届桃花节以“同心同向、共圆梦想”为主题，于2017年3月25日至4月20日在肥城市举行。本届桃花节围绕建设“中国桃都、美好肥城”的发展目标，坚持“欢乐、祥和、安全”的办节原则，突出旅游与文化相结合，以桃花旅游和桃木旅游商品开发为市场切入点，以彰显肥城地域文化为特色，旨在进一步做大做强全市桃文化产业。[①] 本次共策划设计包括中国肥城第十六届桃花节暨2017全国桃木旅游商品创新设计大赛开幕式文艺演出、经济合作洽谈会、桃文化研讨会、2017年肥城桃花节书画交流活动、桃花节戏曲晚会等主题活动13项，取得了显著的经济效益和社会效益。

2017届全国桃木旅游商品创新设计大赛突出“生活、实用、艺术”开发方向，以“平安桃文化、吉祥千万家”为主题，面向全国征集桃木旅游商品和桃文化旅游商品，吸引了国内20多个省、自治区、直辖市的近200家企业和个人参赛。其中，桃木旅游商品作品要求以桃文化为主题，以桃木为主要材质，有纪念价值、观赏价值、收藏价值和实用价值，并为作者原创。桃文化旅游商品作品要求原创，以桃文化为主题，体现桃文化“福寿、平安、吉祥、爱情、忠义”等基本内涵，作品材质不限。与往年相比，本届参赛作品更加注重艺术与生活相结合，作品不仅美观，而且更注重实用。本次大赛共征集作品6000余件，

① 参见肥城市地方史志办公室编:《肥城年鉴(2018)》，方志出版社2018年版，第396页。

按照公开、公正、公平的原则进行现场评选，最终评选出金奖、银奖、铜奖和优秀奖，其中，桃木旅游商品实物类作品特别大奖奖金1万元。

中国肥城第十七届桃花节暨2018年全国桃木旅游商品创新设计大赛 2018年4月4日在刘台桃花源景区举行开幕式。开幕式上，举行军辉建设之春大型文艺演出。演出以“桃都花开新时代”为主题，内容丰富多彩，形式特色多样，新华社客户端现场云、肥城电视台综合频道、肥城手机台现场直播，并联合山东手机台与全国上百家手机台进行全程直播。本届桃花节围绕建设“中国桃都、美好肥城”发展目标，以“务实敢当、优质发展”为主题，坚持“欢乐、祥和、安全、惠民”办节原则，在肥城市委、市政府的统一领导和社会各界的支持帮助下，取得圆满成功。① 桃花节期间，共接待赏花游客20.5万人次，有力促进了全市服务业的发展。本届桃花节共组织策划系列活动12项，各项活动的成功举办，在为广大游客和市民提供一场丰富多彩的文化、旅游、休闲盛宴的同时，也为外地客商在肥城投资兴业搭建一个优质高效的平台。

4月4日，举行2018年全国桃木旅游商品创新设计大赛暨全国桃文化旅游商品评展活动颁奖典礼。共有来自北京、天津、河北、山西、陕西、辽宁、江苏、浙江、广东等20多个省、自治区、直辖市的200多家企业和个人参赛，6000多件实物作品、200余件设计作品参与展出和评奖。共评出特别大奖1个、金奖11个、

中国肥城第十七届桃花节暨全国桃木旅游商品创新设计大赛开幕式

① 参见肥城市地方史志研究中心编：《肥城年鉴（2019）》，九州出版社2019年版，第232页。

银奖 16 个、铜奖 30 个、优秀奖 80 个。颁奖典礼上，原国家旅游局规划财务司产业处调研员张浩和全国桃文化旅游商品联盟理事长程银贵共同为“全国桃文化旅游商品联盟”揭牌。同时，肥城市被中国特色旅游商品大赛评审委员会和中国旅游协会旅游商品与装备分会授予“中国桃木旅游商品之都”称号。

2018 年中国肥城第十七届桃花节“招商引资·招才引智”合作洽谈会举行。省贸促会党组书记、省农科院副院长、肥城市领导出席会议。中油金鸿控股集团、葛洲坝中科储能集团等企业家，同济大学、国防科技大学、中船重工 703 所、山东大学、山东农业大学等高校和科研院所的专家教授，在外肥城人才代表，国内外商会代表出席会议。本次洽谈会共签约招商引资项目 40 个，签约人才科技项目 11 个。

中国肥城第十八届桃花节暨 2019 年全国桃木旅游商品创新设计大赛 2019 年 4 月 3 日在仪阳街道刘台村桃源风景区举行开幕式。各级领导、国内外客商、旅游界人士、新闻媒体记者及社会各界群众，共 3 万余人参加开幕式。本届桃花节围绕助力乡村振兴的发展要求，以“君子肥城、醉美桃源”为主题，坚持“政府引导、市场运作、全民参与、务实节俭”的办节原则，在市委市政府的统一领导和社会各界的支持帮助下，取得圆满成功。桃花节期间，共接待赏花游客 26 万人次，有力促

2019年肥桃产业发展和精准扶贫助力基金签约仪式

进了全市服务业的发展。本届桃花节共组织策划系列活动 10 项[①]，各项活动的成功举办，为广大游客和市民提供一场丰富多彩的文化、旅游、休闲盛宴，也为外地客商在肥城投资兴业搭建一个优质高效的平台，社会反响强烈。

2019 届全国桃木旅游商品创新设计大赛为肥城市连续成功举办的第 12 届全国赛事，本届主题是“旅游文创，助力乡村振兴”，来自北京、天津、河北、河南、陕西、江苏、浙江、辽宁、广东等 22 个省、直辖市、自治区的 5000 余件实物作品和 200 余件设计类作品参与展出和终评，共评出特别大奖 1 个、金奖 11 个、银奖 16 个、铜奖 30 个、优秀奖 120 个、最佳网络人气奖 3 个。

① 参见肥城市地方史志研究中心编:《肥城年鉴(2020)》，方志出版社2020年版，第223页。

三届肥城桃节

第一届中国肥城桃节 1991 年 9 月 1～2 日在肥城县城举行，其宗旨是“团结、友谊、奋进、发展”。中央、省、市领导出席开幕式。其间举办了桃节书画摄影展，一些国家领导人和著名书画家为肥桃吟诗作画题字。全国政协原副主席杨成武题词：“发展肥桃，繁荣经济”；中国人民解放军原总参谋长杨得志题写“群桃之冠”；中国书法家协会理事、著名书法家欧阳中石赋诗《肥桃颂》曰：“硕大凝甘露，鲜肥结玉脂，蟠桃王母宴，无此不成仪”；中国著名书法家王遐举题诗赞肥桃：“肥城之桃大如斗，剖而食之醇于酒，肥城之桃胜蟠桃，肥城之土是乐土”；早在 1934 年就从事肥桃研究的浙江农业大学著名教授吴耕民赞肥桃为“冠绝群桃”，并亲笔题词：“肥城佛桃，群桃之冠”。

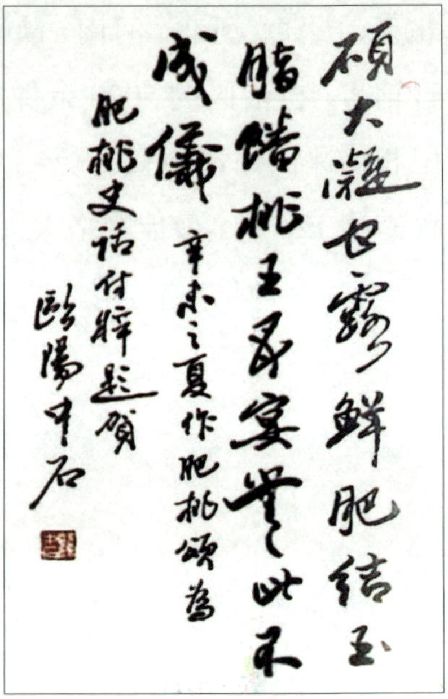

欧阳中石题词

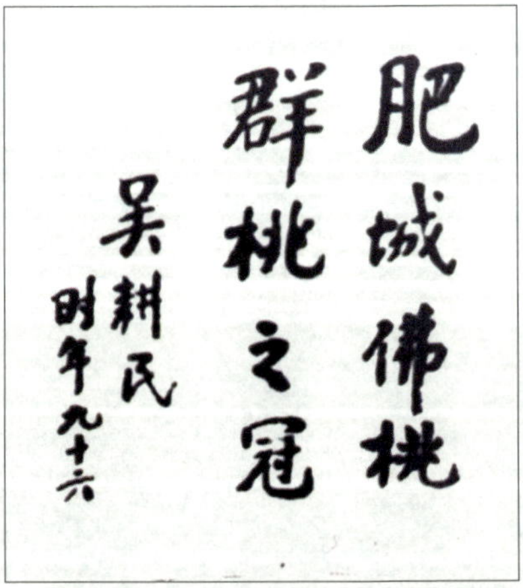

吴耕民题词

9 月 2 日，县直各部门和有关来

宾进行业务洽谈，达成经济意向 30 余项，成交额 2200 万元。其间，由专家、教授和有关人员组成肥桃评委会，现场评出新城镇阎小村选送的重达 686 克的“桃王”。节日前后销售肥桃 3500 万斤，收入 5000 余万元。[①] 新城等 17 个乡镇的民间传统故事队进城演出，增加了节日气氛。人民日报、泰安日报等 13 家新闻媒体进行了报道。

首届肥城桃节宣传册

第二届中国肥城桃节 1992 年 9 月 7 ～ 8 日举行。中央、省、市领导、港澳台同胞、海外侨胞及各界群众 2 万余人参加了开幕式。

8 月 1 日，国务院批准肥城撤县建市。因此，第二届中国肥城桃节同第六届泰山国际登山节、肥城建市庆祝活动同期举行。第二届中国肥城桃节仍坚持上届桃节“团结、友谊、奋进、发展”的办节宗旨，在“以桃为题、借题发挥、宣传肥城、广交朋友、文体搭台、经贸唱戏”，为实现全市经济超常规跳跃式大发展服务的思想指导下，突出服务当地经济发展这一中心，把办桃节和庆祝建市作为对外开放的重要组成部分。应邀参加节庆的各级领导和中外来宾 5000 余人。其中，副厅级以上 108 人，商社、财团 54 人，港澳台胞 128 人，外国友人 270 人。9 月 7 日上午，在市机关礼堂举行新闻发布会，会后在市体育场举行大会开幕式。

第二届中国肥城桃节暨建市庆祝大会入场券

① 参见《肥城年鉴》编辑部编：《肥城年鉴（1988 ～ 1992）》，中国书籍出版社 1992 年版，第 78 页。

开幕式上，1756名中小学生表演了大型文艺节目——《世上桃园》。该节目分“春满桃园”“情系桃园”“桃乡金秋”“桃乡腾飞”四部分，意境新颖，规模宏大，较好地反映了肥城悠久的历史文化和桃乡人民改革开放的精神风貌，引起来宾的阵阵喝彩。其间，来宾参观了优质桃园和桃展一条街，各乡镇故事队到新城进行民间故事表演，还进行了当地土特产品工业品展销会、经济合作与交流洽谈会、对外经贸洽谈会、华侨和港澳同胞经贸合作与交流洽谈会、台胞经贸合作与交流洽谈会、金融信息合作洽谈会等。两天共签约中外合资项目17个，签订合同4个，项目总投资8922万美元，利用外资2651.5万美元。利用泰山登山节各界宾客云集泰安的有利时机，在泰安设立了工业品展室和经贸洽谈办公室，展销贸易成交额23737万元。节日期间，全市共洽谈引进项目37项，总投资额51721万元，其中，外方投资14088万元。贸易成交83笔，成交额19414万元。其中，外贸出口6632.5万元，引进资金7000万元，销售肥桃226万公斤。编辑印发了《肥城市工业产品简介》《肥城市投资指南》。在《大众日报》开设专版，在《泰安日报》设立增刊，编写专访、系列报道、专题报道和其他稿件195件。[①] 全国著名的河南省豫剧二团亦前来演出助兴，增加了节日气氛。

新城镇参加欢庆中国肥城桃节演出

① 参见《肥城年鉴》编辑部编：《肥城年鉴（1988～1992）》，中国书籍出版社1992年版，第78页。

第三届中国肥城桃节 1993年9月3～4日举行。省、市党政领导人，港澳台同胞，海外侨胞，外国友人及全市干部群众1.4万余人参加了经贸洽谈和节庆活动。全国知名艺术家应邀来肥城进行了规模空前的文艺演出。桃节期间，240多家企业、10多个系列、40多个门类的1400多种产品参加了工业品展销。[1]

① 参见王霞主编:《文化肥城·肥桃与桃文化卷》，山东人民出版社2011年版，第73页。另见肥城市地方史志办公室编:《肥城年鉴（2003～2007）》，黄河出版社2009年版，第44页。

十三届金秋品桃节

2008年中国肥城金秋品桃节 2008年中国肥城金秋品桃节围绕“传播吉祥文化、打造中国桃都”主题，结合肥城市浓郁的地域文化，组织策划了金秋品桃节启动仪式，肥城金秋品桃节济南、泰安品尝会，肥城桃王评比拍卖活动，“桃花仙子”评选，肥城桃幸运大采摘活动，民间民俗文体活动，桃文化摄影作品展，桃木旅游商品展示、展销活动等，活动内容丰富，主题特色鲜明。据统计，品桃节期间，全市共接待旅游团队160多个，品桃游客1.5万人，自驾车600多辆，实现旅游综合收入2000多万元。

2009年中国肥城金秋品桃节 2009年中国肥城金秋品桃节以打造“中国桃都、四季田园”旅游形象，建“四季田园养生度假地”为目标，以“采摘佛桃、品味健康、感受吉祥”为主题。品桃节持续到9月20日，其间主要活动有2009年中国肥城金秋品桃节启动仪式，富有地方特色的文艺演出。2009年肥城金秋品桃会、肥城“桃王”评比活动、桃乡农家乐美食体验活动以及婚庆文化博览等，让游客在采摘佛桃、品味健康的同时感受肥城的吉祥文化。据不完全统计，品桃节期间，全市共接待旅游团队200多个，品桃游客1.8万人，自驾车800多辆，实现旅游总收入3500多万元，取得了显著的经济效益和社会效益。

2010年中国肥城金秋品桃节 2010年8月20日至9月20日举

2010年中国肥城金秋品桃节入场券

办。本届金秋品桃节以"吉祥桃都、魅力肥城"为主题，围绕桃文化、吉祥文化举办6项活动，充分展示肥城"中国桃都"的城市形象。8月31日，举办肥城桃文化研讨会。9月3～5日，在济南舜耕国际会展中心举办济南桃文化旅游展示会，对佛桃、桃木工艺品、桃酒、桃脯等桃文化产品进行推介、展示、销售。与省旅游行业协会汽车旅游分会合作，9月5日在肥城中央桃行景区举办"桃都送吉祥"千辆自驾车肥城快乐大采摘活动启动仪式。与泰山国际旅游文化登山节相结合，9月8日在2010年中国泰安投资合作洽谈会期间，举办泰安桃文化展示会。另外，还举办了肥城"桃花仙子"评选、"桃王"评比等活动。

2011年中国肥城金秋品桃节 2011年肥城金秋品桃节开幕暨精品采摘园开园仪式于2011年9月4日在肥城中央桃行景区举行。首批100辆自驾车采摘游客到桃园采摘、品尝佛桃，感受吉祥。本届中国肥城金秋品桃节以打造"中国桃都、四季田园"旅游形象，努力建成"四季田园养生度假地"为目标，把"采摘肥城佛桃，体味吉祥桃都"作为节庆主题。2011年中国肥城金秋品桃节开幕暨精品采摘园开园仪式上，游客可以品尝肥桃，自由采摘。在8月下旬举办的金秋品桃节旅行社联谊会上，邀请省内知名、有实力的旅行社负责人到肥城品桃、采摘，并举行联谊会，让更多游客参与品桃节，享受采摘和收获的乐趣，感受千年桃文化、吉祥文化和福寿文化。同时，肥城市政府策划推出了肥桃十佳系列评选活动，包括"十佳佛桃培优园""十佳优质佛桃""十佳佛桃销售经纪人""十佳佛桃采摘园"和"十佳桃都风光摄影作品”五项评选。还邀请国内外摄影爱好者、网络拍客到肥城进行摄影、采风，举行吉祥桃都风光摄影大赛，评选出“十佳桃都风光摄影作品”，举行桃都金秋品桃会，对“十佳优质佛桃”进行展示，并请国内知名专家对佛桃品质的提升作出点评。同时，对在五项评选中获奖的单位和个人进行颁奖。另外，9月上旬还举办了吃桃比赛等系列趣味比赛活动。

与往年相比，2011年肥城金秋品桃节立足继承与创新，在节庆特色、品牌影响力等方面有较大的提升。一是注重“请进来”。通过邀请旅行社负责人来肥城亲身参与和体验品桃节，带动更多的游客参与品桃节，促进肥城旅游发展。二是注重参与性。在节庆活动策划上广泛听取专家和群众意见，力求使游客和市民都能通过亲身参与，体验感受节庆的美好与快乐。三是注重实效性。当年品桃节安排的十佳系列评选、趣味比赛、摄影展等活动较往年内涵更丰富，吸引力更强，对提升肥城城市形象更具实效，更切合时代发展。

2012年中国肥城金秋品桃节 由肥城市人民政府主办、肥城市品桃节组委会承办的中国肥城第五届金秋品桃节于2012年9月1日盛大开幕。山东省旅游局党组成员、纪检组长、山东省旅游行业协会副会长王元生，山东省旅游行业协会汽车旅游分会副会长杨军，泰安旅游局党组副书记、副局长尹燕明，以及肥城市相关领导出席开幕式。开幕式现场还同时举办“桃都送吉祥”快乐大采摘启动仪式，山东旅游行业协会汽车旅游分会的100辆自驾车游客，共300余人参加了仪式及采摘活动。

本届品桃节既是肥城市“好客山东”休闲汇活动的重要内容，也是肥城开展旅游满意度提升工程的具体举措。活动的开展丰富了广大市民和游客休闲活动的内容，满足了游客在金秋采摘季节到乡村进行采摘休闲、体验劳动乐趣、愉悦身心的心理需要。为拉动旅游消费，扩大肥城“桃都”品牌的影响力，实现推动旅游业发展、加快新农村建设、增收富民的“三赢”，发挥了积极作用。

中国肥城第六届金秋品桃节 2013 年 8 月 20 日到 9 月 20 日在肥城举办，主题是“美丽桃都、快乐采摘”，通过品味肥桃大、高、优、全四大特点，展示正肥桃品牌、壮文化产业、塑服务品牌、树肥城形象四大效应，体验畅享快乐、收获吉祥、感受美丽三大享受。品桃节期间还举办“桃都送吉祥”快乐大采摘启动仪式、2013 优质肥桃评选、“美丽桃都行”旅游摄影采风、泰山晚报小记者桃园行、重点项目集中签约仪式等多项节庆活动，精心打造 30 余处精品采摘园，让游客在采摘佛桃、品味健康的同时感受肥城的桃文化、吉祥文化和福寿文化。

中国肥城第七届金秋品桃节 第七届金秋品桃节以“品肥城佛桃、游世上桃源”为主题，于 2014 年 8 月下旬拉开帷幕，一直持续到 10 月上旬。其间，举办“桃都送吉祥”快乐大采摘、优质肥桃评选、十佳采摘园评选、桃木雕刻职业技能竞赛、桃木旅游商品创新发展研讨会、“金秋飘香”家常菜创意烹饪大赛和第二届春秋古城音乐节等丰富多彩的参与性活动。在本届金秋品桃节中，采摘肥桃是主打项目。在环境布局上，重点开发了中央桃行景区、刘台桃花源景区、桃园镇景区三大旅游采摘点，精心打造 30 多个精品采摘园，供游客自由选择。在采摘路线上，围绕“采摘、品桃、休闲”，合理设计了精品旅游线路，方便游客采摘肥桃。在采摘服务上，各采摘园设计了具有体验性、参与性、乐趣性的采摘活动，为游客提供一个温馨、舒适、卫生的采摘环境。本届金秋品桃节充分挖掘乡村旅游资源，保持和突出桃园生活的原汁原味，以“土景”“古村”“家常菜”为重点。打造“土景”，重点建设“一核两带三区”，即中部桃园文化旅游核，北部肥子山乡生活体验带、南部汶阳田园农业观光带，望鲁湖山水渔村休闲区、泰安泰山植物园生态园区、牛家庄画中古村区；建设“古村”，围绕“桃都美丽乡村”建设，依托圣井峪村、条水涧村、柳沟村等原生态村落，打造特色“桃源人家”农家乐，重点建设翦云山景区、云蒙山景区、陶山景区、条水涧·芳草地等特色游憩地；发展“家常菜”，“土做法”做“家常菜”，留“农家味”。同时，重点培育桃木雕刻等非物质文化遗产，发展泰山女儿茶、演马牛肉、大辛庄犬肉等土特产品。乡村旅游项目注重开展游客参与、怡情开心的农家乐活动。充分挖掘农家文化和生态保护内涵，将肥桃、桃木雕刻、山水、文化等整合起来，开发了富有诗意、韵味、大自然情调的景点和以回归自然为主题的互动型旅游项目，享受自然淳朴的桃源风情。

中国肥城第八届金秋品桃节 2015 年 8 月 19 日，以“游世上桃园、享福寿安康”为主题的肥城市第八届金秋品桃节正式拉开帷幕。开幕式上，工作人员对肥城金秋品桃节及“精品一日游”线路进行现场推介，旅行社代表与春秋古城签订了战略合作协议。“精品一日游”推介线路包含了各肥桃主产区、龙山河十里画廊、春秋古城以及翦云山等景区，游客既可采摘、品尝正宗肥桃，休闲愉悦身心，感受独特的桃文化民俗，又能漫步世界文化遗产、最古老的长城——齐长城遗址，欣赏自然和人文历史景观。本届金秋品桃节一直持续到 9 月下旬，历时一个多月，主要活动包括桃文化暨桃木旅游商品发展研讨会、优质肥桃擂台赛、“牢记历史，圆梦桃都”合唱音乐节汇演、桃文化美食烹饪大赛等 9 项精品活动。

中国肥城第九届金秋品桃节 2016 年 8 月 13 日，中国肥城第九届金秋品桃节暨百家网络媒体、百家自驾俱乐部“相约桃都、畅游肥城”启动仪式暨推介洽谈会在刘台桃花源景区游客中心举行。本届金秋品桃节，于 8 月中旬到 9 月下旬举办，其间策划设计了优质肥桃擂台赛等 14 项节庆活动。游客可以到全国首批农业旅游示范点刘台

游客采摘肥城桃

桃花源景区、中央桃行景区、老僧台桃子姑娘生态农场，采摘和现场品尝正宗肥桃，休闲愉悦身心，体验采摘收获的乐趣，感受独特的桃文化民俗。

本届金秋品桃节在保留传统活动的基础上，活动形式更加新颖，为市民和游客准备了一场集采摘、品桃、音乐、运动、文化、美食、会展于一体的休闲盛宴。除了年年举办的采摘品桃活动，金秋桃林音乐节、露营帐篷节都是首次举办。金秋桃林音乐节邀请知名乐队、网络流行歌手现场助阵，与广大音乐爱好者现场互动。露营帐篷节倡导“融入自然、回归田园”的生活方式，将健康、时尚、休闲元素紧密结合，让游客在参与吃桃比赛、互动游戏的同时，感受亲近大自然，释放身心的惬意。同时，“桃醉金秋”桃文化系列展示展览，以诗歌、书画、摄影等形式进行文艺创作，向游客和市民充分展现桃文化福寿、平安、吉祥、爱情、忠义等多种寓意和内涵，深度表达了桃都人民对美好生活的期待和向往。另外，曲艺专场演出、桃都肥城奇石根雕展等活动烘托了节庆氛围，丰富了群众的文化生活。

9月7日，2016年中国肥城第九届金秋品桃节“招商引资·招才引智”重点项目集中签约仪式在宝盛大酒店举行。共签约28个重点招商项目和6个人才科技项目。同时，立足资源、产业、技术等优势，精心策划园区开发、产业升级、文化旅游等四大类50个符合国家产业政策、要素配套完备、投资回报率高的合作项目，向各位企业家集中推介。[①] 省贸促会、省国际商会党组书记宿华，中船重工703

① 参见肥城市地方史志办公室编：《肥城年鉴（2017）》，方志出版社2017年版，第74页。

研究所副所长刘江，省贸促会贸易投资促进部部长、国际商会秘书长贺忠军，泰安市经合局党组副书记、调研员裴黎明，肥城市领导以及80多家企业集团、商协会、高校院所的来宾，肥城市各镇街区和市直有关部门主要负责同志出席签约仪式。

中国肥城第十届金秋品桃节 2017年8月17日在刘台桃花源景区启动，本届品桃节以“世上桃源、桃醉天下”为主题，于2017年8月中旬至10月下旬举办，共组织策划第十届品桃节启动仪式暨“名导”“大V”带你品肥桃直播、2017中国（肥城）桃木商品研讨会、优质肥桃擂台赛、“肥桃宴”烹饪大赛、桃乡风情旅游摄影大赛等10项活动，为市民和游客打造集采摘、品桃、文化、美食、休闲于一体的旅游体验。[①] 其中，“名导”“大V”带你品肥桃直播活动为首次举办，当天观看量达到1000万人次，极大地宣传了肥城和肥桃，吸引大量游客前来采摘、品桃。

肥桃直播

中国肥城第十一届金秋品桃节 2018年8月18日在刘台桃花源景区启动，本届金秋品桃节以“丰收、收获”为主题，组织地域文化特色鲜明的文艺演出、互动游戏等活动，通过短视频平台对启动仪式全程直播。本届品桃节时逢首届中国农民丰收节，春种秋收，春华秋实，一年的辛勤耕耘，金秋时节硕果累累。农民丰收节·桃都非物质文化遗产展演、优质肥桃擂台赛、中国（肥城）农产品创意包装设计大赛暨展销博览会、“颂金秋、忆乡愁”系列书画摄影展等活动，充分体现出丰收的喜悦。邀请国内知名传统媒体及新媒体、自驾游俱乐

① 参见肥城市地方史志办公室编：《肥城年鉴(2018)》，方志出版社2018年版，第396页。

部、骑行爱好者、小记者，通过短视频平台对启动仪式进行全程直播，举办金秋品桃节暨“吸着吃的肥桃”直播大赛，将传统肥桃可以“吸着吃”这一特点广泛传播，让全国游客分享品味正宗肥桃的乐趣，使品桃节更富有趣味性。本届品桃节组织策划的第三届翦云山露营帐篷节、“福桃献寿”为寿星送肥桃等活动[①]，体现健康、时尚、休闲等新元素，倡导肥城特有的君子文化、孝道文化和传统文化，主张“融入自然、回归田园”的生活方式，让游客和市民充分体验桃都生活新风尚。

中国肥城第十二届金秋品桃节 2019年8月16日至9月26日举行，以“君子肥城、佛桃飘香”为主题口号，完成启动仪式、庆祝第二届“中国农民丰收节”文艺演出、“山东省精品旅游大讲堂”走进肥城活动、“左丘明君子文化”主题书画展、恒昌金泰·星空露营节、第六届春秋古镇文化旅游节等活动，促进全市旅游及相关产业的发展。其中，中国肥城第十二届金秋品桃节启动仪式以“丰收、收获”为主题，组织地域文化特色鲜明的文艺演出、互动游戏等活动，推介肥桃以及肥城旅游资源。[②]通过闪电新闻、平台直播、肥城手机台、肥城融媒体短视频等平台对启动仪式进行全程直播。邀请国内知名媒体、自驾游俱乐部、骑行爱好者等参加启动仪式，对品桃节进行全面宣传推介。

中国肥城第十三届金秋品桃节 2020年8月15日，中国肥城第十三届金秋品桃节在刘台桃花源景区启动。启动仪式上，演职人员表演了精彩的节目，播放了肥城市旅游及精品旅游路线专题片，展现了肥城的地方特色和地域文化，宣传推介了肥城的旅游景点。本届品桃

① 参见肥城市地方史志研究中心编：《肥城年鉴（2019）》，九州出版社2019年版，第232～233页。

② 参见肥城市地方史志研究中心编：《肥城年鉴（2020）》，方志出版社2020年版，第223页。

节以“春花秋实、相约桃乡”为主题，持续到9月30日。其间，精心策划举办了全国桃木旅游商品创新设计大赛暨全国桃文化旅游商品评展、优质桃园评选、乡村精品旅游大讲堂评选等一系列丰富多彩的活动，让游客在采摘品桃、参与活动的同时充分感受肥城宜居、宜业、宜游的美好环境。本届品桃节还策划安排了范蠡经济思想研究论坛、桃木商品大赛、“金秋品桃节”特色旅游商品直播带货大汇等13项主题活动，进一步加大文化与旅游的融合力度，增加节日的文化内涵，在形式内容和办节理念等方面都有许多新亮点、新突破，丰富多样的主题活动让游客体验特色桃文化，共庆丰收时。

参考文献

一、报刊资料

1.《肥城县王大令上农工商局呈送肥桃嘉种清折禀并批》，《济南报》1904年第131期。

2.《肥城县王大令上农工商局呈送肥桃嘉种清折禀并批》，《农学报》1905年第280期。

3. 徐警吾:《肥城桃调查报告》，《山东实业学会会志》1917年第1期。

4. 樊山:《肥城桃歌谢朴公》，《大公报（天津）》1919年9月22日。

5. 樊山:《肥城桃歌谢朴公》，《时报》1919年10月5日。

6. 沈观:《以肥城桃遗樊山猥承作歌枉谢次答》，《大公报（天津）》1919年9月17日。

7.《广告·肥桃不日到宁》，《申报》1922年9月1日。

8. 张恺:《山东肥桃之调查》，《申报》1923年9月30日。

9. 张恺:《山东肥桃之调查（续）》，《申报》1923年10月7日。

10. 张恺:《山东肥桃之调查》，《益世报（天津版）》1924年8月3日。

11. 张恺:《山东肥桃之调查（续）》,《益世报（天津版）》1924年8月4日。

12. 张恺:《山东肥桃之调查（续）》,《益世报（天津版）》1924年8月5日。

13. 张恺:《山东肥桃之调查（续）》,《益世报（天津版）》1924年8月6日。

14. 张恺:《山东肥桃之调查（续）》,《益世报（天津版）》1924年8月7日。

15. 张恺:《山东肥桃之调查（续）》,《益世报（天津版）》1924年8月8日。

16. 张恺:《山东肥桃之调查（续）》,《益世报（天津版）》1924年8月9日。

17. 张恺:《山东肥桃之调查（续）》,《益世报（天津版）》1924年8月10日。

18. 张恺:《山东肥桃之调查(续)》,《益世报(天津版)》1924 年 8 月 11 日。

19. 张恺:《山东肥桃之调查(续)》,《益世报(天津版)》1924 年 8 月 12 日。

20. 刘蔚楚:《社友俱乐部:谢津门杨茂森君赠肥城桃(樊山先生有肥城桃歌)》,《三三医报》1924 年第 2 卷第 7 期。

21.《广告 · 泰丰运到山东肥桃》,《时事新报(上海)》1925 年 9 月 3 日。

22.《广告 · 山东肥桃到沪》,《新闻报》1925 年 8 月 31 日。

23.《广告 · 山东肥桃新到沪》,《申报》1925 年 8 月 31 日。

24. 东晖:《山东之肥桃》,《申报》1925 年 9 月 20 日。

25. 雨公:《山东肥桃之调查》,《上海总商会月报》1925 年第 5 卷第 3 期。

26.《广告 · 山东肥城桃苗》,《时报》1928 年 9 月 4 日。

27.《召集各县县长关于建设谈话大纲》,《山东民国日报》1929 年 9 月 28 日。

28. 苏赞勋:《谈肥城桃》,《新闻报》1930 年 7 月 20 日。

29. □绥:《肥城桃》,《晶报》1930 年 10 月 3 日。

30. 胡昌炽:《肥城桃在平浦铁路泰安车站售卖情形(民国二十年九月二日摄照片)》,《农林新报》1931 年第 8 卷 第 32 期。

31.《广告 · 肥城桃》,《铁路月刊:津浦线》1931 年第 1 卷第 9 期。

32. 月培:《产肥桃的肥城》,《民众周刊(济南)》1932 年第 4 卷第 22 期。

33. 易君左:《定泰山为国山刍议:肥城之桃、乐陵之枣、胶州之白菜,驰名全国》,《江苏教育》1933 年第 2 卷第 1 ~ 2 期合刊。

34. 易君左:《泰山游记:买了一些著名的肥城的桃子》,《江苏教育》1933 年第 2 卷第 3 期。

35. 纪于:《好一个大肥桃》,《金钢钻》1933 年 5 月 17 日。

36.《肥城桃艳名借甚浪漫透头逋客不堪绿巾之戴两愿离婚欲醉桃浆大有人在》,《时报》1933 年 11 月 25 日。

37.《农事要闻:国内要闻:鲁省辅助栽植肥桃》,《农报》1934 年第 1 卷第 13 期。

38.《广告 · 鲁省府》,《申报》1934 年 6 月 25 日。

39.《农牧消息:鲁省辅助栽植肥桃》,《农牧月报》1934 年第 2 卷第 9 期。

40.《鲁西尽多特产：肥城桃、阿胶、玫瑰酒》，《益世报（天津版）》1935年3月11日。

41.《舵声：各地珍闻：泰山桃李将成阴冯移植肥城桃计肥桃树苗八万株》，《方舟》1935年第19期。

42.《冯玉祥移植肥桃树于泰山（二十三日专电）》，《申报》1935年11月24日。

43.《广告·泰山桃李将成阴》，《益世报（天津版）》1935年11月25日。

44. 严德一：《西北铁路旅行》，《教与学月刊》1936年第6期。

45.《广告·山东肥城桃运上海推销，以万枚为限》，《新闻报》1936年8月10日。

46.《广告·山东名产》，《中央日报》1936年9月8日。

47.《广告·本省：肥桃运销拟大规模举办桃园已租妥》，《山东合作事业指导月刊》1936年12月号。

48.《中央农场之特产品二：山东肥城桃（附照片）》，《中央农场特刊》1936年第1期。

49. 广告·书报介绍：《肥城桃调查报告》（吴耕民、管超、张勔新合著），《园艺》1936年第2卷第1期。

50. 凤亭：《肥桃》，《中央日报》1936年8月24日。

51. 诚斋：《瑞蚨祥主人孟镜宇君与本市闻人王雨生君赠王文典先生之肥城桃（照片）》，《北洋画报》1936年第30卷第1455期。

52. 风流道人：《分赠肥桃记》，《戏世界》1936年7月25日。

53.《广告·肥城桃已上市》，《锡报》1936年8月12日。

54. 乱石：《瓜果杂咏（二）》，《锡报》1936年8月18日。

55. 夭夭：《肥城桃之历史》，《锡报》1936年8月13日。

56. 乱石：《美哉！肥城桃》，《锡报》1936年8月14日。

57. 百分：《捧肥城桃》，《锡报》1936年8月15日。

58. 隐吾：《肥桃运沪》，《益世报（天津版）》1936年8月17日。

59. 于敏序：《肥城蜜桃产销调查报告》，《建设半月刊》1936年第1卷第3期。

60. 德安:《肥城桃》,《新闻报》1936 年 9 月 4 日。

61.《广告 · 肥桃万枚运沪》,《益世报(天津版)》1936 年 9 月 10 日。

62.《合作消息:外省:合作指导处改良肥桃品种,肥城县长请设罐头工厂未准》,《山东合作事业指导月刊》1937 年 3 月号。

63. 南:《肥城桃实大而美旧时贡品》,《铁报》1937 年 7 月 19 日。

64.《肥城桃,味道好……(画图)》,《小朋友画报》1937 年第 3 卷第 71 期。

65. 韩复榘、张鸿烈:《本省命令:指令:山东省政府指令:建副农字第一九二二号(二十六年三月十三日):令肥城县县长:呈一件呈为拟在肥城建设制造肥桃罐头工厂借资提倡实业而期发展农村经济由》,《山东省政府公报》1937 年第 437 期。

66.《肥城桃》,《国民导报》1937 年 7 月 22 日。

67. 西方朔:《肥城桃:昔年列入名贡 , 并无他种红点》,《商业新闻》1938 年第 1 卷第 2 期。

68. 陈天赐:《肥城桃》,《新闻报》1938 年 6 月 20 日。

69. 微明:《肥城桃话忆济南》,《新闻报》1939 年 6 月 23 日。

70. 长眉:《暑天回忆之一:山东肥城桃之佳味》,《新锡日报》1940 年 8 月 9 日。

71. 眉公:《谢静庵馈肥桃书》,《新锡日报》1940 年 8 月 13 日。

72. 金息侯:《诗:杏花村主张云华馈肥城桃答谢》,《新天津画报》1940 年第 9 卷第 28 期。

73. 雨巫、可可、知:《孙静安君植种之番瓜,风味与肥城桃相埒》,《新锡日报》1940 年 10 月 30 日。

74.《太湖农场肥城桃》,《新锡日报》1941 年 7 月 30 日。

75.《桃讯》,《新锡日报》1941 年 8 月 2 日。

76. 米之:《太湖名产》,《新锡日报》1941 年 8 月 2 日。

77. 王中学:《华北园艺:肥城桃(附表)》,《农业进步》1941 年第 9 卷第 1 期。

78.《太湖农林场》,《新锡日报》1941 年 10 月 28 日。

79. 得予:《肥桃》,《新锡日报》1942 年 6 月 17 日。

80.《太湖名产：肥城桃上市》，《新锡日报》1942年8月10日。

81.《山东肥城桃 邑试植成功》，《无锡日报》1945年7月30日。

82. □厂：《桃：深县尽美，肥城尽善》，《时报》1945年6月30日。

83.《名贵水果肥城桃上市》，《人报（无锡）》1947年7月29日。

84.《工商服务：肥城桃》，《人报（无锡）》1947年8月1日。

85. 徐徐：《肥城桃》，《前线日报》1947年6月15日。

86.《冯购肥城桃苗运巢》，《民报》1947年7月7日。

87. 龙套：《肥城桃》，《时事新报晚刊》1948年6月2日。

88. 叶叶：《令人难忘肥城桃》，《立报》1948年7月24日。

89. 竹影：《肥城桃》，《申报》1948年7月25日。

90. 江幼农：《中秋登市的山东肥桃》，《亦报》1952年10月9日。

二、著作

1.[美]华盛顿·欧文：《大食故宫余载》（历史小说），林纾、魏易译，上海三联书店1915年版。

2. 文明书局：《义侠男儿》，1928年。

3. 吕思勉：《宋代文学》，商务印书馆1933年版。

4. 徐志摩：《轮盘小说集》，中华书局1934年版。

5. 邓嗣禹：《太平广记篇目及引书引得》，哈佛燕京学社，1934年。

6.[日]内田繁隆：《日本社会经济史》，陈敦常译，商务印书馆1936年版。

7. 田涛：《沃土》，上海万叶书店，1947年。

8. 郑世赓：《南北货海味概述》，新业书局，1949年。

9. 金陵大学农学院：《南京金陵大学农学院售品目录》，经济部物资局，1930年。

10. 潘镜芙、陈墨香：《梨园外史》下册，天津百城书局，1930年。

11. 江苏省农矿厅：《江苏省十八年度农业状况》，1931年。

12. 郑逸梅：《孤芳集》，益新书社，1932年。

13. 张其昀：《人生地理教科书》中册，商务印书馆1932年版。

14. 顾辑明等编著:《复兴社会教学法》第 1 册，商务印书馆 1933 年版。

15. 津浦铁路管理委员会总务处编查课编:《津浦铁路旅行指南》，南京印刷股份有限公司，1933 年。

16. 黄绍绪、江铁主编:《重编日用百科全书》(下)，商务印书馆 1934 年版。

17. 吴子修、王志清编辑:《初级中学北新植物学》，北新书局，1934 年。

18. 吴耕民、管超、张勔新:《肥城桃调查报告》，1934 年。

19. 吴景澄:《实验园林经营全书》，园林新报社，1935 年。

20. 瞿世镇、钱释云、吴拯寰、卢锡荣、秦汾、吴宗濂主编:《普通考试全书(第三集第一试科目)》，三民图书公司，1935 年。

21. 冯玉祥:《玉祥诗歌集》，三户图书印刷社，1935 年。

22. 永茂农场编:《桃树园艺栽培概要》，文新印书馆，1935 年。

23. 山东省政府建设厅编辑股编:《山东省各县第四科长二十四年度会议特刊》(上编合订本)，1936 年。

24. 国民经济建设运动委员会山东省分会编辑:《国民经济建设运动委员会山东省分会成立大会专刊》，1937 年。

25. 葛廷焜:《中国重要果树园艺》，中华书局 1937 年版。

26. 葛烺编译:《新中国分省市区图》，舆地学社，1938 年。

27.[日]长永义正:《北支经济图说》，日满实业协会关东州支部刊行，1938 年。

28.[法]米尔波:《浮云流水(三幕剧)》，张宛青编译，海天书店，1940 年。

29. 葛绥成等:《中国地理新志》，中华书局 1940 年版。

30. 杨锦波:《果树园艺学讲义》，潞河乡村服务部，1941 年。

31. 国立北京大学附成农村经济研究所编:《资料目录》，1942 年。

32.《山东三宝》，《清乡新报》1942 年 10 月 3 日。

33. 贾景德:《韬园诗集》卷三至卷五，中华书局 1943 年版。

34. 董时进:《国防与农业》，商务印书馆 1947 年版。

35. 国立编译馆主编，陈大年、赵廷监编辑:《高级小学地理教学指引》第 3 册，正中书局，1948 年。

36. 国立北京大学农学院中国农村经济研究所编:《资料目录(民国二十九年十月)》,出版年不详。

37. 军政训练委员会行政训练部编:《村政实务》,出版年不详。

38. 山东省国货推销委员会编:《山东省各种特产调查报告》第1册《烟花花生米花生油》,山东省国货推销委员会,1949年。

39. 尹德民:《痴翁求补斋诗稿》,1996年。

40. 刘宗迪:《众神的山川:〈山海经〉与上古地理、历史及神话的重建》,商务印书馆2022年版。

跋

肥城桃既是果腹之品，又具有满满的文化。我是吃肥城桃长大的土生土长的肥城人，对肥桃情有独钟。

肥城桃既是肥城名品，也是享誉世界的佳果特产，从古至今，独占鳌头。传统社会，肥城桃主要是满足食欲的盘中餐，属于温饱桃。随着社会的发展，特别是工业社会之后，肥城桃更具社会政治功能，逐渐演化为文化桃，充满了政治和文化色彩，这便是人们所说的肥城桃的物质文化发展史。

编写《肥城桃发展史》得到了肥城市肥城桃产业发展中心的支持和资助。其间，山东大学历史文化学院历史系主任谭景玉教授对该书的架构与谋篇布局给予了建设性指导意见，并帮助查找到大量的肥城桃史料。泰山学院原党委副书记李玉洋先生欣然为书作序。泰山文化学者王玉琳主席题写书名。泰山学院周郢教授提供了部分珍贵的肥城桃历史文献资料。肥城市肥城桃产业发展中心陈文玉主任，肥城天润农场赵伟董事长，文友赵长益、孔凡鹏，参与审稿并提出修改意见。肥城历史文化研究中心副主任赵绪森、刘伟、孔庆珍提供了宝贵资料。山东大学出版社编辑肖淑辉为本书的出版、书稿修订付出了辛苦劳动。江苏大学李书轩放弃休假，参与编写“传说故事”内容，并全身心地投入书稿的通篇审阅。爱人宿梅香和我一起查证资料，走访座谈，让我全身心地投身书稿的撰写。在此，一并致谢。

本书史料主要来源于寒斋所藏的地方文献，得益于前辈、学人的研究成果，图片则是众多肥城摄影爱好者关于肥城桃的经典力作。因时间仓促，加上本人学养欠缺，经验不足，尽管倾其所学，书中疏漏谬误在所难免，敬请方家批评指正，提出宝贵意见，期待将来再版修订。

李武刚

2023 年 1 月 4 日